한국(인)의 '얼'의 기본 요소 및 특징

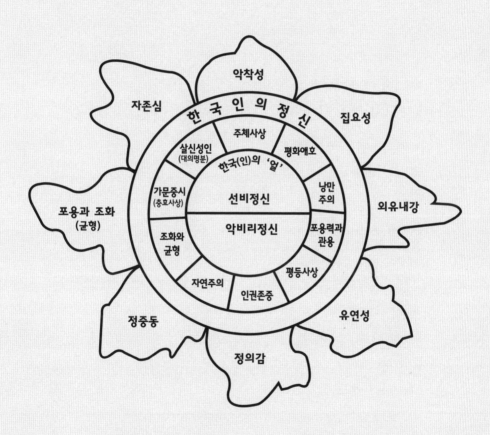

한국 비약적 발전의 원동력

한국(인)의 '얼'

펴낸날   초판 1쇄 2016년 12월 1일

지은이   정동화
펴낸이   서용순
펴낸곳   이지출판

출판등록 1997년 9월 10일 제300-2005-156호
주 소   03131 서울시 종로구 율곡로6길 36 월드오피스텔 903호
대표전화 02-743-7661 팩스 02-743-7621
이메일   easy7661@naver.com
디자인   박성현
인 쇄   (주)네오프린텍

ⓒ 2016 정동화

값 18,000원

ISBN 979-11-5555-057-1 93300

이 도서의 국립중앙도서관 출판예정도서목록(CIP)은 서지정보유통지원시스템 홈페이지
(http://seoji.nl.go.kr)와 국가자료공동목록시스템(http://www.nl.go.kr/kolisnet)에서 이용하실
수 있습니다.(CIP제어번호: CIP2016027121)

한국 비약적 발전의 원동력

한국(인)의 '얼'

정 동 화 지음

이지출판

한국 비약적 발전의 원동력은?

대한민국이 오늘날같이 비약적으로 발전한 요인에 대하여 국내외에서 외국인의 질문을 받을 때가 많다. 주로 지도급 인사들이 겪는 일이다. 그럴 때마다 나름대로 임기응변식 대답을 한다.

오늘날 우리나라는 경제 중진국을 넘어 선진국에 진입하는 단계에 이르렀다. 그리하여 이미 20세기 말부터 지원을 받던 나라에서 신생국을 지원하는 나라로 탈바꿈했다. 그뿐 아니라 한류나 K-Pop, 스포츠 등 모든 분야에서 세계를 석권하고 있고, 무엇보다 세계 각국에서 한국어 학습에 열을 올리고 있다. 이렇게 우리나라는 지구촌을 이끄는 경제뿐 아니라 문화에서도 지도국의 대열에 들어섰다.

2차 세계대전 후, 한국은 일본 식민지에서 벗어나 겨우 신생 민주국가의 틀이 잡혀가던 중 북한의 6·25 도발로 동북아 한 귀퉁이의 가장 가난한 작은 나라로 알려졌다. 그런 나라가 세계 중심

축의 지도국 대열에 우뚝 선 것에 놀란 외국인들이 그 원동력을 알고 싶어 하는 것은 당연한 일이다.

필자는 그 원동력을 한국인의 독특한 '얼(넋, 혼 : 정신의 DNA)'에서 찾으려고 이 책을 집필하게 되었다.

흔히 미국은 개척정신, 영국은 신사도, 일본이 무사도를 만들었다면 우리는 선비정신을 낳았다. 이것은 한국인의 훌륭한 정신적 유산이기는 하나 '한국의 정신'으로 내놓기에는 부족한 점이 많다.

신라 삼국통일 이전의 민족정신은 토착적인 '악바리정신' 바탕 위에 홍익인간이념이 더해진 패기 넘치는 웅혼한 정신이었다. 그 정신으로 고조선은 중국 동북부 만주 일대에서 한나라와 겨루었고, 고구려는 '다물정신'으로 광개토왕 시대를 열어 맹주국이 되었으며, 신라는 화랑도정신을 삼국통일의 주도적 이념으로 삼아 천년 문화국을 자랑했다. 장보고는 청해진에서 해적을 소탕하고, 당나라와 일본을 왕래하며 삼각무역을 통해 동방 국제무역의 패권을 잡았다.

조선시대 세종대왕은 상생지락으로 동양의 르네상스를 이루어 500년 조선왕조의 기틀을 다졌고, 선조 때의 명장 이순신은 '필사즉생 필생즉사(必死則生 必生則死)' 정신으로 23전 23승으로 조선을 구하였으며, 박정희는 새마을정신으로 '한강의 기적'을 이루었다. 이것이 한민족의 강인한 불사조정신이다.

이런 한국의 동력은 과연 무엇인가?

우리는 어려운 지경에 처하면 "하늘이 무너져도 솟아날 구멍이 있다"는 속담을 많이 쓴다. 이것은 우리 민족이 지정학적 특성으로 유사 이래 중국과 북방민족인 대륙세력과 해양세력인 일본이 부딪히는 틈바구니에서 2년에 한 번 꼴로 900여 회의 침공을 받았으나 결코 희망을 잃지 않고 악착같이 끈질기게 버티며 산 정신력을 말한다.

이러한 환경은 "호랑이에게 물려가도 정신만 차리면 산다"는 속담과 같이 우리 민족의 강인한 정신을 형성했다. 우리 민족은 그 힘으로 계속되는 난국을 극복하며 살아왔고, 현대에 이르러서는 5천 년 보릿고개의 '한'을 딛고 세계 경제 중진국의 반열에 들어섰다. "쥐구멍에도 볕들 날이 있다"는 속담처럼 빛을 본 것이다.

이것은 지금은 어렵지만 언젠가는 '잘살 수 있다'는 희망을 잃지 않고 악착같이 산 강인한 정신의 결과이다. 바로 이것이 질경이정신이며 오뚝이정신이다. 우리는 이러한 정신을 불사조라고 하는데, 이제는 창조하는 불사조, 세계에 웅비하는 불사조정신을 위해 더욱 각고의 노력을 해야 할 것이다.

그러나 요즈음 다문화 가정이 늘어가는 글로벌 시대에 지나친 단일민족의식은 시대에 역행하는 폐쇄적인 의식으로 흐르기 쉬우니 이를 경계해야 한다.

우리나라는 개국 이래 주체성이 강한 정신으로 좋은 외래문화를 받아들여 왔는데, 오늘날도 그 전통을 살려 더욱 발전하는 계기를 삼아야겠다.

한국이 경제 중진국으로 부상하여 살기 좋아지자 타민족이 늘어나는 것은 당연한 일이므로 그것을 우려할 필요는 없다. 한국문화의 용광로로 용해하여 더욱 두텁고 폭넓은 문화를 도약시키는 계기가 되어야겠다.

한편 미소(美蘇) 대결 냉전의 종말이 하나의 지구촌으로 바뀌었으나 미중(美中) 대립은 격화되고 아프리카, 유럽, 아시아가 블록화되면서 IS까지 출현하여 테러로 세계를 떨게 하는 민족적 · 인종적 · 종교적 갈등은 오히려 심화되고 있다.

그러나 21세기 미국에서 시작된 정보화의 열풍은 산업구조의 급진적 개혁을 촉발하였고, 경쟁은 더욱 치열해지고 있다. 우리는 이러한 초고속 변화의 시대를 주도할 새로운 보편적 가치관이나 도덕적 기준 등의 새로운 희망의 원리는 정립하지 못했다.

이러한 대격변기에 우리나라는 어느 때보다 나라 발전의 동력에 관심을 두고 더욱 공고히 할 때다.

한 통계에 의하면 43%(조선일보, 2015년 3월 15일)가 우리나라를 상위권 국가로 자인하고 있으나, 진정한 의미의 품격 있는 선진국이 된다는 것은 올바른 정신문화의 기초 위에 튼튼하고 높은 경제의 탑을 세워야 할 것이다. 그 길이 행복하고 품격 있는 선진국가로 가는 길이다. 그 실천의 비전이 민주의식 향상을 통한 복지사회 건설이다.

1995년도에는 한국인이 120개국에 500만 명이던 것이 2015년에는 170개국에 700만 명에 접어들었다. 그러나 우리나라의 험난한 굴곡의 역사를 이끈 동력이었던 "원칙, 정의, 근면성실, 선공후사(先公後私), 살신성인, 애국"이라는 말은 오늘날 가치관을 상실하고 자기중심적 사고에 빠져 극도의 국론 분열로 국가의 나아갈 방향을 잃고 있다.

A가 서구문화라면 B는 동양문화다. 특히 우리나라는 동양문화의 굳건한 토대 위에 서구문화의 장점을 받아들여 "A+B=C"라는 새로운 문화를 창조하는 데 유리한 위치에 있다.

하지만 구체적인 생활의 패러다임은 정보화로 육체노동은 인공지능 로봇의 몫이고, 인간의 몫은 창의성과 감성을 발휘하는 지식과 두뇌의 사용일 뿐이다. 지난번 프로 바둑기사 이세돌 9단과 인공지능프로그램 '알파고'의 세기적 바둑 대결이 4대 1로 인공지능의 승리로 끝났다. 바둑에서 기계가 인간을 이기기는 어려울 것이라던 사람들의 전망과는 정반대였기에 그 충격은 컸다. 인공지능 로봇이 인간에게 새로운 도전을 예고하고 있다. 이런 일들에서 세계화를 촉구하는 주체성과 특성 있는 정신문화가 요구된다.

무엇보다 우리나라의 당면문제는 정신문화인 가치관의 혼란이다. 지나친 감정 위주의 판단을 지양하고 합리성과 이성이 중시되는 가치관, 정신구조의 이중성과 개방성에 대한 적응력 등이 어느 때보다 요구된다. 특히 우리나라는 남북 대치 상황까지 겹쳐 급변화 시대에 대처하고 극복할 근본 동력인 우리 정신을 되돌아볼 때다.

우리는 너무 조급하고 소극적이며 의무에 소홀하고 정직하지 못한 데다가 보수적이라고 지적받고 있다. 21세기는 고도의 창의성과 유연성이 풍부한 인재가 요구되는데 그 동력은 정신이다. 삶의 지혜는 돈이나 인공위성, 로봇도 아니다. 이러한 물질문화는 수단의 일부에 지나지 않는 것으로 상상력, 창의력, 도덕, 논리 등 종합의식구조의 산물인 지혜와 동력의 핵이 '얼'이라고 본다. 이런 점에서 민족정신을 규명하는 것은 결코 배타적이고 시대에 역행하는 일은 아니다.

그러나 민족정신을 규명하는 것은 무엇보다 어려운 일이다. 자연환경과 역사는 문화와 인성 형성에 절대적 영향을 주었는데, 이렇게 형성된 체질의 원천인 정신은 쉽게 바뀌지 않는다. 이런 정신은 나라마다, 그 안에서도 지역마다 특성이 있는데 오랜 세월 변하지 않는 것이 있다.

민족정신에는 개인과 같이 한 민족의 특성과 일반성이 있다. 그것은 시대나 환경에 따라 차이는 있지만 그 밑바닥에 깔려 있는 공통분모라고 할 일반성은 시대에 따라, 노력에 비례해 보다 높은 차원으로 계속 발전하는 것이다. 그것의 본질적이면서도 보편적인 특성은 그 민족의 '얼'이다. 민족의 전통인 정기가 '얼'인데 이것이 민족의 동력이다.

이러한 우리나라의 전통적인 동력은 우리 과거와 현실의 민족사를 꿰뚫었고 앞으로도 이어져야 할 것이다. 그것은 가치철학의 이념과 직결되는 몇 가지 특징이 있는데, 그중 대표적인 예가 언어의 습성이며, 풍습과 예술이다.

우리 언어 습성의 대표적인 예가 '내 집'이 아니라 '우리 집', '내 고향'이 아니라 '우리 고향', '내 나라'가 아니라 '우리나라', 심지어 '내 아내'가 아니라 '우리 아내'라고까지 한다.

한국문화의 중심축인 '한국얼'이 담긴 한국어 학습에 대부분의 나라가 열을 올림에 따라 우리는 무엇보다 우리 언어를 발전시키는 데 더욱 박차를 가해야겠다.

또한 풍습의 대표적인 예가 낙천적이고 평화스러움이다. 우리나라는 연중행사가 많은데 그에 따라 축제와 예술이 발달했다. 하느님과 조상을 섬기고 이웃을 사랑하는 풍습이다. 한 해가 바뀌고 새해를 맞이하는 행사뿐 아니라, 달마다 명절을 정해 놓고 놀이를 하며 정을 나누고 인생을 즐기며 고난을 이겨 왔다. 이러한 미풍양속을 현대에 맞게 발전시켜 계속 이어나가야 한다.

그리고 한복은 아름다운 색상과 곡선으로 예술의 극치를 이루고, 우리 고유의 발효저장식품인 김치나 장류 등은 해외에서도 우수한 건강식품으로 평가받고 있다. 그리고 우리 민족의 애환을 읊은 '아리랑'과 같은 민요나 한국인의 한(恨)을 읊은 열두 마당의 창, 어깨춤 등의 예술이 뛰어나다.

이러한 것들의 발달 동력이 한국인의 독특한 '얼'이다. 민족의 '얼'이란 국내적으로는 질서를 요구하고 외부의 침략이나 위협에 맞서며, 나아가서 그 집단의 발전 강화를 요구하는 동력이다.

이러한 '얼'은 우리나라의 긴 굴곡의 역사에서 지혜의 뿌리이며 동력의 핵이었다. 그것이 강인한 정신(얼)으로 앞으로도 더욱 굳건하게 이어져 나가야 할 것이다. '얼'의 배경인 우리 문화의 중요한 특징은 화합과 조화(균형), 포용력과 극기심의 원리인데 '멋'은 그 결정체이다.

동양 삼국 중 한국은 천수답으로 농사를 지어 중국이나 일본에 비해 하늘숭배와 경조사상이 높다. 그리하여 한국은 치수의 주체를 농민으로 보아 인내천(人乃天)사상을 낳기도 했다.

그러나 무엇보다 우리나라가 오늘날 모든 분야에서 세계의 주목을 받는 것은 그만큼 각 분야에서 열심히 뛰었기 때문이다. 남다른 노력과 지혜를 발휘하여 최선을 다하여 뛴 결과이다. 그 원동력이 한국인의 정신 중에도 핵이나 정수에 해당하는 '얼' 혹은 '혼', '넋' 이라고도 하는데 DNA에 속하는 '오기' 혹은 '악바리정신'이다.

같은 역사와 문화 전통을 가진 우리 민족은 새로운 디지털 시대인 초고속 21세기의 세계화 속에서 이러한 '얼'을 바로 알고 더욱 강화 발전시켜야 할 것이다. 그것이 우리나라가 선진국에 진입하고 우리 위상을 공고히 할 수 있는 길이다. 아울러 그것이 우리의 개국사상인 홍익인간이념의 원대한 이상을 실현하는 길이며, 나아가 세계 평화와 인류 복지에 기여하는 재출발점이 될 것이다.

'한국(인)의 얼'의 기본 바탕인 사상의 고향은 한마디로 하늘숭배와 경조사상으로 요약된다. 우리 민족은 스스로 천손신민임을 자부하며 하늘숭배와 경조사상을 뿌리로 삼았다. 이러한 경조사상은 여러 부족을 단합하게 했고, 동조동근(同祖同根)의 혈족이라는 의식을 갖게 하여 민족이 위태로울 때 목숨을 초개같이 버린 의인과 열사가 많이 나왔다.

부모와 조상을 공경하는 것은 형제자매를 사랑하고 조상을 숭배하는 것으로 곧 동포를 사랑하는 시발이다. 하늘을 숭상함은 곧 인류를 사랑하는 것으로, 그것은 홍익인간이라는 위대한 개국이념을 낳았다. 그 결과 한국인에게는 인내천사상이 있어 불의에 분연히 일어나는 전통이 있다. 국난 때 지도층은 물론 평민들도 스스로 일어나 의병이 되었다. 일본인에게는 이러한 '노블레스 오블리주'는 없다.

그러나 이 '선비정신'이 의(義)와 덕(德)만 중시하는 지도자의 정신이다 보니, 근로정신의 결여와 경제력 경시 등 부정적인 면이 있다. 이를 보완하는 것이 우리 과제이다. 이것이 필자의 또 다른 한국인의 '얼'을 탐구하는 목적이다.

한국정신의 원형이 풍류사상이라면 중국은 중화사상이고 일본은 한자문화이다. 이러한 근본적인 한국인의 '얼'은 오랜 세월이 흐른 지금도 완전히 탈바꿈하지 않고 잠재되어 퇴적층처럼 층층이 쌓여 나간다. 이러한 우리 민족정신은 원천적으로 평화적이지만 지정학적으로 강대국에 둘러싸여 이를 물리치느라고 강인한 민족정신이 형성되었고, 그것이 상황에 따라 행동적 특징으로 나타난 것이 민족성이다.

이 한국문화가 '신바람정신'을 낳았다. 이는 절망을 희망으로 바꾸어 놓는 원천적인 힘이다. 그를 입증하는 사례가 중국을 둘러싼 아시아의 여러 민족이 멸망했거나, 중국 등 다른 대국에 흡수됐지만 우리 민족과 베트남만은 살아남았다. 또 베트남과 중국 등 대부분의 나라가 적화되었으나 우리만이 이를 저지하였다. 그것은 어떤 이데올로기도 파괴할 수 없는 전통적 저력인 강인한 정신과 그 핵인 '얼'이 있기 때문이다.

우리 역사에서 가장 큰 굴곡은 몽고에 굴복당해 40여 년, 일제강점기 36년이다. 그들은 우리 고유문화와 정신을 파괴하기 위해 온갖 짓을 다했다. 특히 광복 직후에 터진 6 · 25 동족상쟁은 한국 문화의 대변혁기로 민족의 가치관과 정신세계에 큰 변화를 가져왔다. 특히 6 · 25전쟁은 다른 나라와의 싸움이 아니라 이념이 무엇인지도 모르는 혈육끼리의 싸움이었다.

이런 상황에서 문화적 의미나 정신적 가치를 지킨다는 것은 거의 불가능한 일이었다. 훌륭한 정신과 가치관을 지닌 사람도 미군이 기한이 지나서 버리는 찌꺼기를 좋은 음식이라 먹었고, 쓰레기통까지 뒤지며 살아야 했다. 이 시기는 정신적으로는 새로운 유아기였다. 이제 70여 년간 폭풍 성장기를 끝내고 사춘기에 접어들었다.

현재의 시기는 가치관의 고품격인 정의가 실종되고 부정이 만연되어 '김영란법'까지 나온 혼란스러운 때다. 이러한 현실에 대해 시각에 따라 한국 사회의 무한한 가능성을 극찬하는 부류가 있는

가 하면, 한국 사회와 한국인을 이해할 수 없다는 부정적 견해를 갖는 부류도 있다.

그러나 이런 정체성의 혼란은 사춘기의 전형적인 특징으로 너무 우려할 필요는 없다. 그 중요한 근거는, 우리나라는 모든 종교를 수용한 것이 큰 장점으로 그에 비례한 역량을 갖추어 확고하다. 우리나라는 이런 사춘기를 잘 겪음으로써 오히려 멋진 청년기와 원숙한 중년기, 노년기를 맞을 수 있다고 본다.

그러므로 우리는 역사의 원동력인 한국인의 '얼'을 정확히 알 필요가 있다. 발달 단계를 초월해서 본질적으로 변하지 않는 본성이 있는데 그것을 정확히 파악해야 하겠다.

필자는 '한국의 얼'을 찾기 위해서 그 발현물인 한민족의 특성부터 연구하기 시작했다. 학위 논문인 「한국민요의 사적연구」에서 민요에는 어느 장르보다도 한국인의 정신이 잘 담겨 있음을 밝혔고, 그것이 계기가 되어 한일(韓日) 국민성을 비교 연구하였다. 그때 민족성은 정신의 발현물이라는 것을 확인하고 한국인의 정신 연구에 관심을 두다가 "한국의 비약적인 발전의 원동력은 무엇인가?"의 의문을 갖게 되었다.

필자가 조사한 바는 민족성에 관한 연구는 많으나 전적으로 정신에 대한 연구는 찾아볼 수 없었다. 몇 년 전 조선일보 기자가 쓴 '정신에 대한 연구'가 없음을 아쉬워하는 기사도 있었다.

'정신'이라는 막연하고 추상적인 것에 대한 연구에 엄두를 내는 것은 어려웠으나 "한국의 비약적 발전의 원동력은 무엇인가?"의 답을 찾기 위해 이 연구를 시작했다.

정신을 연구하기 위해서는 그 발현인 민족성에 대한 연구가 선행되어야 하므로 그중 대표가 될 만한 연구에서 공통분모를 찾았고, 거기에 필자만의 시각에서 민족성으로 대표될 만한 것을 새로 제시했다.

그러나 일시적 특성을 한국인의 대표적 성격이라고 할 수 없음에 연원과 장기적 특성을 밝히기 위해서 통시적인 여러 근거를 제시하였다.

필자는 그런 민족성이 형성된 가장 큰 주요 원인을 자연의 영향으로 보았다. 한국은 산이 많으나 험하지 않은 비산비야(非山非野)이고, 사계절이 뚜렷하며 태풍이 잦지 않다. 무엇보다 자연의 재앙인 대지진도 없다. 하지만 지정학적으로는 북으로 중국과 북방 민족에 접해 있고, 남으로는 해양세력인 일본의 틈바구니 반도에서 2년에 한 번 정도로 900여 회 외침을 당했다. 그 험난한 역경을 극복하며 오늘에 이르렀으나, 그 상황은 가중되는 데다 북한과는 대치 상황에 있다.

이러한 민족성은 의식주와 언어, 풍습 등 문화에서도 생성된다. 그 문화의 결정체적인 특징이 한마디로 '멋'이다. 그 '멋'도 자연과 지정학, 유사 이래 험난한 역사의 과정에서 생성된 것이다.

그렇게 생성된 한국인의 긍정적인 행동적 특징은 끈기, 슬기, 낙천성, 신명성, 교육열, 근면성실, 다정다감, 단결력, 주체성 등이고 시정해야 할 것은 조급성, 소극성, 공리공론, 부정직성, 의무 이행 소홀, 보수성 등이라 할 수 있다.

'한국인의 정신'에 대한 연구는 민족성의 여러 연구에서 단편적인 지적만 있을 뿐 황무지를 개척하는 일과 같다. 그러나 역사, 언어생활, 문학, 민요, 특히 민족성의 연원이고 원천적인 한국인의 정신의 핵을 밝힌 결과는 '오기정신' 혹은 '악바리정신'이었다. 이 정신은 다음과 같은 사상이나 정신을 기본 요소로 포용하고 있는 것으로 파악된다.

'오기'는 순수한 우리말로 '안간힘'이다. 이는 '악바리정신'의 기본 바탕이다. 그것은 "영악스러운 사람이 무슨 일에나 지지 않으려고 모질게 버티거나 악착같이 밀고 나가는 정신"이다. 이러한 '오기'는 적극적이고 패기 넘치는 웅혼한 정신(화랑정신이나 다물정신)에서 고려 말과 조선 초의 쇄국정책으로 방어적이고 소극적인 '오기'로 바뀌었다.

그러니까 토착적으로 형성되어 내려오던 '악바리정신'에 문화가 발달하고 여러 종교가 유입되면서 생성된 지도층의 '선비정신'이 더하여 깊이 있고 품격 있는 '오기정신'이 형성되었다고 본다. 그 바탕은 '악바리정신'의 기본 특징인 안간힘이기에 '악바리정신'으로도 부르고자 한다.

'악바리정신'의 특징과 그에 용해된 기본 사상과 정신을 밝히면 다음과 같다.

첫째 특징은 악착성, 집요함, 외유내강, 탄력성(유연성), 정중동

16

(민첩성), 정의감, 포용력, 조화(균형), 자존심 등이다.

둘째 기본 사상은 평화애호사상과 정신, 주체사상과 정신, 자연주의사상과 정신, 인권존중사상과 정신, 조화와 균형의 철학, 가문중시사상(가족주의사상), 대의명분정신(자주정신, 공익정신, 경리숭의정신, 선공후사정신, 민본과 인정仁政, 청렴과 절제의 정신), 낭만사상 등이다.

필자는 되도록 객관적으로 '한국(인)의 얼(정신)' 문제를 파악하려고 했으나 너무 추상적이고 광범위하며 황무지를 개척하는 것이어서 주관적으로 흐른 점이 많다. '한국(인)의 얼'이 우리 동력으로 무엇보다 중요하고 그것을 파악하는 시발점의 의미가 있는 것으로 이해해 주면 감사하겠다. 독자 여러분의 넓은 이해와 고견이 있기를 바란다.

끝으로 요즘 출판계가 어려움에도 출판을 흔쾌히 맡아준 서용순 대표에게 감사의 뜻을 전하고, 교정을 꼼꼼히 봐 준 수필춘추 편집장 임정원 박사의 노고에 감사드리며, 삽화를 그려 준 둘째 미혜와 원고 내용에 대해 의견을 보태 준 막내 미현이가 큰 도움이 되었기에 고마움을 전한다. 그리고 이 책을 쓰는 4년 동안 뒷바라지를 해 준 아내에게 감사한다.

2016년 12월

정 동 화

제2부 **한국(인)의 '멋'** – 한국문화의 DNA

제1부

한국(인)의
'얼'
— 오기 혹은 악바리 정신

제1장

한국(인)의 '얼'이란

1. 용어의 구분

(1) 정신

이는 'Spirit'로 "마음을 가지는 방향 또는 마음의 자세나 태도"
이다. 여기서 말하고자 하는 기본적인 뜻은 "민족의 근본적이고
핵심적인 사상"이나 "마음의 자세"라고 볼 수 있다.

(2) 사상

이는 "사회 인생에 대한 원리적으로 통일된 견해나 관점 또는
태도"이다. 또 "사회 인생에 대한 일정한 견해나 생각"이다. 이는
학자들의 체계 있는 견해이다.

(3) '얼'

'얼'은 '정신'이나 '혼'에 해당하는 순수한 우리말이다. 여기서
는 '정신의 줏대'로 근원적이고 정수적인 민족의 마음의 자세를

뜻한다. 이와 유사한 순수한 우리말로 '넋'이라는 말도 있으나 일반적인 어휘는 '얼'이라고 본다.

'얼'은 연원적이고 오랜 세월 다듬어져 내려오는 정수적인 '정신'으로 변하지 않는 핵심적인 것인데, 정신의 핵(core)이요 DNA를 지칭한다.[1]

(4) 민족성

민족성이란 "한 민족의 특유하거나 두드러진 기질"로 그 '근본인 정신, 즉 마음 자세의 경향'이 외부 행동의 특질로 나타난다. 이것은 일시적인 현상이 아니라 현시점이 기준이나 최소 100년 이상의 특징을 기준으로 삼는다.

2. '얼' 연구의 필요성

정신(spirit)은 생각이나 감정 따위의 작용을 지배하는 마음의 능력이다. 이의 핵을 '얼' 또는 '넋', '혼'이라고 한다.

한국 민족의 '얼'을 규명한다는 것은 매우 어려운 일이다. 개인의 '얼'을 파악하는 것도 어려운데 민족의 '얼'을 파악하는 것은

---

1 정인보의 '얼' 항에서 자세히 밝힘

더욱 어려운 일이다. 더구나 천차만별인 개별적인 정신에서 일반적인 경향을 규정짓는다는 것은 지극히 어려운 일이다. 이것은 가시적이지도 않고 하루아침에 이루어지는 것도 아니며, 오랜 역사와 함께 첨삭되어 이루어지고 시대에 따라 변할 수 있기 때문에 이를 바로 규명한다는 것은 참으로 어렵다.

그러나 공통적이고 일반적인 특징이 유사 이래 100년 이상 전통적으로 지속되고 앞으로도 지속되어야 할 것을 특징으로 삼고자 한다.

필자는 민속학 중에서 민요를 연구했다. 민요는 서민에게서 생겨나 민중의 생활 감정을 소박하고 솔직하게 드러낸다. 거기에 담긴 민중의 사상과 정신이 가감 없이 표출되어 관심을 두었다. 이번 연구는 '얼'에 대한 연구이다. 그 객관성을 높이기 위해 역사적 사실이나 철학자들이 규명한 사상을 참고하였고, 심리학자의 연구도 기본 대상으로 삼았다. 그 외에 단편적인 자료도 참고하였다.

필자는 보편타당한 연구를 시도하였으나 '정신'에 대한 것은 단편적인 지적만 있을 뿐이었다. 그리하여 민요나 문학, 역사, 철학서, 언어생활 등에 비친 우리 민족의 특성과 그 원천이 되는 정신을 집중 연구하고, 그중에서도 정신의 핵인 '얼'에 대해 규명해보기로 한다.

고전문학은 민족이 남긴 귀중한 유산이다. 민요나 문학은 시대의 특성이 반영되어 '얼'과 민족성이 잘 드러나 있다. 그중 민요는 서민들의 실생활에서 일어나는 설움과 기쁨, 사랑과 미움 등의 순수한 인간 감정을 여과 없이 솔직하게 읊은 구전문학으로 가장 오래된 전통예술이다. 민요의 특징은 민족의식과 사상, 정신 등이 꾸밈없이 반영되고 민중이 공감하고 공유한다. 우리는 고려시대 이후, 특히 조선 말엽부터 강대국에 밀려 우리의 논리와 지식보다도 그들의 것으로 긴 세월을 살아왔다. 이제라도 그 사실을 자각하고 우리 지식과 학문, 사상, 정신 등을 정립해야만 한다.

민족성은 국민성이다. 개개인에게 개성이 있고 집단에 고유의 특질이 있듯이 민족에게도 고유하고 두드러진 특성이 있다. 이러한 특성은 사회 구성의 접착제가 되지만, 사회제도가 모순되어 기대에 어긋나는 경우에는 반발과 대립이 있게 되고 충돌까지 일어나는 사회 변화의 동인이 되기도 한다.

21세기는 초고속 변화의 시대이다. 우리 지식 및 학문과 사상을 정립하여 한국인의 '얼'을 규명하고 체계화하는 노력이 어느 때보다 절실하다. 그것은 역사를 통한 재발견과 현실에 대한 재인식에서 비롯되어야 한다.

1) 민족 그리고 민족성

민족의 개념은 다양하고 복잡하다. 민족의 형성은 통일 국가가 이루어진 19세기부터 20세기 전반에 이루어진 것으로 보인다.

민족은 언어나 전통, 관습, 규범 등이 기본 요소가 되는데 그것은 역사적 과정에서 공통된 의식으로 형성된다. 구성원은 소속된 집단의 존속과 안전을 바라는 동지가 될 뿐 아니라, 그들이 속한 집단을 침공하는 적에게는 죽음을 무릅쓰고 항거한다. 그뿐 아니라 그들이 속한 집단의 발전 강화를 추구하기 위한 독자적인 가치를 형성하게 된다.

이러한 '민족'은 혈연과 지연으로 형성되는 것이 일반적이다. 민족은 경제, 정치, 문화 등의 공공(公共) 생활인 역사 속에서 이루어지는 공통된 의식(심리, 정신)을 갖는 기초단위의 집단이다. 그중에도 같은 조상의 후손이라는 신념이 민족을 형성하는 중요한 기본 조건이다. 그 위에 같은 언어를 사용함으로써 풍속, 관습, 가치체계 등의 생활 수단이 공통되고 정치, 문화, 교육 등이 민족성을 싹트게 하여 민족을 한데 묶는 동력이 된다.

그러므로 민족성은 한 민족에게 이어지는 사고나 행동의 고유한 기질이다. 단일민족으로 구성된 우리 민족성은 '국민적 성격'과 개념이 동일하다. 이는 문화적 특성에서 이루어지는 '정신적 성격의 경향'이라고 볼 수 있다.

모든 민족은 고유의 특성이 있다. 이것을 'National Character'라고 하는데 지속적이고 독특한 사고와 행동, 생활양식 등이다. 이것이 '국민적 성격'이며 '문화적 성격'이다.

민족성에 대해서는 긍정적 이론과 부정적 이론이 있으나 그 절충적인 것이 '정신적 기풍(a Spiritual Air)'이다.

이러한 민족성은 과학과 기술의 발달에 영향을 받기 때문에 가변적이다. 그러나 역사, 자연, 문화 등의 영향에도 변화하지 않고 역사 발전의 동력이 되는 핵심이고 정수인 '얼'이 존재한다.

그 실례가 한 민족의 '민족주의'다. 그것은 반식민지 운동의 원동력이 되었고 앞으로도 이어질 것이다. 오늘날 아시아나 아프리카 등지의 신생국가 독립과 반식민지 운동이 그 예다.

그러나 다민족인 미국의 민족 형성은 특별하다. 미국은 현실감과 개인주의 시민의식이 보편화된 나라이다. 그리고 스위스는 공통된 언어 없이도 수백 년간 역사와 생활 방식, 경험 등이 하나의 민족을 형성하여 강한 민족적 정서와 정신을 이루고 있다. 캐나다 역시 이중언어를 쓰면서 가치 추구, 습관, 경제, 정치, 문화, 역사 등의 공통의식으로 한 민족을 이루고 있다.

그러니까 '민족'의 기본 요소인 '정신'은 사회적 공동 경험과 생활 양식 등의 역사적 과정에서 형성된 민족 심리의 결과물이다.

우리는 21세기 초고속 변화 시대를 맞아 국가 형성은 물론 국가 발전의 원동력인 '정신'에 대해 본격적인 연구를 해야 할 것이다.

그러나 앞에서 밝힌 바와 같이 민족의 형성이 일률적일 수는 없다. 단일민족으로 형성된 단일국가는 피와 땅이 같다는 점에서 운명공동체의 연대감이 강한데, 한국인이 그 대표적 예다. 한국인의 민족의식은 일본인보다 강하게 평가된다. 그것은 일본 식민지 지배의 결과이다. 뿐만 아니라 우리나라는 '반도'라는 지정학적 지형으로 유사 이래 주변 강대국의 침공에 맞선 결과가 강한 한국인의 민족의식을 형성했다고 본다.

우리 민족의식이 강하다는 것은 많은 학자들이 인정하고 있다. 특히 호암 문일평은 민족정신이나 사상을 '조선심'이라 표현하고, 세종대왕이 훈민정음을 창제한 것을 그 예로 들었다.[2]

21세기 글로벌 시대에 민족은 가장 중요한 역사 발전의 단위가 되고 있으며, 미래 세계의 생존경쟁 단위도 민족임을 부정할 수는 없다.

2) 민족정신(얼)의 연구와 활동

'한국인의 민족정신'의 개선을 주장한 내용은 과거의 인습을 타파하고 새로운 민족성 내지 정신을 창조하려는 노력이었다. 이 것은 박지원의 「허생전」에서 처음 시도되었다. 그 다음은 정약용 인데, 모든 분야에서 의식 개혁을 주장하는 진보적인 내용이었으나 실제로 실천한 활동은 없다.[3]

그러나 누구보다 그런 원리를 제일 먼저 실천한 사람은 세종대왕으로 그 대표적 사례가 훈민정음 창제이다. 절대적 통수권자인 왕이 수천 년 동안 백성들이 다른 나라 문자로 의사를 표현함에 그 고충을 덜어주기 위해 배우기 쉽고 쓰기 편한 고유 문자를 창제했다. 이는 인류 역사상 찾아볼 수 없는 사례로 매우 개혁적이

---

2 이기백, 『민족과 역사』, 일조각, 26쪽.
3 이광수, 『개벽』, 「민족개조론」, 1922년, 14쪽.

고 진보적인 일이다.

조선 말엽에는 일본의 후원이 있었지만 일부 선각자들이 청나라로부터 독립하여 정부 혁신을 하겠다는 '갑신정변'을 일으켜 '의식개혁운동'을 시도했으나 실패했다. 이로부터 10년 후, 새로운 제도와 법령으로 한국 개화의 한 분수령인 김홍집 내각의 '갑오경장'이 일어났으나 수구 세력에 의해 3일 천하로 또 실패했다.

이에 미국 시민이던 서재필 박사가 민중의 의식개혁을 촉구하는 운동으로 독립협회를 설립하여 이승만, 윤치호, 안창호 등이 연설회를 열고 독립신문을 간행하며 민족정신을 개혁하려고 했다. 그 구호가 혁구취신(革舊就新)이었으나 이 개혁운동은 집권층과 수구 세력에 의해 독립협회가 와해되면서 실패했다.[4]

그 후 구한말과 일본의 압정 시에 민족정신을 학문적으로 논한 대표적인 사람은 위당 정인보, 호암 문일평 등이다. 또한 이 무렵 육당 최남선도 단군을 예찬하여 조선 및 조선심(朝鮮心)의 궁극적 표지(標識)이며 한국 정신의 고향이고 연원임을 역설하였다.

그리고 단재 신채호는 도학사상과 실학사상의 영향으로 왜곡된 고조선과 고구려의 민족정신을 찾는 데 역점을 두었다. 그는 외세의 침략을 물리친 민족 영웅의 자취를 찾아서 우리 민족의 투지를 고취하는 데 역점을 두었다.

이러한 노력은 일제 만행에 대항하고 맞설 수 있는 민족정신을

---

4 이광수, 『개벽』, 「민족개조론」, 1922년, 14~15쪽.

일깨우기 위한 노력의 일환이기도 했다.

단재는 우리 역사는 비주체적 정신파인 유가(儒家)의 한학파이며, 사대당(事大黨)인 김부식 일당에 맞섰던 낭불가(郎佛家)이고 국풍파(國風派)이며, 독립당인 묘청(妙淸)이 대표되는 인물인데, 이들 세력 간 다툼에서 유감스럽게도 김부식 파당에게 진 것을 불행한 역사의 시발로 보았다. 이는 매우 뜻있는 지적이다. 단재는 김부식 일당과 후대의 사대적 유가가 왜곡한 역사를 바로잡지 않고는 미래가 없다고 역설한 역사 연구를 망명지에서 내놓았다.

그는 또한 서양문화에 대해서도 많은 관심을 보여 최제우가 서학(西學)의 도전을 심각하게 의식해 동학(東學)을 일으켰듯이, 새 시대에 무비판적으로 홍수같이 밀려들어오는 서학을 극복하기 위해 한 단계 높은 동학을 일으켰다. 그리고 세계의 중심사상이 되어 가는 서구 문화와 북구의 사상에 우리 조선이 노예가 되어 망하지 않기 위해 그것을 잘 소화하여 신문화 건설을 해야 한다고 주장했다.

한 예로 문학도 과거의 한 문학이나 시조, 가사 등만을 고수해서는 안 되고 국문소설을 중심으로 한 신문학을 신흥시켜야 한다고 역설했다. 또 민족문화를 일으키는 일은 허균이나 박지원의 정신을 이어야 한다고 강조하고, 이들을 도학의 구속에서 해방시키는 것이 문학의 자주적 개화라고 했다. 그리고 제국주의 일본문학에 대항하기 위해서도 고유한 민중문학을 살려야 한다고 주장했다.[5]

---

5 조동일, 『조선문학사상시론』, 지식산업사, 1979년, 315~330쪽.

그는 민중은 민족사회의 주인인데 이것을 깨닫고 부흥시켜야 하는 데는 논설보다는 문학, 그중에서도 국문소설이 효과적이라고 주장했다. 특히 조선 중기의 '홍길동전'은 모순된 사회를 개혁하려는 사회소설이요 혁명소설이라고 극구 찬양했다. 그리고 '춘향전'은 가식을 배척하고 진실을 추구하며 사회적 모순인 계급 타파를 주장하는 것이 주제이나, 서민의 한 맺힌 삶을 해학으로 푸는 낙천성을 잘 표현한 개혁적인 소설이라고 했다. 또한 항일문학으로 대표되는 한용운, 이상화, 현진건 등을 높이 평가했다. 무엇보다 주목을 끄는 것은 신채호가 한국인의 위대한 정신이나 사상이 형성된 것은 외침에 대한 항쟁 경험 때문이라고 한 점이다.[6]

이광수는 이와 다르게 민족주의자로 자처하며 이 민족을 현재의 쇠락에서 구제하여 번영의 나라를 세운다는 명분으로 '민족개조론'을 제창하였다. 그는 우리나라 황폐의 근본 원인이 일제 식민통치에 있음을 밝히지 않고 우리 민족 자체의 피폐된 민족성에 있다고 보았다.

그는 쇠퇴 원인을 조선조의 악정 때문으로 보고, 그것은 국가와 민생을 위한 것이 아니라 1개인 1당파를 위한 정치였다고 보았다. 그 결과를 도덕적으로 분석하면 허위, 사회성, 곧 봉사정신의 결여로 사욕이 심하고, 비사회적 이기심, 나태(懶怠), 무신(無信) 등이라고 했다.[7] 그리고 근본 원인을 잘못 지적하여 이러한 민족성을

6 조동일, 『조선문학사상시론』, 지식산업사, 1979년, 317~330쪽.

개혁하지 않고는 장래가 없다고 주장했으나 별로 호응을 받지 못했다. 당시 그에게 가해진 일제의 압력을 고려해도 그 주장은 타당성을 잃었다.

1919년 이광수는 상해에서 도산 안창호를 만나 민족개조사상에 공명하고, 『개벽』(1922년)에 「민족개조론」을 발표했다. 안병욱은 그 기본 골자는 '도산의 사상'이라고 밝힌 바 있다. 그러니까 이광수의 항일에서 현실 타협으로 노선 변화를 보여 준 첫 번째 저서가 『민족개조론』이다. 열등한 민족으로는 독립하는 것이 시기상조이니 민족성부터 개조해야 한다는 것이었다. 최근 이광수의 재조명이 활발한데 그는 친일과 항일 두 가지 전략을 구사했으나 친일적인 활동은 위장 친일로 규정되기도 한다.

이광수는 1937년 안창호 선생이 주도한 흥사단의 수양동우회 사건으로 6개월 옥중 생활을 했으며, 일제 치하에서 언론의 제약을 받으면서 썼다는 것을 서문에서 밝히고 있다.[8]

이는 정치적 색채를 띠어서는 안 된다는 말로 일제 강권정치 하에서의 고민을 잘 반영하였다. 이광수는 도덕의 타락이 극도에 이르러 도덕성이 회복되어야 하는데 그것은 공리공론(空理空論)을 버리고 무실역행(無實力行)해야 한다고 주장했다. 조선조와 한말 유교의 병폐를 주장한 점은, 그 시대 일제의 한국말살정책인 '내선

7 이광수, 『개벽』, 「민족개조론」, 1922년, 24~26쪽.
8 이광수, 『개벽』, 「민족개조론」, 1922년, 3~5쪽.

일체(內鮮一體)'라는 일본 동화정책의 일환인 가혹한 탄압과 수탈 등이 행해지던 때에 맞는 의미 있는 지적이다. 그런데 한국 피폐의 근본 원인을 일제 식민 강권정치에 있는 것이 아니라 조선조의 악정으로만 봄에 기대했던 호응을 받지 못했다.[9]

그러나 일각에서는 학병을 권유하는 등의 언행으로 친일파로 보기는 했으나, 그의 행적은 민족을 몹시 걱정했고 그로 인해 투옥까지 당했다. 그리하여 그가 지적한 민족성도 타당성이 있는 것으로 재평가되어야 한다는 의견도 있다. 육당도 '한국인의 민족정신'의 개선을 주장했고, 단재는 낭가(郎家)사상을 고유한 민족사상으로 보았다. 그 성쇠가 한국사의 성쇠로 이어진다는 주장은 괄목할 일이다. 특히 기울어진 국운을 바로잡으려고 민족성 개조론 차원에서 운동을 전개할 것을 주장한 사람은 최남선, 신채호, 안창호, 이광수 등이다.

안창호는 당시 우리나라 상황을 경제적 파산, 지식 파산, 도덕적 파산으로 보았다. 그것을 회복하는 힘은 덕력, 지력, 체력을 기르는 일이라고 했으며, 자아 개조에서 출발하여 민족 혁신을 이루어야 한다고 했다.

우리 민족을 쇠퇴하게 하는 첫째 원인은 거짓, 즉 허위이며, 두 번째 원인은 공리공론으로 실천과 실행 없이 말로만 떠드는 것을

---

9 이기백, 『민족과 역사』, 일조각, 1978년, 12~19쪽.
  이광수, 『민족개조론』, 대성문화사, 1967년, 20~26쪽.

그 병폐라고 보았다. 또한 잘못된 책임을 남의 탓으로 돌리는 것이 큰 병폐이며, 주인의식과 책임의식이 없다고 했다.

민족의 힘을 기르려면 민족성부터 개조해야 한다. 어떤 방법으로 우리 민족성을 개조해야 하는가? 먼저 내 인격부터 개조하자. 어떤 방향과 어떤 정신으로 내 인격을 개조하는가?

다음이 도산의 4대 정신이다.

첫째, 무실(務實). 참 힘을 쓰는 것으로 진실을 실천하자.

둘째, 역행(力行). 나부터 몸소 행하고 실천하자.

셋째, 충의(忠義). 충성과 신의를 합친 것으로 일에 대해서는 충성을 다하고 사람에 대해서는 신의를 지키자.

넷째, 용감함. 우물쭈물하거나 얼렁뚱땅하는 비겁함이 온갖 악을 낳는다. 참과 거짓, 의와 불의를 준엄하게 가르고 참의 편에서 움직이고 살아가려면 언제나 용기가 필요하다.

무실역행주의를 점진적인 방법으로 실천하여 자아혁신과 인혁명을 이루어 서로 단결하고 신의 있는 국민이 되려는 도덕혁명과 민족개조운동 없이는 우리 민족의 번영과 행복은 있을 수 없다는 것이 도산의 반석 같은 신념이요 부동의 사상이다.[10]

최현배는 우리 민족정신의 위대함과 특질의 탁월함을 말하고, 이러한 특질을 가진 민족정신의 갱신은 생기의 진작과 아울러

---

10 안병욱, 『민족의 스승 도산 안창호』, 도산안창호선생기념사업회, 2008년, 34~48쪽.

물질적 개혁이 민족 갱생의 근본 원리라고 하였다. 이렇게 탁월한 민족의 특질을 가지고 현대문명 속에 평균 수준도 못 됨은 분투노력의 부족함이다. 우리의 독창력과 탁월한 재질을 가지고 용감하게 착실하게 꾸준히 노력해 나가자고 했다.[11]

한편 우리 민족의 지병은 의지 박약, 용기 없음, 활동력 결핍, 의뢰심, 저축심 부족, 우울한 성질, 신념 부족, 자존심 부족, 도덕심 타락, 정치·경제적 파멸 등이라고 지적하면서 그 주요 원인을 조선조의 악정과 한자의 해독, 미신의 성행으로 보았다.

최현배는 갱생, 즉 혁신의 원리로 홍익인간의 건국이념과 평화를 사랑하는 심성, 탁월한 예술적 재질, 뛰어난 과학적 재질을 살려야 한다고 했다. 그중에도 조선심이 담긴 우리말과 핍박받는 한글을 위하여 확고한 신념으로 굳세게 반항할 줄 아는 사람이 되어야 하고, 슬기와 진취성, 강건, 착실, 끈기, 단결력을 강화해야 한다고 주문했다. 그러나 이는 일제강점기 때의 무기력함이 비친 상황이며, 우리나라 국민은 전통적으로 공동체정신과 단결력이 강하다고 본다.

그는 특히 정신 개혁에 있어서 생기 진작의 정신적 개혁이 민족 개혁의 근본이라고 강조했다. 이러한 주장의 일부는 '오기'의 특징이기도 하다. 그 주된 방법은 도덕 개혁으로 진실, 신의, 용기, 자존심, 사회적 의무, 부지런함 등을 제시했다.

---

11 최현배, 『민족 갱생의 도』, 정음사, 1962년, 131~180쪽.

개혁 방법은 신교육과 계몽운동, 체육 장려, 도덕 혁신, 경제 진흥, 생활 방식의 개선, 민족 고유문화의 창달 등이다.

첫째, 나부터 실천하되 지식을 연마하고 견식을 넓혀 자기 인격을 수양해야 한다.

둘째, 개인의 힘만으로는 안 되므로 학교, 학술연구회, 청소년회, 체육회 등 2개 이상의 단체에 참여하여 지속적으로 실행 노력해야 한다. 그 주된 방법으로 교육과 언어교육을 실천해야 한다고 주장하고, 우리말의 저술과 실천에 역점을 두고 활동했다.[12]

그중에도 정인보와 신채호는 역사의 근본을 '얼'로 보았다. 특히 정인보는 한국의 역사는 '한민족의 얼'의 성쇠의 역사라고 보고, '얼'을 역사의 척주(脊柱)로 보았다. 그 '얼'은 변하지 않는 근원적인 것이라고 말한다.

이런 주장들은 일제 때 민족적 위기에서 벗어나고 불만을 토로하는 심정으로 민족적 비관을 인정하지 않고, 민족 생명의 근원인 '정신'을 마지막 순간까지 지켜나가려는 의지의 주장이다. 특히 호암 문일평은 역사 서술에서 민중을 주요 주체로 보았는데 이것은 대단한 개혁이었다.[13]

이광수와 최남선은 민족성의 장점은 살리고 단점은 개선해야 한다고 주장했다. 이광수는 자신의 개혁 운동이 재원 부족으로 조

---

12 최현배, 『나라 건지는 교육』, 정음사, 1963년.
13 이기백, 『민족과 역사』, 일조각, 26~29쪽.

직적인 단체 활동을 하지 못하여 실패했다고 보았다. 그러나 이들의 주장은 일제강점기의 비관적인 상황에서 한국인의 특성을 규정하여 객관성이 적은 것으로 평가받고 있다.

한편 1907년 을사늑약이 강제로 체결되자 고종의 무효선언이 헤이그밀사사건으로 나타났으며, 고종이 왕위를 침탈당하자 많은 유학자들은 자결로 항거했다. 한일합병이 되자 의병을 일으켜 일본과 싸웠는데, 이는 유교의 근본인 살신성인 정신의 실천이었다.

그러나 이때 유학자들은 철저한 양이론자(攘夷論者)로 서양 문물을 받아들이는 신교육 활동을 주도적으로 반대하여 서구의 신문물 유입이 일본에 뒤처지는 결정적 계기가 되었다.

또한 의병활동이 끈질기게 이어졌으나 일본의 갖은 위협과 사기, 매수, 공작 등으로 한계에 부딪히자 독립협회 등을 조직하여 의식개혁운동을 했다. 그러나 조직적인 반대와 현대적으로 무장된 무력 앞에 실패할 수밖에 없었다.

일제의 탄압에 살 길을 잃은 백성들은 만주, 상해, 연해주, 미국 등 해외로 망명했다. 그중에도 상해에 임시정부를 세우고 외교적 활동을 펴는 한편, 군관학교를 세워 군사력을 키웠다. 나라의 실지 회복을 위한 적극적인 활동에서 민족정신의 중요한 면모를 볼 수 있다. 국내에 남은 선각자들은 교육과 산업 진흥에 개혁운동을 폈다. 이들 중에는 기독교 계통 인사가 많았으나 평민들이 새로운 주도세력이 되어 기독교의 평등사상을 펼쳤는데, 그것이 큰 변화의 시발점이 되었다. 그 대표적인 예가 105인 사건[14]이다.

또한 이 시기에 동학 계통의 천도교도 민족개혁운동을 했고 3·1 운동을 주도하였다. 1919년 3·1운동은 이러한 국내 정세와 1차 세계대전 후의 민족자결주의에 의해 촉발되었다. 그것은 천도교를 비롯하여 기독교 지도자들의 계획 하에 학생들의 시위로 어어져 전 국민의 운동으로 확산되었다. 그 결과 상해 임시정부가 수립되었고, 세계의 여론을 환기시키자 이에 놀란 일본은 이른바 문화정치를 펴게 되었다.

그러나 3·1운동 후 민족운동은 쇠약해졌고, 당시 사회주의 운동이 대두되어 민족운동은 분열의 위기를 맞았다. 이를 막기 위해서 조직된 것이 신간회(新幹會)였다.

이 무렵 1929년에 광주학생운동이 일어났는데, 3·1운동과 광주학생사건에서 민중은 자신감을 얻음으로써 새로운 힘이 생겼다. 무엇보다 민족운동의 축은 지식층에서 민중으로 옮겨져 중심 역할이 바뀌었다. 이런 극심한 투쟁 속에서 민중은 정의에 대한 신념을 갖게 되었다. 36년간의 이민족 지배에서 얻은 큰 교훈으로 민중은 자신감의 저력을 깨달았다. 아울러 민중은 정의감에 불타서 지혜를 발휘하게 되었다.[15]

근래에도 조지훈은 우리 민족의 문제가 염도, 신의, 강건, 관유,

---

14 1911년 일본 경찰이 민족운동을 탄압하기 위하여 안명근의 조선 총독 암살 미수 사건을 구실로 삼아 신민회 회원 105명을 체포하여 고문한 사건.

15 이기백, 『민족과 역사』, 일조각, 225~234쪽.

근면 등의 쇠미에 있다고 했다. 이에 대한 국민의 실천운동은 화랑도의 현대화에 있다고 했는데, 이는 의미 있는 주장이다.[16]

우리 민족은 "호랑이에게 물려가도 정신만 차리면 된다"는 속담을 일상에서 많이 쓸 정도로 '정신'을 매우 중요시한다.

특별히 민족의 특성에 관심(일부는 정신적인 면을 다룸)을 두고 학문적인 순수 연구 차원에서 다룬 사람은 이병도, 윤태림, 김용운, 허태균 등이다.

이제 디지털 시대를 선도하는 중심국이 되기 위해서 우리가 선결해야 할 것은 주체의식을 확립하는 일이다. 그렇게 도약하여 품격 있는 국민의식을 고양하는 일인데, 그것은 다음 고질병에서 깨어나는 것이라고 주장하는 학자가 있다.

첫째, 한국의 사대주의론은 일본의 왜곡이다.

둘째, 일본에 의한 한국문화 멸시와 경시 사상이다. 이는 정치적·경제적·정신적 독립인데, 특히 정신적 독립이 일제의 유산에서 벗어나는 가장 큰 일이다.

셋째, 미국의 태평양전쟁은 일본제국주의를 타도하기 위한 것이지 한국의 해방이 아니라는 점이다.

이는 매우 시사하는 바가 크다.[17]

---

16 조지훈, 『지조론』, 문공사, 1982년, 168쪽.
17 이광규, 『새로운 민족관의 수립을 위하여』, 서울대학교출판부, 1995년, 20쪽.

제2장

한국(인)의 '얼' 탐구이론

1. 한국(인)의 '얼' 연구의 필요성

2차 세계대전 종결과 함께 민족의 문제는 끝나는 것 같았다. 그러나 아직도 티베트, 신장 위구르, 우크라이나, 스페인 동북부 카탈루냐 등에서의 민족운동은 활화산 같다. 중국과 일본, 일본과 러시아의 영토분쟁을 비롯한 중국과 베트남, 필리핀 등의 영토분쟁은 민족 문제의 산 증거이다.

그러나 글로벌 시대에 민족의식 연구가 자칫 국수주의적으로 빠지는 것은 경계해야 한다. 자기 국민만 훌륭하고 다른 국민은 모두 적대시하거나 야만시하면 안 된다. 그 대표적인 예가 중화사상인데, 어느 나라도 이러한 사상은 경계해야 한다. 이러한 때 우리는 국민의식과 민족의식을 동시에 함양해야 한다.

국민의식은 국제화라는 상황에서 필요한 의식이고, 민족의식은 세계에 흩어져 있는 우리 민족을 소중한 자산으로 생각하는 동시에 타민족도 중요시하는 의식이다.

오늘날 우리는 국민의식을 강화하고 세계화 속의 민족의식을 동시에 강화하는 노력을 기울여야 한다. 이것이 우리의 개국이념 인 홍익인간이념을 실현하는 길이다.

앞에서 밝힌 바와 같이 민족주의의 과제는 21세기에도 학문적 으로나 현실적으로 큰 관심의 대상이 아닐 수 없다. 지난날 식민 지적 굴욕을 겪었던 우리나라를 비롯한 신생국가에서 자주와 통 일, 번영을 추구하는 민족주의는 현실적으로 외면할 수 없는 거센 물결의 동인이다. 특히 우리에게 민족주의는 주체성의 문제로 큰 관심의 대상이다. 공통된 역사와 함께 독특한 문화 전통을 가진 하나의 민족공동체로 자주의식을 가지고 살아간다는 것은 매우 가치 있고 당연한 일이다.

세계 문화는 크게 동서양으로 구분된다. 두 문화는 매우 다른 특징이 있다. 글로벌 시대에는 이 두 문화의 장점을 화합시켜 인류 가 공동으로 비약할 문화 A도 아니고 B도 아닌 제3의 문화를 발전 시켜야 한다. 서구는 이미 A를 기반으로 B라는 동양문화를 흡수하 여 C라는 새로운 문화를 창조하려고 온갖 노력을 다하고 있다. 동 양도 그에 못지않은 새로운 문화 창조에 노력을 기울여야 한다.

다행히 더 유리한 입장은 동양이다. 서양은 지난 세기 동안 동 양문화를 멸시했다가 이제 그 장점을 발견하여 흡수하려고 하지 만, 동양은 거의 1세기 동안 서양문화의 장점을 흡수해 왔으므로 인류사회를 위한 훌륭한 지혜를 창출하는 데도 더욱 유리하다고 본다.

삶의 지혜는 돈이나 위성도 아니고 컴퓨터와 원자력도 아니다. 물질문화는 수단이나 일부에 지나지 않는다. 정신문화, 도덕, 논리 등 종합의식구조의 산물인 지혜와 동력의 핵인 '얼'이 중요하다고 본다. 그런 점에서 민족정신을 규명하는 것은 결코 배타적이거나 시대에 역행하는 것이 아니다.[18]

이러한 민족정신을 규명하는 것은 앞서 말한 바와 같이 매우 어려운 일이다. 그러나 자연환경과 역사는 문화와 인성 형성에 절대적 영향을 주었으니, 이렇게 형성된 체질의 원천인 정신은 쉽게 바뀌지 않는다. 이러한 까닭으로 나라마다, 그 안에서도 지역마다 특성이 있고, 오랜 세월 변하지 않는 것이 있는 것이다.[19]

민족정신에도 개인과 같이 한 민족의 특수성과 일반성이 있다. 이것은 시대나 환경에 따라 차이가 있지만 그 밑바닥에 깔려 있는 공통분모라고 할 일반성도 시대에 따라 보다 높은 차원으로 계속 발전한다. 그러므로 본질적인 보편적 특성은 그 민족의 전통적인 정기(精氣)이기도 하다. 그리하여 일반성은 민족의 생활 성격과 불가분리의 관계에 있다.

우리나라의 전통적 동력은 우리의 과거와 현실인 민족사를 꿰뚫었고 미래에도 더욱 강하게 헤쳐 나가야 할 것이다. 그 발현물인 여러 생활의 성격 가운데서 본질적인 가치철학의 이념과 직결

---

18 이광규, 『새로운 민족관의 수립을 위하여』, 서울대학교출판부, 71~72쪽.
19 한영우, 『한국선비지성사』, 지식산업사, 2010년, 18~19쪽.

되는 몇 가지 특징이 있는데, 대표적인 예가 언어 습성이다. 우리나라 사람은 '나'보다 '우리'를 많이 쓴다. 우리 집, 우리나라, 우리 고향…, 심지어 우리 아내라고까지 한다. 이는 공동체를 존중하는 한국식 사고의 극치이다. 우리나라는 공동체정신이 몸에 배어 있는데, 그 한 예가 오늘날의 동아리 문화이다.

2. 한국(인)의 '얼'의 형성 요인

한 민족을 형성하는 기본적인 세 가지 요인은 국토의 지정학적 조건, 농경문화, 한국사상의 발전에 따른다.

1) 우리 국토의 지정학적 조건

우리 국토의 지정학적 조건에서 오는 제약, 즉 대륙에서 대양으로 진입하려는 세력과 대양으로부터 해양에서 대륙으로 진입하려는 세력이 한반도를 교량으로 삼아 끊임없이 충돌했다. 우리나라는 5천 년 역사 동안 한, 수, 당 등 중국과 북방민족인 거란, 금, 여진족, 몽골, 러시아 혹은 일본 등 강대국들의 세력의 각축장이었다.

이러한 항쟁사는 우리의 '민족얼' 형성에 주요한 요인이 되었다. 역사에 나타난 한국인의 대외적 태도에서 특별히 주목을 끄는 것은 이민족의 침략에 완강하고도 끈질기게 투쟁해 왔다는 점이다.

우선 가장 오래된 국가인 고조선은 중국 민족과 항시 대립해 왔다. 우리나라는 중국의 금속문명을 받아들이면서도 중국인의 침략에 대해서는 결코 용납하지 않았다.

이것은 중국의 한나라 사람들이 고조선 사람에 대해 평하기를 교만하고 잔인하다고 한 데서도 잘 나타난다. 고조선은 오랜 전쟁 끝에 한나라에게 멸망하여 한사군(漢四郡)이 설치되기는 했으나 한무제(漢武帝)는 고조선과 싸워 여러 번 패하자 어떻게 화해를 해보려고 했다. 의외로 순(筍) 장군이 고조선을 멸망시키고 돌아오자 무제는 상을 내리기는커녕 그의 목을 잘라 버렸다. 이는 한나라가 고조선과 타협하기를 바란 증거로 그만큼 고조선의 항쟁이 치열했다는 것을 입증한다.[20]

또한 한나라가 고구려와의 싸움에서도 지자 무덤을 파서 시체를 떼메고 가는 무지한 행위까지 했으나, 고구려는 이를 다시 찾아오고야 말았다. 그 뒤에 다시 침공한 수양제의 백만 대군, 이어서 침공한 당태종(唐太宗)의 대군도 여지없이 물리쳐 패주시켰다.

고구려는 당에 망하기는 했으나 유민들은 끈질기게 싸우다가 마침내 '발해'를 세워 끝까지 당나라를 공격했다. 그리고 신라가 당을 끌어들여 삼국을 통일한 것을 자주성을 잃은 사대외교라고 비난하지만, 백제와 고구려를 멸망시킨 뒤에도 당과 전쟁을 하여

---

20 이기백, 『민족과 역사』, 일조각, 197쪽.

쫓아낸 것은 오늘날에도 흔히 있는 일로 실리외교의 대표적 사례라고 할 수 있다.

발해국이 생긴 후에도 그들의 위협에 대처하기 위해 신라에 화의를 청하여 오랜 동안 평화를 유지해 왔으나, 이때도 북방민족은 번갈아서 침략해 왔다. 그 예가 거란 침공인데, 이 전쟁이 너무도 치열했던 것은 유명하다. 금나라의 침공에 대해서도 당시 집권자인 이자겸이 신하의 나라가 될 것을 약속했으나 다른 많은 지사들은 분개하며 묘청과 같이 금나라를 치자고 나서기도 했다.

이어서 최씨 무인정권이 30년 가까이 지속되는 동안 몽고가 여러 차례 침공했으나 고려는 끈질기게 항쟁하여 굽히지 않았다. 최씨 정권이 몰락한 뒤에 고려는 태자를 보내어 화의를 제기하면서 고려의 정치, 문화, 풍속 등의 자주성을 보장해 줄 것을 요구하였다. 몽고가 흔쾌히 받아들여 고려만은 독립국으로 인정했다. 그것은 멀리 떨어져 있는 나라여서가 아니라 결코 물러서지 않았던 치열한 항쟁의 결과였다.[21]

조선왕조에 이르러서는 남쪽의 일본과 북의 청이 침공하였다. 임진왜란은 전쟁 무대가 한국이고 7년이나 지속된 항쟁이어서 피해가 엄청 컸다. 그러나 침략자인 일본은 의병의 끈질긴 항전으로 지리멸렬하여 쫓겨 갔다. 이때 일본에 대한 한국인의 적개심은 대단했다. 이어 청나라가 침공한 병자호란 때는 왕이 굴욕적 항복을

---

21 이기백, 『민족과 역사』, 일조각, 197~198쪽.

하여 비록 전쟁에는 졌지만, 문명국인 한국이 야만국인 청국을 멸시하는 것은 대단했다. 지금도 지식층에서는 청을 문화적으로는 멸시하는 경향이 있다.[22]

앞서 말했듯이 우리 역사는 침략에 대한 항쟁사였다. 이러한 역사는 한국 민족의 강인한 반항정신과 문화적 자존심을 형성했다. 그동안 무력에 의한 일시적 강화나 굴복은 있었으나, 이는 결코 패배나 사대주의가 아니라 실리적 외교의 방편이었다고 봐야 할 것이다.[23]

이렇게 우리 민족은 어려울 때 끈기 있게 지혜와 힘을 모아 방어하여 강인한 불사조정신을 형성하였다. 우리는 이러한 힘의 역학 속에서 때로는 강하게 때로는 유연하게 대처하면서 민족의 존속과 자주, 안정을 유지하기 위해 끊임없이 노력해 왔다. 그것이 주체성의 고수와 함께 일시적 편법인 유연한 외교인데, 이른바 사대주의적 외교라고 하여 민족의식의 통일성에 혼란을 주었다.

우리 민족은 몽골로이드족에 속하며 인종학상으로는 퉁구스족이다. 한인(漢人), 몽골인, 만주인, 일본인 등과는 달리 타인종의 요소가 복합되지 않은 단일민족의 특성을 아직까지는 상대적으로 많이 지니고 있다. 우리 민족은 언어학은 물론 고고학의 연구 결과에서 이미 선사시대부터 민족의 단일성 요소를 많이 지니고

---

22 이기백, 『민족과 역사』, 일조각, 198쪽.
23 이기백, 『민족과 역사』, 일조각, 218쪽.

있었다. 우리나라는 다른 민족보다 강인한 민족성을 지니고 있으나, 오랜 동안 압력에 의한 피지배 경험의 결과로 소극적이고 피동적이며 취약한 면도 있다. 그러나 한국사의 특수한 발전 과정과 지정학적 조건은 오늘날의 한국인의 독특한 민족의식이나 민족정신(얼, 국민성, 사상)을 형성하였다.

2) 농경문화의 영향

오랜 농경문화의 영향으로 한국인은 자연의존적이고 평화애호적이다. 우리는 영토를 넓히려고 남의 나라를 한 번도 침략하지 않았고, 다만 주어진 조건에서 수동적이며 순응하는 생활 방식에 길들여져 오늘에 이르렀다. 그래서 우리 민족은 순응과 관용, 포용에 길들여졌다. 그러나 외부의 침공은 절대 용납하지 않고 결사적인 반격을 했다. 한편, 불리한 상황에서는 현상 유지나 현실에 조화하는 소극적인 면도 있다.

3) 한국사상의 발전에 따른 영향

'민족얼' 형성의 중요한 요인은 사상의 발전과 그 영향이다. 우리나라의 처음 사상은 무격신앙이었다. 이 원시적 사상은 오늘날까지 한국 사람의 사상을 지배해 왔고, 특히 일반 민중에게는 절대적이었다. 정도의 차이는 있지만 지도층에도 예외는 아니었다. 그 예가 기우제이고, 또 나례(儺禮)라고 하여 무당에게 악귀를 쫓게 한 것이다. 이것은 근세의 동학에도 많은 영향을 미쳤다.[24]

그런데 무엇보다 체계적이고 이념적인 한국사상의 효시는 단군의 건국이념인 홍익인간사상이다. 그 중요한 골격은 인간 생활에서 필요한 생명, 질병, 곡식, 형벌, 선악을 비롯한 360가지 일로 인간을 돕는 것이다. 이것이 공익정신으로 출발하여 민심을 존중하는 민본사상과 애민사상을 낳아 교육열이 상승했다.

이러한 사상의 영향으로 특기할 점은 신라시대의 정치적인 화백제도가 독자적이라는 점이다. 외적으로는 당이나 송나라의 영향도 컸지만 실제 정치를 운영하는 점에서는 신라의 화백회의제도에 뿌리를 두고 있다. 화랑도 조직도 우리나라의 고유한 것으로 화랑도 정신이 원광의 세속오계에서 연원되었다고 보는 주장도 있는데, 이것은 유교나 불교의 영향이 아님을 말하는 것이다. 신라시대 청소년들의 정신은 유교나 불교의 영향이 아니라 바로 화랑도의 독자적인 정신이었다.[25] 이러한 정신으로 한국인은 문자가 없을 때도 어쩔 수 없이 한자를 쓰되 음과 훈을 빌려 우리말에 맞도록 이두나 향찰을 썼다.[26](신채호의 이론 인용)

사상면에서도 유교가 먼저 들어왔으나 삼국시대 사람들은 불교

24 이기백, 『민족과 역사』, 일조각, 156쪽.
25 이기백, 『민족과 역사』, 일조각, 156쪽.
26 이기백, 『민족과 역사』, 일조각, 157쪽.

를 더 숭상했다. 중국에서 들어오는 것을 무조건 받아들이는 것이 아니라 사회적 요구에 맞는 것을 받아들였다. 전제적 왕권을 중심으로 한 고대국가를 건설하는 데 맞는 것은 불교였기 때문이다.

유교는 왕을 중심으로 한 귀족들의 것이었지 민중의 것은 아니었다. 일반 민중은 그들에게 맞는 정토교(淨土敎), 즉 부처 보살이 지향하는 아주 깨끗한 세상이었다. 한국불교사에서 중요한 인물인 원효, 의천, 지눌 등은 한국 현실에 맞는 이론을 세우는 데 많은 노력을 했다. 원효는 당시 유행하던 당나라 유학을 하지 않았는데도 그의 『화엄경소(華嚴經疏)』는 중국의 현수(賢首)가 지은 『화엄경탐현기(華嚴經探玄記)』의 본이 되기도 했다.[27]

겸재 정선, 단원 김홍도, 혜원 신윤복의 그림도 독자적이었다. 이들은 모방주의에서 벗어나 우리나라의 정취가 넘치는 자연을 묘사했다. 더 나아가서 '밭가는 농부', '대장간 풍경', '서당의 모습', '씨름하는 광경', '그네 뛰는 아낙네', '술파는 여인', '희롱하는 난봉쟁이' 등 현실 생활에서 제재를 찾아 풍속화를 당당하게 그리는 혁명을 일으켰다.[28]

조선조가 서면서 불교는 유교로 바뀌었다. 이때도 중국의 유교를 모방한 것이 아니라 더욱 발전시킨 신유학인 성리학(性理學)이다. 이러한 독자적인 유교사상은 20세기 한국 경제의 밑거름이

---

27 이기백, 『민족과 역사』, 일조각, 158쪽.
28 『한국사상의 발전에 따른 영향』, 창조정신, 21쪽.

되었다는 외국 석학의 주장도 있다. 그는 이런 전통을 이해하지 못하고 더욱 신장하지 못하면 미래가 걱정된다고까지 했다.[29]

특히 유교 사상의 사단칠정론(四端七情論)은 한국인의 독특한 철학적인 면을 잘 나타내고 있다. 사람의 본성에서 우러나는 네 가지 마음, 곧 인(仁)에서 우러나는 측은히 여기는 마음인 측은지심(惻隱之心), 의(義)에서 우러나는 부끄러워하는 마음인 수오지심(羞惡之心), 예(禮)에서 우러나는 사양하는 마음인 사양지심(辭讓之心), 지(智)에서 우러나는 시비를 따지는 마음인 시비지심(是非之心)이다.

또한 사람의 일곱 가지 심리작용, 곧 기쁨 희(喜), 노여움 노(怒), 슬픔 애(哀), 즐거움 낙(樂), 사랑 애(愛), 미움 오(惡), 욕심 욕(欲). 또는 기쁨 희(喜), 노여움 노(怒), 근심 우(憂), 생각 사(思), 슬픔 비(悲), 놀람 경(驚), 두려움 공(恐) 등의 사단칠정론이 한국인 특유의 사상이다.[30]

그중에도 인(仁)의 사상을 효(孝)와 인정(仁政)으로 구현한 것은 한국 유학의 특징이다. 그리하여 한국에서는 유교를 조상숭배의 종교라고 할 정도로 발달시켰는데, 이는 자본주의 발전에 저해 요인이 되기도 했다. 하지만 더 좋은 인간관계를 만들고 리더십의 원천이 되어 현대 정치에도 비전이 되고 있다. 『논어』는 인간이 학문과 수양을 통해 더 나은 능력을 지니게 했다.

석굴암의 불상(佛像)이 희랍 간다라 및 당나라의 영향을 받았다

---

29 하버드대 마이클 푸엣 교수, 조선일보, 2013년 7월 17일
30 이기백, 『민족과 역사』, 일조각, 156~158쪽.

고 하지만, 석굴암의 석가여래좌상이나 불국사의 석가탑과 다보탑 등에서 신라 귀족의 위엄이 느껴진다. 고려청자도 고려인이 아니면 만들 수 없는 예술품이다. 조선 초기의 백자(白磁)도 한국적인 정서가 듬뿍 담겨 있다. 한국문화는 독특한 우리 문화이지 결코 중국문화의 아류가 아니다.[31]

이러한 요인과 과정을 통하여 한국인의 정신, 즉 '얼'이 형성되었다.[32]

3. '오기정신' 혹은 '악바리정신' 이론

1) '얼'의 논의

필자가 이번 연구에서 '한국의 정신'이 아니라 특별히 '한국(인)의 얼'이라고 한 것은 '얼'이 한국인의 본질이요 정신의 핵이며 DNA이기 때문이다.

이 '얼'에 대해 학문적으로 처음 논의된 것은 위당 정인보가 1935년 1월 1일부터 1년 7개월 동안 「5천 년간 조선의 '얼'」이란

---

31 이기백, 『민족과 역사』, 일조각, 158~159쪽.
32 이광규, 『새로운 민족관의 수립을 위하여』, 서울대학교출판부, 16~23쪽.

제목으로 동아일보에 연재한 내용이다. 그는 5천 년 한민족의 역사에서 '민족얼'을 찾아내어 외세로부터 자아를 지킬 역량으로 승화시키고자 했다. 정인보는 『조선역사연구』의 서문격인 제1장 서론에서 '고조선 역사연구'의 근본을 단군조선 이래로 5천 년간 면면히 이어져 온 '얼'에서 찾았다. 한민족의 역사는 바로 이 '얼'의 역사임을 강조했고, '국학'이라는 말도 처음으로 사용하여 국학연구를 실학에서 찾았다.

그리고 인간에게 그 무엇보다 소중하고 인간답게 해 주는 것은 인두겁, 즉 거죽이 아니라 그 속에 담겨 있는 '얼'이라고 했다. 그는 '얼'이야말로 주체적인 자아이자 보편적인 인간 존재의 가장 중요한 본질이며, 이는 빈 것과 찬 것, 참과 거짓을 판단하는 가치의 척도라고 보았다. 여기서 '얼'의 정의, 가치, 효용에 대하여 언급했다. 그가 '얼'에 대해 주목한 것은 개인 차원이 아니라 민족과 인류, 나아가 천지만물에까지 두루 적용되는 보편성을 띠며, 실체는 없더라도 이 '얼'만 연속 불변한다면 아무리 어렵고 위태로운 지경에 몰려도 의연하게 살아남을 수 있다고 보았다. 그는 나라를 빼앗겼어도 정신만 차리면 언젠가는 국권을 회복할 수 있다고 보았는데, 박은식의 '국혼', 신채호의 '낭가사상', 문일평의 '조선심' 등의 민족주의 정신사관과도 통한다.

한편 그는 당시 식민지 사학자와 유물사관 학자들로부터 극단적이고 관념적인 형이상학적이라는 비판을 받기도 했지만, 일제의 탄압과 역사 왜곡이 극단으로 치닫던 1930년에 민족정신을 고취하고 역사학이 나아갈 방향을 제시했다.

정인보가 무엇보다 중요하다고 주장한 한국인의 '얼'은 오늘날 입증되었다. 그것은 5천 년의 한이었던 '보릿고개'를 넘은 것으로, 이른바 '한강의 기적'을 이룬 것이다. 우리나라가 비약적으로 발전한 원동력이었음은 물론, 그 후에도 IMF를 비롯한 경제 위기 극복의 동력이었다.

그는 특별히 제1장 '서론'이라는 항을 두어 '얼'에 대한 견해를 소개했다. 필자가 '얼'이라는 어휘를 쓴 이유를 해명하기 위해서 그 줄거리를 요약 소개하면 다음과 같다.

> 누구나 어릿어릿한 사람이나 멍하니 앉은 사람을 보면 '얼'이 빠졌다고 한다. 사람에게 있어 '고도리(가장 중요한 본질)'가 '얼'인데 그런 '얼'이 빠진 사람은 거죽만 사람인 셈이다.
> (…)
> '얼'이 알찬 사람은 기백이 있고 열정적이며 갈 길이나 태도도 분명하다. 그러니까 사람이란 거죽(신체)만 가진 존재가 아니라 '얼'을 가진 존재여야만 '진정한 의미의 인간'이다.
> '얼'의 본질은 운명의 방해를 받지 않을 뿐 아니라 오히려 그 운명을 극복하여 당당한 것이다.

일정한 한계를 넘지 않는 절개와 중용을 잃지 않는 지조의 근거가 바로 의지요 '얼'이라는 것이다.

세상에는 많은 일들이 일어난다. 그러나 그 근본은 어디까지나 인간의 마음이다. 역사는 쉴 새 없이 변하지만 그 본질을 따져보면 인간의 마음이 구불구불 휘어지고 꺾어진 궤적들이다. 사람의 마음도 마찬가지다. 참과 거짓, 간사함과 성실, 사악과 정직 등인데 수학적 계산으로는 따질 수 없다. 그러나 분명한 것은 그 중추가 바로 '얼'이다. '얼'의 명멸에 따른 흥망성쇠를 역사 속에서 찾아볼 수 있다. 이는 수많은 투쟁과 노력의 결과이다. 인간의 본질이 '얼'이듯, 한국인의 정신도 '얼'이 본질이다. 그것은 정신의 근본이며 '핵'이다. 한국인의 '얼'이 잘 배어 있는 대표적인 것이 정몽주의 다음 시조이다.

> 이 몸이 죽고 죽어 일백 번 고쳐죽어
> 백골이 진토 되어 넋이라도 있고 없고
> 임 향한 일편단심이야 가실 줄이 있으랴.

2) 한국(인)의 '얼'

'한국(인)의 얼'은 특수한 역사 항쟁사와 함께 더해지고 깎이고 다듬어진 에토스(ethos) 정신, 혹은 정기라고 본다. 이를 인류학에서는 민족정신 외에 기풍, 에토스라고 한다. 정인보는 그것을 '조선의 얼'이라 했고, 문일평은 '조선심'이라고 했다. 그것들이 오늘날의 '한국의 얼'이며 정신을 일컫는 말이다.

구체적으로 지적하면 정인보는 한국 민족의 역사를 '조선의 얼'의 역사로 보았다. '얼'은 고정된 사상체계보다 사람들이 훨씬 쉽게 느낄 수 있으며, 그 '얼'은 밖에서 오는 것이 아니라 안에 있는 생명의 근원과 같은 것이라고 했다. 세상사는 천태만상이나 그 근본은 '얼'로 인해 불변적이고, 그에 반하여 역사는 항상 변한다고 했다. 그리하여 정인보는 역사의 근본을 '얼'에서 찾았고, 그 것을 역사의 척추라고까지 했다.[33]

그것이 한국인의 '불사조정신'이며 불굴의 민족혼이다. 그 특질이 '질경이정신'이기도 하다. 이러한 특징을 가진 정신이 바로 '악바리정신'으로 토착사상, 불교사상, 도교사상, 유교사상 등에서 영향을 받아 의덕정신(義德精神)으로 무장된 '선비정신'을 낳았다. 그것은 강한 자존심(자부심)과 품격으로 격상되었고, '오기정신'을 잉태했다.

'오기'는 자기 존립과 평화를 파괴하는 불의부정에 대한 배격정신이 응집돼 있다. 토착적인 '얼'은 '악바리정신'이 기본이었는데 그 바탕 위에 불교나 도교, 유교 등의 체계적인 사상의 영향으로 의덕(義德), 대의명분, 자존심, 우월감 등이 가미되어 품격 있는 '오기정신'이 형성되었다. 이것이 5천 년을 지탱해 온 동력이다.

'선비정신'이 지도급 선비들의 독특한 정신이라면, '오기'는 서민과 선비를 아우르는 '한국인의 정신'이다. '선비정신'은 실행

33 이기백, 『민족과 역사』, 일조각, 24쪽.

정신, 경제력 신장, 과학과 기술(장인정신) 및 근로정신 결여가 큰 단점인데, '악바리정신' 은 근로정신과 실행정신이 중심 내용이다. '오기' 가 한국의 토착적인 '악바리정신' 과 지도급의 '선비정신' 을 아우르는 점에서 '한국(인)의 얼' 로 당당하다고 본다. 이 정신에 무엇보다 글로벌 시대에 강화할 것은 경제력 신장의 정신이다.

그러니까 '선비정신' 이 지도급인 '선비들만의 것이라면 '오기' 는 서민정신과 선비정신까지 아우르는 '한국(인)의 정신' 을 뜻하는 포괄적 개념이다. 거기에 담긴 정신은 불사조정신으로 질경이같이 밟히고 밟혀 쓰러져 없어지는 듯하다가 오뚝이같이 다시 일어서는 끈질긴 '얼' 이 핵이다. 이는 산이 많아 척박한 국토에서 농업을 위주로 한 평화 세력이 독특하고 '멋' 있는 문화를 배태한 것이다.

한국은 '오기정신' 이 원동력이 되어 20세기 말에 시작하여 21세기에 들어서 세계가 주목하는 경제 중진국을 넘어서 선진국 문턱에 들어서고 있다. 우리는 비약하는 불사조, 창조하는 불사조, 세계에 웅비하는 불사조가 되기 위해 더욱 노력해야 한다.

3) '한국(인)의 얼' 파악 근거

'한국(인)의 얼' 혹은 '한국의 민족정신' 을 파악하기 위해서는 사상, 민족성, 정신 등의 형성 과정을 고구(考究)해야 할 것이다. 여기서 광의의 민족정신은 민족의 사상이나 정신이고, 협의의 핵심적인 정신은 '얼' 또는 '넋', '혼' 이라고 본다.

민족성 내지 국민성이 외부로 나타나는 행동 특성을 말하는 것이라면, '얼'은 그러한 특성을 발현시키는 근원이며 핵이다. '얼'은 시대 상황에 따라 여러 특성을 나타나게 하는 씨앗이며 변치 않는 DNA이다. 그러므로 민족성이나 국민성이 시대적 요구에 부응하는 행동 특성이라면, '얼'은 역사를 이끄는 동력으로 그 가치는 영구적이다.

(1) 한국사상의 고향

한국사상의 고향은 하늘숭배와 경조사상이다. 우리 민족은 스스로 천손신민임을 자부하여 하늘숭배와 경조사상이 강하다. 이러한 숭천경조(崇天敬祖) 사상은 여러 부족을 단합하게 했고, 동조동근의 혈족이라는 의식을 갖게 했다. 그리하여 민족이 위태로울 때 목숨을 초개같이 버린 의인이나 열사가 많이 나왔다.

부모와 조상을 공경하는 것은 같은 자손인 형제자매를 사랑하는 정신과 통하고, 민족의 조상을 경배함은 곧 동포를 사랑하는 정신과도 통한다. 나아가 조상의 뿌리인 하늘을 숭상함은 곧 인류를 사랑하는 것으로, 그것은 홍익인간이라는 건국이념을 낳았다. 이러한 홍익인간이념은 단군시대의 신시(神市) 이상과 홍익인간 사상에서 형성된 것이다.

천지인이나 홍익이간이념의 단군조선이 열리는 터전은 하늘과 땅의 만남인 신시였다. 즉 하늘로부터 땅으로 내려와 건설한 곳이 신시이다.

하느님의 아들인 환웅이 땅으로 내려와 웅녀와 혼인하여 탄생한 것이 단군이다. 그러니까 그의 이상인 홍익인간의 뜻은 널리 인류를 유익하게 함이다. 홍익인간사상은 무력으로 대항하기 어려울 때 평화적 수단인 예의를 택해 동방예의지국임을 내세우고 문명국임을 자부하여 스스로 의병에 나서는 정신을 낳았다.[34]

우리는 단군신화가 고려시대 『삼국유사』와 『제왕운기』에 실린 것을 현대적 감각으로 해석할 필요가 있다. 고려시대는 삼국을 통일하고 문화적 · 정신적 이념을 통일할 필요가 절실하여 그 자료를 남겼다고 본다.

오늘날도 분단된 우리 민족과 사분오열된 국론이나 국가관의 통합은 단군조선과 홍익인간이라는 건국이념의 재인식에서 출발해야 한다. 이러한 전통성은 민족을 결합시키는 바탕이기 때문이다.

(2) '한국(인)의 얼' 형성의 기본 사상

'한국(인)의 얼 형성'에 지대한 영향을 끼친 기본 사상을 주장한 여러 학자들의 공통된 견해는 평화애호사상, 주체사상, 자연주의 사상, 인권존중사상(인격존중사상), 조화와 균형의 철학(사상), 가문중시사상, 대의명분정신, 낭만사상 등이다. 그중에서 첫째로 밝힌 평화애호사상의 강인성과 인내성, '멋' 등은 많은 학자들이 공감하는 견해이다.

---

34 김용운, 『풍수화』, 맥스미디어, 2014년, 535쪽.

김용운은 『일본인과 한국인의 의식구조』에서 다음과 같이 제시하고 있다.[35]

첫째, 국가관 : 전제정치 하에서도 국가의 중대사에 대해서는 반드시 소신을 피력하는 상소문을 올렸는데, 이것은 선비정신의 가장 큰 장점이다. 특히 한국인의 국가관은 국가는 민중의 것이라는 생각이 극히 보편적이다.

둘째, 인격존중사상 : 도덕적이고 종교적인 모럴로 평등이 중요시되었던 한국 사회에서는 사람을 평가하는 데 인격이 가장 중요한 기준이었다. 일본에서는 최근까지도 백정들은 한데 모여 사는데, 한국인은 개화기 이후 사회 참여가 활발하게 이루어지고 있다. 또 거지조차 동냥할 때 "적선하시오"라고 말하며 자신의 긍지를 살린다. 한국인에게 최대 모욕은 '무시한다'는 말이다. 이것도 선비정신의 특징인데 황금만능의 배금주의 현대사회에서도 인간평가의 기준이 되는 전통은 강하다.

셋째, 가문중시사상 : 한국인은 가문중시사상이 강하다. 한국의 외래 종교도 이것을 인정하지 않고는 존재할 수 없을 정도이다. 한국의 전통문화는 가족제도에 의해 창달되었고, 그것이 사회 가치 기준이기도 했다. 그래서 한국인은 '우리'라는 말을 잘 쓴다. 하지만 이것은 쇄국주의가 심화되는 원인이 되기도 했다.[36]

---

35 정동화, 『일본연구 2』, 1991년 139쪽.
36 정동화, 『일본연구 2』, 1991년, 139~140쪽.

이동준의 사상 요지는 다음과 같다. 그는 한국사상을 종교사상과 시대사조에 의해 생긴 세분된 사상으로 구분했다.[37] 이는 세분된 사상의 줄기와도 같고 연원이기도 하다.

고조선 후기에 유불도(儒佛道)와 같은 고급문화 사상이 들어왔는데 그것은 인본주의적 유교사상과 자연주의적 도가사상의 특색이 두드러지다 삼국 이전부터 유가 및 도가사상이, 4세기부터는 고구려, 백제, 신라에 불교가 전래되었으며, 7세기부터는 당에서 도교가 들어왔다. 이러한 종교사상이 한국인의 정신에 크게 영향을 미친 것을 살펴보면 다음과 같다.

무격사상 : 무당과 박수를 신과 인간의 매체로 보는 신앙으로 다신교를 믿는 원시적 사상이다.

단군사상 : 한국 고유의 대표적 사상으로 단군은 하늘에서 내려온 환웅과 땅에 근본을 둔 웅녀 사이에서 태어난 천지인 중의 하나이다. 하늘과 땅의 상반된 요소가 결합하여 완전한 몸을 이루었다는 점에서 후일의 외래적 요소를 능히 섭취할 수 있는 내적 역량을 갖추었다. 단군이 본격적으로 민족의 신앙 대상으로 떠오른 것은 고려 말 몽고의 압정에서 민족적 자존심이 손상되자 고려의 지식인들은 단군을 통해 우리 문화의 원류를 찾아 이를 만회하려는 데서 시작되었다. 이에 대한 관심은 나라의 위기 때마다 정신적

---

37 이동준, 『한국사상의 방향 : 성찰과 전망』, 2011년, 29~79쪽.

돌파구였는데, 가장 높았던 것은 한말의 국권 상실 때였다.[38]

이것을 학자에 따라 고신도(古神道) 혹은 신도(神道)라 하기도 하고, 이것을 풍류도(風流道)의 근원으로 보기도 한다. 이것은 고대 현묘지도(玄妙之道)가 유불도의 요소를 갈등 없이 이룩한 것이다. 한국사상의 원형이 풍류정신이라면 중국은 중화사상이고 일본은 한자문화이다.

불교사상 : 우리 불교는 중국의 대승과 소승 불교로 나누어져 있는 것과 다르게 인간 중심의 화합적인 사상을 종합하였다. 그리하여 불교는 정신적 수양면에서 한국인의 정신적 바탕을 형성하는 데 매우 큰 영향을 끼쳤다.

도교사상 : 도교는 노자의 도교철학과 구복양재(求福禳災)를 추구하는 종교적인 것이 융합되었는데, 후자는 정신적인 수양론적 성격과 장생불사를 추구하는 신선사상이었다. 도교사상은 종교적인 면이 강했는데, 단군시대에 잉태되어 신라 화랑의 사상적 특색으로 나타났다. 이것은 국가 위기 때마다 강인한 정신을 발휘하는 원천이 되었다.

유교사상 : 한국의 성리학은 인간의 사단칠정을 가지고 우주론적 이기론을 인간학적 이성론으로 발달시켜 한국사상을 형성시켰다. 중국 성리학의 주체가 원심적 이기설이라면 한국 성리학은 사단칠정, 즉 구심적인 인성론으로 집약된다. 인간 본성을 추구하

---

38 조선일보, 1999년 8월 18일

여 감성과 이성을 종합적이고 전인적으로 탐구한 것이 사단칠정론이다. 유교는 경천애인사상이다. 유교는 현실적인 사회 국가를 지향하여 교육과 정치적 제도를 확립하는 데 심혈을 기울였다.

이처럼 이질적인 유불도 사상을 갈등 없이 포용할 수 있었던 것은 우리 민족의 포용력과 관용성이 컸기 때문이다.

기독교사상 : 기독교가 우리 정신에 큰 영향을 미친 것은 평등사상이다.

천도교사상 : 한말에는 후천개벽사상, 즉 낡은 모습을 지양하고자 유불도 삼교를 하나로 아우르자는 동학이 생겼다. 천도교의 인내천사상은 홍익인간사상에서 잉태되었는데, 하늘의 성질이 내 안에 와서 마음이 되고, 땅의 물질이 내게 와서 육체가 되었다는 것이다. 이런 의미에서 사람이 곧 하늘인 것이다.

이상의 여러 종교에서 시대 상황에 따라 파생된 사상을 요약하면 자연주의사상, 충효사상, 평화애호사상, 인격존중사상, 가문주의사상, 권위주의사상 등이다. 이러한 사상은 한국인의 정신 형성에 중요한 요소가 되었다.

4) 한국사상의 특질

오늘날의 종교는 서로 대립하고 있다. 그러나 그 속의 진리를 알고 보면 모든 종교는 자기 마음속 깊은 곳에서는 통하게 된다는 것이 최치원의 주장으로 종교의 본질을 잘 지적하고 있다. 그는 인간 속에 진리가 있고 자기 마음속에도 진리가 있다는 것이다.

성경에서 내가 하느님 안에 있지만 하느님도 내 안에 있다고 했고, 불교에서도 이 마음이 바로 부처요, 자기 본성이 바로 아미타불이라고 하여 내 속에 부처의 세계가 있다고 했다.

유교 경전인 『중용』에서도 경천애인이라고 하지만, 천명지위성(天命之謂性)이라 하여 내 속 깊은 곳에 하늘이 있고 진리가 있는데 그것을 체득하느냐가 문제일 뿐이라는 것이다. 이처럼 인간 속에 모든 것을 집약시킨 것이 한국사상의 특징이다. 그것이 지금까지 면면히 흐르고 있는 원효사상이다.

조선조 신유교의 특징인 성리학도 인간의 사단칠정으로 우주론적 이기론을 인간학적 이성론으로 발달시켜 한국사상을 형성하였다.[39]

중국 성리학이 원심적 이기설이 주체라고 한다면, 한국의 성리학은 사단칠정, 즉 구심적인 인성론으로 집약됐다. 인간 본성을 추구하여 감성과 이성을 종합적이고 전인적으로 탐구한 것이 사단칠정론이다. 그 예가 홍익인간의 인간, 진리가 사람에게서 멀지 않다는 최치원의 진리관, 고려 도승들이 인간 주체의 자각을 강조한 점 등이 같은 맥락이다. 또한 조선조 성리학과 인간 주체의 각성이라는 천도교의 인내천사상 등은 인간 자아의 완성을 통하여

---

39 류승국, 『유가철학과 동방사상』, 성균관대학교출판부, 2010년, 276~277쪽.

사회를 완성하는 것이 그 특질이다.[40]

홍익인간사상이 천도교의 인내천사상을 배출한 것이다. 하늘의 성질이 내 안에 와서 마음이 되고, 땅의 물질이 내게 와서 육체가 된다는 것으로 사람이 곧 하늘이라는 사상이다. 이렇게 '인간'이 존재하므로 모든 종교는 같다. 단군신화도 신인상합(神人相合)하여 단군을 낳았다는 한국의 단군사상이다.

이러한 사상은 옛날부터 한국인의 "나도 잘 될 수 있다는 자유, 나도 출세할 수 있다는 자유, 나도 할 수 있다는 인간의 선천적 평등의식"을 신장시켰다.[41]

이러한 여러 종교의 장점을 수용하여 인간 속에 모든 것을 집약시킨 화합 논리가 한국사상의 특징이다. 그것은 한국 역사 속에 면면히 흐르고 있다.

5) 시대별 사상의 변천과 그 특징

한국정신사는 한마디로 화합의 논리다. 즉 불교, 도교철학의 화합문화와 유교철학의 화합문화가 지대한 영향을 미쳤는데 이는 한국인 정신사의 맥이 되었다.

화랑도의 기본 이념인 풍류 또는 풍월도는 고래의 신도가 염원

---

40 류승국, 『한국사상의 연원과 역사적 전망』, 유가문화연구소, 2009년, 528~531쪽.
41 류승국, 『유가철학과 동방사상』, 성균관대학교출판부, 2010년, 270~279쪽.

하던 홍익인간이념의 구현이다. 즉 신시란 하늘의 뜻을 땅 위에 실현하는 마당으로 그 이념이 신교(神敎)인 홍익인간이다. 신시의 홍익인간정신은 역대를 통하여 외래사상과 교류하면서 여러 형태로 나타나 본래의 정신이 관류하는데, 그 정신과 이념은 신도, 신교, 고신도 등으로 불린다.

신라 화랑도도 신도의 한 방면이요 발전된 형태이다. 이것이 하늘과 땅, 사람의 융화의 원리가 한글 창제라는 결과물로 나타났고, 최수운(崔水雲)의 천도사상도 그 산물이다. 이것은 홍익인간의 존엄성과 평화정신의 기둥이다.[42]

단군은 하늘에서 내려온 환웅과 땅에 근본을 둔 웅녀 사이에서 태어난 존재로서 천지인 중의 하나이다. 즉 하늘과 땅의 상반된 요소가 결합하여 완전한 몸을 이루었다는 점에서 후일의 외래적 요소를 능히 수용 섭취하여 융합시킬 수 있는 내적 역량을 갖추었다(종교를 수용하는 역량, 포용력). 이것이 한국사상의 영육쌍전(靈肉雙全)의 인간관이다. 일부 학자는 고신도 또는 신도라고 일컫고, 이것을 신라 풍류도의 근원으로 연결시키기도 한다.

우리나라는 삼국 이전부터 유가 및 도가사상이 들어왔으며 4세기부터는 고구려, 백제, 신라에 불교가 전래되었고, 7세기부터는 당으로부터 종교로서의 도교가 들어왔다. 그런데 유불도의 역할은 달랐다. 불교나 도교는 정신적 수양면에 종교적이고 철학적인

---

42 이동준, 『한국사상의 방향 : 성찰과 전망』, 2011년, 29~48쪽.

것이 응용되어 한민족의 정신을 형성시키는 데 큰 영향을 끼쳤다. 이른바 한국 고대의 현묘지도로서의 풍류가 본디 유불도의 갈등 없이 하나의 풍류도를 이룩한 것이다.

이렇게 이질적인 사상을 포용할 수 있었던 것은 우리 민족의 관용성이 컸기 때문이다. 유불도는 일찍부터 한국인의 정신세계에 큰 영향을 미쳤다. 이는 시대에 따라 다르게 어느 한 요소가 전면에서 나타났다.

그러나 이것은 근대에 와서 다시 융합되어 통합적으로 나타난다. 고대 삼국시대 및 통일신라시대에는 유불도가 각기 기능을 발휘하는 중에도 특히 불교가 성행하여 주도하였다. 중세 고려시대에는 유불도가 혼합되어 기능을 발휘했는데 그중에서 도교 색채가 강했다. 근세 조선조에는 도불(道佛)은 산간이나 민중 속으로 잠입하였고 유교가 주도하여 사상에 지대한 영향을 미쳤다. 유교는 현실적인 사회 국가를 지향하여 교육과 정치적 제도를 확립하는 데 이바지했다.

그리고 한말에는 후천개벽사상, 즉 낡은 모습을 지양하고자 했으나 유불도 삼교를 하나로 아우르는 동학이 창립되었으며 이를 최제우가 주도했다.[43]

---

43 이동준, 『한국사상의 방향 : 성찰과 전망』, 2011년, 30~55쪽.

6) 시대별 종교사상과 그 영향

시대별 종교의 각 특질을 살펴보면 통일신라시대에는 불교가 중심 종교였다. 그것은 깨달음을 중시하는 교종(敎宗)이 주도했으나 실천을 중시하는 선종(禪宗)도 아우러졌다. 이와 같이 대립되는 불교철학을 각기 강점을 살려 화합하는 불교로 발전시켰다.

도교는 철학적인 노자의 도교철학과 구복양재를 희구하는 종교적인 도교사상을 포괄한다. 후자는 수양론적 성격과 장생불사를 추구하는 신선사상이었는데 그중 도교사상은 종교적 측면이 강했다.

이런 도교사상은 단군시대에 잉태되어 신라 화랑의 사상적 특색으로 나타났다. 유가와 도가사상은 서로 모순되는 점이 있지만 우리 정신에 많은 영향을 미쳤다. 공적으로는 유가정신을 따랐고, 말년에는 고향에 돌아가 유유히 자연을 즐기며 글을 쓰는 것이 이상인 도가정신이었다. 이러한 사상이 조선 중기 홍만종의 『순오지(旬五志)』에서 이론화되었으나 당시는 이단으로 취급되었다. 하지만 이는 국가적 위기 때마다 강인한 정신을 발휘하는 원천이 되기도 했다.[44]

불교와 도교, 이 두 종교는 고도의 철학사상과 도덕적 수양론 외에 왕생사상(往生思想)과 현세적 기복신앙의 복합체가 되었다.

---

44 조동일, 『한국문학사상시론』, 지식산업사, 1978년, 218쪽.

도교는 고려 말에 국가적 차원에서 받아들여 고려시대는 유불도 삼교의 복합시대였는데, 그중 불교는 왕실은 물론 서민에게도 성행했다.

그러나 이때 다른 어느 시대보다 왕성했던 것이 도교사상이다. 이것이 국가적 규모로 체제를 갖춘 것은 12세기 예종 때부터이며, 지금까지 내려오던 고유 신앙과 불교가 도교에 흡수되었다.

이렇게 불교와 도교를 중심으로 한 한국의 고대 중세 사상은 고려 말과 조선 초 무렵에 유교로 교체되는 사상적 변혁을 했다. 그것은 주자학의 성리학이 큰 동력의 계기가 되었다. 이때부터 유교는 국시가 되었고 주자학은 조선시대의 이념이 되었다. 그 결과, 한국인이 계승하고 있는 중요한 정치적 유산의 하나가 주자학의 이데올로기였다.

우리 전통문화 형성의 기본 요소는 불교와 샤머니즘인데, 이는 정신세계와 예술을 발달시켰으니 우리 문화의 척추와도 같다. 또한 유교는 농경문화를 발달시켰으니 유교와 농경문화는 우리 문화의 대들보와 같다. 유교는 효를 강조하고 인간의 기본인 인(仁)을 일반화시키는 데 크게 기여했다.

한국인은 이상적이고 보편적인 유교정신을 추구했으나 유감스럽게도 외세에 밀려 부득이 쇄국을 하게 됐다. 오랫동안 쇄국이 가능했던 것은 반도라는 지형 때문이다. 그 후부터 나라가 위기에 처하면 한국 특유의 '악바리정신' 혹은 '오기정신'으로 버텨 왔다. 그 이전까지 우리 민족은 진취적이고 강건하며 패기 넘치는 기백의 근원인 '웅혼한 정신'을 지니고 있었으나, 쇄국정책으로 민족 정신과 민족성이 바뀌게 되었다.

조선 전기에 들어와서는 대체로 성리학과 예학이 발달하여 이 념성이 강한 도학시대가 열림에 따라 공리공론으로 흐르는 폐단 이 강했다. 후기는 이에 반기를 들어 현실성이 강한 실학시대가 열렸다. 성리학에 이론적 근거를 둔 도학은 학문적 탐구만이 아니 라 엄격한 인격 수련과 주체적 사상을 강하게 추구하였다.

조선 초기는 대체로 도덕성과 이념성, 실효성과 현실성인 의리 파와 사공파의 대립 시대였다. 이 둘은 대립적이면서도 서로 자극 하고 보완하는 구실을 함으로써 역사 발전에 크게 공헌하였다.

조선 초기의 도학사상은 인간의 주체적 각성을 기초하여 안으로 는 성인이 되고 밖으로는 임금의 덕을 겸비한 사람, 즉 내성외왕 (內聖外王)의 도학정신을 갖게 했다. 이는 한국 유교의 기본적 특징 이 되어 역사를 꿰뚫는 한국인 정신의 중요한 요소가 되었다.

조선 후기의 실학은 학문을 통해서 현실을 바로 알고 그것을 올바른 방향으로 개혁하는 방향을 제시하고, 학문이 재야 사림의 도학적 전통을 굳히는 데 있지 않음을 주장했다. 그 골자는 지배 층의 경제적인 수탈을 방지하여 서민의 생업이 나아지도록 하는 것이 시급하다고 역설하는 매우 혁신적인 주장이었다. 그것은 주 자학 이전의 경학(經學)으로 돌아가기 위해 주자학을 넘어서는 새 로운 사상을 모색하는 것이었고, 사회 현실의 철학적 근거를 재정 립하려는 과감한 개혁이었다.

그러나 이는 경험적인 다양성을 중시하고, 생활의 문제를 우선시하는 의도였기 때문에 주자학의 철학적 추구는 기대했던 만큼의 성과를 거두지 못했다.

이러한 실학사상은 당시 풍조의 대표적인 작가 김만중을 배출했다. 그는 민중문화인 민요에 대해서 처음으로 관심을 가졌고, 이익은 창우희학(倡優戲謔), 즉 창우와 희학에도 관심을 가졌다. 무엇보다 학문적으로 괄목할 일은 정약용이 주자학의 핵심인 이원론적 이기론(理氣論)을 비판하여 일원론적 주기론(主氣論)을 정립한 것이다.

그리하여 자연과학사상과 사회과학사상의 철학적 기초가 공고히 다져짐으로써 지전설(地轉說)과 신분적 제한 철폐를 주장하는 놀라운 개혁 활동이 있었다. 그뿐 아니라 자기 나라를 중화로 존중하게 하고 주변의 다른 민족을 이적(夷狄)으로 멸시하는 중국의 화이사상(華夷思想)을 배척하고 주체의식을 정립하는 개혁적 논리를 전개했다.

당시 홍대용은 과학과 철학면에서, 박지원은 문학면에서 대표되는 인물인데, 박지원은 홍대용이 정립한 사상을 받아들여 문학을 통해 실현하였다. 그것이 『대동풍요서(大同風謠序)』라는 걸작이다.[45]

45 조동일, 『한국문학사상시론』, 지식산업사, 1978년, 243~246쪽.

7) 시대별 종교사상의 대표적 작품

시대별로 종교사상이 우리 정신 형성에 미친 대표적 작품을 보면 다음과 같다.

(1) 신라시대 대표 작품

무격사상의 대표적 작품 : 이는 주술적인 내용의 문학작품이다. 향가는 신라 중기부터 고려 초기에 걸쳐 유행한 고유의 시가로 이두 및 향찰로 기록되어 전한다. 대표적인 것이 일연 스님의 천지와 귀신을 감동시키는 작품인데, 그중 뛰어난 것이 '해가(海歌)'이다. 순정공이 부인을 해룡에게 빼앗겼을 때 이 노래를 불러 수로부인을 구출했다는 내용이다. 또 하나 대표적인 작품은 '혜성가(彗星歌)'인데, 혜성이 심대성(心大星)을 범하는 변괴가 일어나자 '혜성가'를 지어 부르며 굿을 하니 변괴는 사라지고 일본군이 물러갔다는 내용이다.

유학사상의 대표적 작품 : 유학의 덕치 이상이기도 한 치국안민을 읊은 노래가 '안민가(安民歌)'이고, 재앙을 물리쳐 안녕과 질서를 구현하고자 하는 이념의 노래가 '찬기파랑가(讚耆婆郎歌)'이다.

불교사상의 대표적 작품 : 나라를 편하게 기원하는 노래가 '도솔가(兜率歌)'이고, 생사를 초월한 이타(彌陀)의 나라에서 모든 고민을 해결하려는 노래가 '제망매가(祭亡妹歌)'이다. 이것은 대부분 귀족의 노래이고 균여(均如)의 향가 또한 불교사상의 대표적인

노래이다. 이 노래들에서 무격사상과 불교사상이 혼합된 것을 알 수 있다.[46]

최치원은 귀국 후 나라에 현묘한 도가 있는데 그것을 추구하는 것이 풍류이며 그 길을 행하는 것이 화랑도라 하고, 이것이 유불선 삼교의 사상을 혼합하고 있다고 했다. 그리고 이 삼교의 가치가 기준이 되어 중국에서 민족의 전통을 재발견할 수 있었다고 했다. 이러한 과정을 거쳐 '화랑정신'이 이념화된 것이다.[47]

(2) 고려시대 대표 작품

훈요십조(訓要十條) : 이 책은 태조가 만든 것이 아니라 후대에 만들어졌다는 설이 있지만, 중요한 것은 시기나 저자가 아니라 거기에 담긴 정신이다.

이 책에는 불교와 사찰에 관한 정책, 풍수지리에 관한 정책, 왕위 세습 및 언론과 인사, 중국문화의 수용, 유학에 관한 원칙들이 담겨 있다. 그중에 이목을 끄는 것은 국토의 자연환경에 맞는 문화를 세우라는 것을 강조한 가르침이다. 우리나라는 중국과 방위, 토지, 인성이 다르므로 중국문화를 모두 받아들일 필요가 없고, 우리나라 풍속을 그대로 지키라는 것이다. 이것은 국토사랑, 백성사랑, 전통사랑이 고조선의 건국이념인 '홍익인간'과 맥이 통하

---

46 조동일, 『한국문학사상시론』, 지식산업사, 1978년, 31~37쪽.
47 조동일, 『한국문학사상시론』, 지식산업사, 1978년, 54쪽.

고, 고구려의 '선비정신'이나 신라의 '화랑도정신'과도 맥이 통한다. 특히 훈요십조에는 유교, 불교, 무교와 연관된 전통신앙을 모두 합친 것이 담겨 있다. 괄목할 점은 유불선이 통합된 건국이념으로 그것을 대표하는 정신은 자주정신이다.

삼국유사 : 일연 스님이 지은 이 책은 불교뿐만 아니라 유불무의 고대문화를 포용하려는 정신이 담겨 있다. 여기에 단군신화를 수록한 것도 그 때문이다. 특히 그는 자주정신을 나타내기 위해서 썼는데 홍익인간의 단군사상이 백미이다.

동명왕편(東明王篇) : 고구려의 시조 동명왕에 관한 이야기를 오언시체로 엮은 작품으로『동국이상국집』에 전한다. 이규보의「동명성왕편」은 고구려 건국 시조 동명왕의 행적을 노래한 장편 서사시로, 주제는 단군 정통론으로 요약되는 민족의식의 성장과 연결되어 있다. 몽고에 대한 항쟁, 몽고의 지배로부터의 국권 회복, 중국에 대한 대등한 입장의 의식화이다.

이규보는 요나라와 금나라에 대한 사대적인 외교만이 아니라, 신라 이래의 귀족들이 중국문화를 추종하여 주체성이나 자주성을 버린 것에 대한 반발로 민족사의 새로운 입장을 수립하기 위해서 썼다. 그것이「동명성왕편」이다. 그것은 전제개혁, 조선왕조의 탄생, 훈민정음 창제 등에 방향을 제시하는 데 일정한 구실을 했다.[48]

---

48 한영우,『한국선비지성사』, 지식산업사, 2010년, 210~212쪽.

구전되어 오던 것이 조선시대에 들어와 기록된 민요는 처용가, 가시리, 서경별곡, 정석가, 사모곡, 동동, 청산별곡, 상저가 등이다.

처용가 : 무당이 처용을 불러서 역신(疫神)을 내쫓는 무격사상을 나타낸 작품으로 한국인의 관용성과 오기를 잘 나타냈다.

가시리 : 임을 떠나보내야 하는 여인의 애절한 심경을 아름다운 언어와 운율에 실은 노래로, 포기하지 않는 끈질김이 나타나 있음에 한국인의 '오기정신'이 잘 담겨 있다. 이는 소월의 '진달래꽃'과 '서울(경기)아리랑'과 맥을 같이한다.

서경별곡 : 서경에서 사랑하는 사람과 이별하는 여인의 애절한 심정을 담은 고려가요로, 남녀상열지사로 지목되어 산삭(刪削)이 되기도 했다. 원문은 『악장가사』에 실려 있으며, 이 노래도 한국인의 끈질김이 잘 담겨 있다.

정석가 : 태평성대를 기리고 남녀 간의 사랑을 여러 가지로 비유한 노래로 『악장가사』와 『시용향악보』에 실려 있다. 이 노래도 한국인의 끈질김이 잘 드러나 있다.

사모곡 : 어머니의 사랑이 크고 지극함을 낫과 호미에 비유하여 읊은 노래로 『악장가사』와 『시용향악보』에 전한다.

동동(動動) : 당시 풍속을 반영한 향악의 하나로 농경문화 속에서 낙천적으로 사는 우리 민족 모습이 잘 드러나 있다.

청산별곡 : 삶의 고뇌에서 벗어나 자연에 묻히고 싶은 마음을 노래한 고려가요로 낙천적으로 사는 모습이 잘 그려져 있다.

상저가(相杵歌) : 이름만 전하는 신라시대의 대악(確樂)과 같은 특징으로 낙천적인 한국인 특유의 어머니에 대한 소박한 정을 표현하고 있다.

이 작품들에서 한국인의 오기정신과 낭만사상을 엿볼 수 있다.

(3) 근세 조선조 작품

정몽주의 단심가를 비롯한 사육신의 시조, 정철의 사미인곡과 속미인곡, 윤선도의 오우가와 춘향전, 심청전 등에서 한국인의 '오기정신' 이 잘 나타나 있다.

(4) 현대 대표적 작가와 작품

님의 침묵 : 한용운은 개화기에 흔히 일본 문명을 배워 서양을 본받아야 한다고 할 때 척양척왜(斥洋斥倭)를 위해 목숨을 버리고 싸웠다. 그는 동학혁명에 가담한 후에 스님이 되었으며, 일제 통치를 근본적으로 부정하고 민족의 독립을 되찾기 위한 투쟁으로 일관했다. 불교사상으로 무장된 그는 일체유심조(一切唯心造), 즉 일체가 가상이라면 마음도 가상이다. 즉 나와 다른 것이 하나라는 주객합일의 인식도 불변의 실체일 수 없다고 하고, 그리운 것은 다 '님' 이라고 하여 필요에 따라 창조될 수 있다고 했다.

그는 불교, 민족운동, 문학을 하나로 보는 경지에 이르렀다. 또한 그는 일제의 혹독한 탄압 속에서도 독립투쟁을 중단하지 않았다. 그 대표작이 '님의 침묵' 이다. 그는 민족이 고통받는데 자신만 자유롭게 사는 해탈은 바라지 않았다. 그리고 죽음의 고통에서 신음하는 시, 죽음의 고통을 거부하는 시를 썼다. 그는 불교를 택하여 더없는 강인한 정신을 가질 수 있었다.⁴⁹

빼앗긴 들에도 봄은 오는가 : 격정과 망국의 한을 읊은 이상화의 시로, 낭만적이고 주정적인 격정을 혼용해서 한국인의 '오기 정신'을 잘 표현한 작품이다.

여기에 열거한 작품을 보면 고대에는 무격신앙과 함께 불교, 중세에는 도교, 근세에는 유교가 번갈아가며 사상적 주류를 이루었다. 거기에 근래에는 기독교 사상이 가미되어 한국의 독특한 사상과 정신을 이루었다. 이러한 종교의 각 장점을 고르게 수용하여 한국정신사의 화합문화를 형성시켰다. 그 위에 서양철학 및 종교사상과 과학사상까지 수용하게 되었다.

우리 전통철학이 어떻게 주체성을 가지고 동방철학을 배경으로 서양철학사상을 흡수 소화하여 새로운 화합문화를 창조할 수 있는가가 우리의 당면 과제이다.⁵⁰

---

49 조동일, 『한국문학사상시론』, 지식산업사, 1978년, 343~355쪽.
50 조동일, 『한국문학사상시론』, 지식산업사, 1978년, 49~78쪽.

제3장

선비정신

1. 선비의 어원과 개념

'선비'는 고조선 때부터 내려온 고유어이다. 다만 한자로 표기하다 보니 고구려 관등이 선인(先人) 또는 선인(仙人)으로 기록되어 있어 선비와 선인이 다른 것으로 오해되어 왔다.

공자는 선비를 '군자'로 불렀다. 그리고 삼국시대에 이르러 선비는 국가에서 양성한 종교적이고 무사적인 청소년 집단으로 불렸다. 그것을 고구려에서는 선인(仙人, 先人)으로 표기하였고, 신라에서는 국선(國仙), 선랑(仙郎), 화랑도(花郎徒), 풍류도(風流徒), 풍월도(風月徒) 등으로 부르다가 우리말로 '선비'라고 부르게 되었다.

이러한 '선비'는 본래 지도자의 개념이었다. '선비'는 원래 고대 무교에서 출발하여 단군 왕검을 선비로 불렀다. 그는 최초의 선비요 무당이며 임금인 셈이다. 그것을 고구려의 지도자는 선인, 신라시대의 지도자는 선랑이나 화랑도, 풍류도라 했으니, 삼국시대의 지도자는 '선비'이다.

고려시대에도 무사 지도자가 선비였다. 그러나 한층 세련된 유교문화가 정치를 이끌어 과거시험으로 등용됨에 문관의 지위가 올라갔다. 따라서 종교적이고 무사적 지도체제는 밀려났는데, 그 지도자가 재가화상(在家和尙), 향도(香徒) 또는 사장(社長) 등이다. 이들은 상부상조의 공동체로 유사시에는 목숨을 걸고 나라를 위해 용맹하게 싸우는 전사들이었다.

조선왕조에 들어 전통적인 우리 문화는 세련된 성리학과 융합하여 한 단계 향상됐는데, 이때부터 선비는 '문사'를 가리키는 말로 바뀌었다. 그러나 문사가 총지휘를 하고 무사는 그를 도우며 싸웠다. 이 문사들이 의병을 일으켜 두목이 되었고, 평민들은 그 지휘에 따라서 싸웠다. '양반'이라는 칭호는 본래 문반과 무반을 아우르는 말이었으나 문반이 우위에 올라 우대를 받았다. 한말의 문사 위주의 선비는 구국운동이나 의병을 일으키는 데 앞장서서 이끈 중심인물이었다. 그러나 조선조에 들어 과거시험에 떨어져 벼슬을 못한 부류와, 세상사를 등지고 학문에만 열중하는 문사를 가리키는 말로 바뀌었다.[51]

일제 이후에는 국내외에서 항일투쟁을 벌이는 인사를 '투사'라고 하였고, 학문에만 열중하는 문사나 학자를 특별히 '선비'라고 불렀다. 오늘날에도 학자나 교양인을 흔히 선비라고 부른다.

---

51 한영우, 『한국선비지성사』, 지식산업사, 2010년, 35~38쪽.

2. 선비정신의 논의

'한국(인)의 얼'을 연구하는 데 빼놓을 수 없는 것이 '선비정신'이다. 신채호는 선비정신을 낭가사상으로 부르고 자주성이 강한 고유의 사상으로 보았다. 한국인의 정체성은 체질로 나타나는데, 그 연원이 '얼'이고 정신의 DNA이다.

선비정신은 이 논저의 핵심 내용이다. 이 방면에 조예가 깊은 대표적인 두 분, 곧 안병욱과 한영우의 주장을 요약한 것을 제시하고, 참고로 조지훈의 「지조론」의 '선비의 도'와 이희승의 수필 「딸깍발이」의 주제를 소개하여 '선비정신'을 되도록 객관적으로 밝히고자 한다.

1) 안병욱의 '선비정신' 요약

서양이 기사도, 일본이 무사도를 만들었다면 우리는 '선비도'를 만들었는데, 이것은 한국인의 훌륭한 정신적 유산이다. 이러한 선비정신은 순기능적인 면과 부정적인 기능면도 있으나 전자의 장점은 오늘날도 긍정적인 면이 많은 것으로 평가되고 있다.[52]

그것을 네 가지로 요약하면 다음과 같다.

---

[52] 이병도, 『한민족 그 불사조인 이유』, 세계평화교수협의회, 1980년, 82~84쪽.

첫째, 이익이나 돈을 가볍게 보고 의를 숭상하는 생각, 즉 경리숭의(輕利崇義)사상이다. 이는 한국의 전통적 '선비정신'의 중추인 공익정신과 이상주의 정신에 바탕을 두었다고 볼 수 있다. 이 선비정신이 공맹자의 가르침에도 있지만, 조선 선비들은 이러한 가르침을 받아들일 수 있는 체질이 형성되었다.

이는 『논어』의 "소인은 이(利)에 밝고, 군자는 의(義)에 밝다"는 정신에서 본받은 것이다. 이것은 '선비정신'의 매우 중요한 내용으로 남산의 석탑에도 새겨져 있다. 이것에 대해 안중근 의사가 감옥에서 죽기 전에 썼는데, "이익을 보면 의(義)를 생각하고 나라가 위태로울 때는 목숨을 바칠 줄 알라"는 공자의 말이다. 이렇게 옛 선비들은 이(利)보다 의(義)가 중시하고, 사리(私利)보다는 정의가 중요하다고 생각했다.

또한 『대학』에 덕본재말(德本才末)이라는 말이 나오는데 "덕이 근본이요 재주는 지엽적이고 말단"이라는 말이다. 이런 사상에서 청빈사상이 나온 것이다. 청빈보다는 청백(淸白)이 더 좋은 것이다. 그래서 우리나라는 청백리를 높이 평가하고 우러른다. 이런 사상에서 선비는 지조를 지키고 신의를 숭상하며, 이(利)보다는 의(義)를 따라야 한다는 도의정신을 기리며 지켜왔다.

둘째, 공을 앞세우고 사를 뒤로 돌리라는 선공후사(先公後私)의 가치다. 공은 크고 사는 적은 것이고, 공은 사보다 월등히 높은 가치가 있다는 것이다. 그래서 지도자는 공과 사를 분명히 구별해야 하고, 사적인 욕심보다 공적인 생각, 즉 대공(大公)정신을 가져야 한다는 것이다. 이것이 옛날 선비들의 생활 모델이었다.

셋째, 참여정신이다. 원래 유교에서 선비들이 공부하는 목적은, 벼슬을 해서 정권에 참여함으로써 인(仁)과 예(禮)가 지배하는 올바른 사회를 건설하기 위해서다. 학문의 목적은 권력을 옳게 사용하여 이상적 사회를 건설하는 데 있다는 것이다. 이러한 유교의 근본정신이 반영된 것이 선비도의 기본 자세인데, 그것이 참여정신으로 이어진다. 그 실행의 대표적 사례가 우암 송시열 선생이다. 팔십 무렵에도 임금에게 상소문을 올리고 사약을 받았다. 조선조의 우암을 비롯한 많은 선비들은 옳은 일이라면 목숨을 내걸고 상소문을 올리고 사약까지 받아 의롭게 죽었다. 이렇게 이(利)와 의(義)를 준엄하게 가른 대의명분이 놀랍다.

그 결과가 원칙을 중시하는 정신을 낳았다. 그 예가 병자호란이다. 당시 국력으로는 도저히 나라를 지킬 수 없는데도 오랑캐를 섬길 수 없다고 명나라에게만 의리를 지키다가 병자호란까지 당했다. 또한 예절 같은 사소한 일로 갑론을박하는 사색당파 싸움을 하다가 국력이 쇠진되는 경험을 겪었다.

넷째, 수양정신이다. 산다는 것은 바로 수양하는 것이다. 그래서 선비들은 늘 수양을 하는 데 열중했다. 홀로를 삼가라는 신독(愼獨), 즉 퇴계는 모든 것을 공경스러운 마음으로 해야 한다고 해서 경(敬)자의 원리를 강조했고, 율곡은 성실의 성(誠)을 인생의 근본으로 삼았다. 우암은 곧을 직(直)을 생활의 근간으로 삼았다.

경(敬)이건 성(誠)이건 직(直)이건 간에, 조선 선비들이 산다는 것은 늘 수양하는 것이었다. 덕을 쌓고 도를 배우며 옳은 길만을 걷는 것을 생명과 같이 여기고, 그 길을 걸었다. 선비들은 맹자의 호연지기와 사내대장부의 정신을 강조하고 실천하며, 삶의 목적과 인생의 최고 가치는 훌륭한 인간이 되는 것이요 덕을 쌓는 것이었다. 선비는 돈을 벌고 권력을 잡으며 출세하는 것이 인생이 아니었다. 이런 정신이 조선조의 청빈사상을 낳았고 그것이 청백리제도였다.

이런 정신이 고려 말의 정몽주 선생을 비롯해서 단종 때의 사육신과 생육신, 두문불출하고 세상에 나가지 않던 두문동의 의사들, 삼학사(三學士), 한말의 의병 활동, 민충정공, 안중근 등을 배출했다. 이들이 한국의 역사를 악착스럽고도 끈질기게 이끌어 온 인물이다. 이러한 선비정신을 한마디로 요약하면 의덕(義德)정신이다.[53]

2) 한영우의 '선비정신' 요약

첫째, 공익정신이다.

① 청렴과 절제정신으로 선공후사(先公後私)와 경리숭의(輕利崇義)사상을 낳았다.

② 민본과 인정

③ 경자유전(耕者有田)의 원칙이다.

④ 공선(公選) : 과거제도로 공평하게 인재를 등용하였다.

---

53 이병도, 『한민족 그 불사조인 이유』, 세계평화교수협의회, 1980년, 82~84쪽.

⑤ 공론(公論)과 공거(公車) : 조선왕조는 정책 결정 과정에서 독단을 막고 감시하고자 백성들에게 언로를 개방하여 공론을 존중했다. 그래서 홍문관, 사간원, 사헌부 등을 두었고, 상소제도와 임금이 행차 때 징을 두드려 임금에게 억울함을 직접 호소하는 격쟁(擊錚)제도를 두었다.

⑥ 교육, 출판, 기록 : 조선시대의 공익성은 교육 기회의 확대와 출판문화의 발달로 뒷받침되었다. 향교가 군현마다 세워져 교육 기회가 크게 확대되었고 출판문화가 발달했다. 그 대표적인 예가 국보로 지정되어 있는 규장각 도서와 세계기록문화유산으로 등록된 『조선왕조실록』, 『승정원일기』, 『의궤』 등을 출판 보존하여 세계에서 주목받고 있다.

둘째, 이상주의 정신이다.

우리나라 성리학은 중국과는 많이 달랐다. 우리나라 선비는 개혁할 때는 주나라의 이상적인 정치제도를 서술한 『주례(周禮)』를 본받았는데, 그 대표적인 예가 조선왕조의 건국이념이다. 그 결과가 재상 중심의 권력구조인 육전체제로 민본을 위한 공익구조이다.

셋째, 자주정신이다.

자주정신은 우리나라 개국 이래 줄기차게 지켜왔다. 성리학은 천자와 제후의 명분을 존중하는 이론인데, 우리나라는 제후를 다섯 등급으로 나누는 자주성이 보장된 황복제후(荒服諸侯)의 나라이다. 명나라의 간섭을 받지 않는 나라라는 것이다. 그래서 고유한 언어문화를 가질 자유가 있었다. 그런 주장을 한 대표적 학자가 양성지(梁誠之)이다. 중국도 이 점을 인정하여 조선 왕 임명과 달력 사용에만 관여했다. 국호 조선도 독자적으로 지었고, 단군과 기자는 국가적 제사를 받았다. 이를 바탕으로 역사를 서술한 것이 『동국통감』이다. 더욱이 명나라 사신이 조선에 들어올 때는 평양의 단군 사당인 숭령전(崇靈殿)과 기자 사당인 숭인전(崇仁殿)에 먼저 참배를 했다. 문화면에서도 세종 때의 문화사업은 독자적인데 훈민정음, 천문학, 의학, 농업, 음악 등이다.

조선 선비의 중추적인 자주정신은 우리 국토를 유린하는 침략자에 대해서는 단호하게 응징하는 복수심으로 분출되었다. 임진왜란 때는 의병들의 적군 퇴치와 조선중화사상까지 낳았다. 한말에 조선 선비의 자주정신은 주체와 개방의 두 날개였다. 그것의 한쪽이 국가를 중흥시키는 원동력이 되었고, 다른 한쪽은 민족의식으로 발전되었다. 그것이 농촌에서는 위정척사(衛正斥邪)로 나타나 반일 의병운동으로 표출되었지만, 도시에서는 동도서기(東道西器) 또는 구본신참(舊本新參)으로 전개되어 자주적 근대화 운동이 추진되어 마침내 대한민국을 탄생시켰다.

넷째, 조선 선비의 천지인 합일사상과 평화사상이다.

조선 선비의 우주론은 성리학에 토대를 두고 있는데 주리설과 주기설이 대립되고, 인성과 물성이 같다고 보는 인물성동론(人物性同論)과 인물성이론(人物性異論)이 대립되어 견해 차이가 많았다. 그러나 모두가 성선설, 천지인 합일, 포용적 조화 철학의 범주에서 벗어나지 않았다. 다시 말해 우주와 인간, 인간과 인간을 대립으로 보지 않았다.

선비들의 '이기론'이나 '천지인 합일사상'은 예부터 내려오던 무교의 삼신일체와 다르지 않다. 즉 환인, 환웅, 단군은 각각 천지인을 상징하는 존재로서 나누면 셋이고 합치면 하나로 보았다. 조선 선비의 천지인 합일사상이나 포용적 조화사상은 생명 사랑에 바탕을 두고 있기 때문에 근본적으로 평화지향적이다.

갈등으로 얼룩진 현대문명을 극복할 수 있는 미래지향적인 대안이 '선비정신'에서도 탐색할 수 있는 가능성이 이런 점에 있다. 천지인 합일사상에서 보면 자연은 극복의 대상이 아니라, 자연과 인간은 상생관계에 있다. 조선 선비의 우주관은 자연친화적이고 환경친화적이라는 점에서 우주관의 선구자이다.[54]

3) 조지훈의 「지조론」 요약

조지훈은 수필 「지조론」의 '선비의 도' 장에서 지성과 문화, 선비의 직언, 인물 대망론, 붕당 구국론, 의기론(意氣論) 등을 제시하고 있는데, 중심 주제는 지조론이고 그 밖의 내용들은 실천론에 해당되며 보조적인 것이다. "지조란 것은 순일(純一)한 정신을 지키기 위한 불타는 신념이요 눈물겨운 정성이며, 냉철한 확집이요 고귀한 투쟁"이라고 했다.

---

54 한영우, 『한국선비지성사』, 지식산업사, 2010년, 126~437쪽.

지도자가 자기 명리만을 위해 동지와 추종자를 하루 아침에 함정에 빠뜨리고 달아나는 배신하는 사람이 많은데, 지조를 지키는 일이 참으로 어려우므로 지도자를 존경하고 따르는 것이다.

지조는 선비의 것이요 교양인의 것이다. 선비와 교양인과 지도자에게 지조가 없다면 장사꾼 등과 다를 바가 없다. 식견은 기술자나 장사꾼에게도 있을 수 있다.

지조와 정조는 절개에 속한다. 지조는 정신적인 것이고 정조는 육체적인 것이지만, 기본적으로는 지도자의 변절도 육체생활의 이욕에 매수된 것이요, 정조의 부정도 정신의 쾌락에 대한 방종에서 비롯된다. 지조를 지키기란 참으로 어렵다. 자기 신념에 어긋날 때면 목숨을 걸고 항거하여 타협하지 않고 부정과 불의, 권력 앞에 최저의 생활과 최악의 곤욕을 견디는 일을 무릅써야 한다.

지조는 선비, 교양인, 지도자의 생명이다. 이러한 사람들이 지조를 잃고 변절한다는 것은 스스로 자임하는 바를 포기하는 것이다. 이런 지조를 지키는 대표적인 분으로 단재 신채호와 만해 한용운을 들었다.

조지훈이 강조한 '선비의 지조'를 실천하는 행동은 다음과 같다.

첫째, '선비의 직언(격동기의 지성인의 사명)'이다. 그 실례가 일제 강점기의 한글운동으로 이때 모든 문필인이 일어났다.

지성인을 옛날에는 한자어로 '식자인' 또는 '독서인'이라고 했는데, 순수 우리말로는 '선비'이다. 고래로 선비가 기절(氣節)을 숭상하여 목숨까지 바쳐서 지켜온 것은 진실로 부정과 불의에

대한 항거로써 선비의 명분을 삼기 때문이다.[55]

둘째, 선비의 기질은 몸소 행하고 마침내 살신성인의 경지에 이르러야 한다. 나라가 흥망의 관두에 서 있을 때 앞장서야 한다.

요약하면, 옛날에 선비라고 부르던 것이 오늘날에는 지성인, 독서인, 교양인이라고 부르는데 '선비정신'은 한마디로 "옳은 일에 지조를 지키는 것"이다.

그것이 선비의 생명이다. 선비는 그 길이 옳거나 나라를 위하는 일이면 죽음을 무릅쓰고 직언하거나 살신성인의 자세로 앞장서야 한다.

4) 이희승의 「딸깍발이」에 조명된 '선비정신'

수필 「딸깍발이」는 일제강점기 때 일본인들이 '게다'를 신고 경망하게 걷는 모습과 대조되는 '딸깍' 소리가 나는 나막신을 신고 다니는 남산골 샌님의 장중한 모습과, 그 모습에서 학문에 일념하여 다수를 위해, 미래를 위해 옳다고 생각하면 어떤 경우도 물러서지 않는 곧은 의기를 나타낸 글이다. 그 줄거리는 다음과 같다.

왜정 때의 한 선비 이야기이다. 벼슬이 유일한 목적이지만 벼슬한번 못하고 인생의 한 고비를 넘긴 궁상스러운 모습의 양반이

---

55 조지훈, 『지조론』, 문공사, 1982년, 19~32쪽.

생업은 생각조차 않는 궁핍한 생활을 한다. 그러나 이목구비는 뚜렷하고 몹시 말랐지만 두 눈은 빛나고 의지력은 강하다. 차림새는 꾀죄죄하나 의관을 갖춘 걸음걸이는 장중하고 앞만 보는 자세는 여유 있고 꼿꼿하기 그지없다.

이러한 샌님의 일상생활은 출입이 별로 없이 방 하나 차지하고 의관정제한 채 사서를 비롯한 유교 서적을 되풀이하여 읽는다. 밥이 어떻게 되는지는 알 바 아니다. 청렴개결(淸廉介潔)이 생명이어서 재물은 무시하고, 이해를 따져서는 안 되며 예의와 체면뿐이다. 오직 인(仁)과 의(義) 속에 살다가 인과 의를 위하여 죽을 뿐이다.

추위에 떨면서 안간힘으로 겨울을 버티고 봄을 기다리는 성격, 즉 실제는 지고도 안 졌다는 자존심, 꼬장꼬장한 고지식, 얼어 죽어도 곁불을 안 쬐는 자존심. 이들은 너무 강직하여 목이 부러져도 굽히지 않는 기개를 자부한다.

그런 기개의 대표적 인물이 포은, 삼학사, 사육신, 임진왜란 때나 한말의 의병장들, 민충정공, 안중근, 윤봉길 등으로 이어진다. 이들은 국가 중대사나 위기를 당할 때 직소를 서슴지 않고, 인과 의를 위해서는 죽음도 불사하는 기백을 발휘했다.

그러나 현대인들은 전체를 생각 않는 자기중심, 자기본위, 백년대계 아닌 목전의 이익인 극단의 이기주의로 흐른다. 현대인도 '딸깍발이' 정신을 배워야 할 것이다. 그것이 의기와 강직이지만, 지나친 청렴이 문제라는 것이다.

5) 선비정신의 요약

(1) 안병욱의 '선비정신'

선비는 벼슬을 통한 인과 예를 실현하는 옳은 길만을 걷는다. 돈과 출세가 아닌 청빈사상으로 경리숭의, 선공후사로 요약된다.

(2) 한영우의 '선비정신'

공익정신 : 청렴과 절제, 경리숭의, 민본과 인정, 경자유전, 교육 출판, 기록문화 발달에 의한 높은 문화를 창달하는 정신이다.

이상주의 : 선비는 평화와 대의 시대 추구가 이상이다. 그것이 천지인 합일사상의 포용적 조화사상이다.

자주정신 : 선비는 개국 이래 주체성을 지키며 높은 문화에 대한 자존심을 유지했다. 그 대표적 사례가 한말의 동도서기나 구본신참 정신이다.

(3) 조지훈의 '선비정신'

지조는 선비나 교양인, 지도자의 생명이다. 지조를 잃고 변절하는 자는 지도자의 자격이 없다는 것이다.

첫째, 선비는 부정과 불의에 목숨까지 바치는 명분의 기절(氣節)을 숭상한다.

둘째, 옳은 일에 지조를 지키어 직언하거나, 나라가 흥망의 관두에 있을 때는 앞장서는 살신성인의 자세에 이른다.

(4) 이희승의 '선비정신'

첫째, 청렴개결, 즉 이(利)보다 인(仁)과 의(義)를 지키는 강직한 지조이다.

둘째, 문화에 대한 자존심을 키운다.

이 선비정신의 공통분모를 요약하면, "선비정신은 지도자의 정신이다. 공통점은 인(仁)과 의(義)에 대한 꼿꼿한 지조이다. 그 지조란 위해를 두려워하지 않는 기개와 옳다고 생각하는 일에 죽음도 불사하고 실행하는 살신성인의 정신이다." 이것은 홍익인간이라는 평화주의 이상을 가지고 그 실현을 위해서 자주정신으로 나라를 지키고, 안으로는 민본과 인정(仁政), 숭의, 청렴과 절제의 공익정신을 이행하여 살신성인으로 홍익인간의 이상을 펴야 한다는 것이다.

그러나 대의명분을 중시하는 선비문화는 자기만이 옳고 그것만이 정의라고 고집하는 부작용을 낳았다. 그 결과는 장례식 절차나 왕세자 책봉 등의 현실 문제가 아닌, 주자학적 대의명분에 얽매어 조선조의 유례없는 당쟁은 척화양론까지 낳았다. 그것은 우리만이 정의이고 문화인이고, 외국인은 모두 오랑캐이고 야만인이라는 식의 폐단을 낳기도 했다. 그 결과로 사색당파의 정쟁으로 임진왜란이나 병자호란을 초래했고, 조선말 일본 침략 때도 항상 주전파와 타협파로 나뉘어 대립하면서 나라를 잃는 불행을 겪었다. 이어서 일제강점기 때는 국외파와 국내파, 국외파는 다시 중국과

92

미국파로 갈려 싸우면서 국력을 낭비했다.

지금도 3대 세습이라는 기형적인 북한 정권은 타협에 양보라는 것이 전혀 없다. 북한에 전적인 책임이 있기는 하지만, 이러한 우리 민족의 비타협적인 기질로 남북 분할이 70년이 지나면서도 타협을 못하고 있는 현실이다.

이러한 '선비정신'은 지도자 정신의 일변도로 근로정신 및 전문성 추구의 결여와 지나친 경리숭의정신으로 이(利)를 경시하여 경제력에 무능한 사람이 되는 청렴이어서 현대에는 단점으로 비판받고 있다. 또한 지배계급이 누린 권세와 병행돼야 할 책무, 즉 '노블레스 오블리주'도 함양하지 못했다. 그것은 지배계급의 리더십으로도 결점이 되는 데다가 '한국(인)의 얼'로 내세울 수 없는 큰 결점이다. 그 책무 불이행의 대표적 사례인 2014년 4월 세월호 침몰사건 때 맨 먼저 탈출한 선장의 행동은 국민의 분노를 샀다.

이와 반대로 일본에서 일어난 사건의 예를 들면, 홋카이도로 가던 여객선이 침몰할 때 선장 하시다(久田佐助)는 승무원을 전원 탈출시키고, 구조선에 배의 위치를 알리기 위해 몸을 배에 묶어 마지막까지 경적을 울리다가 배와 운명을 같이했다.

그러나 한편 일본 농민은 무사단이 외부와 맞서 싸워도 구경만 하고 오히려 내놓고 적군에게 식량을 팔아 돈벌이를 하기도 했고, 2차 세계대전 패전 후에는 미군이 상륙하자 남편을 특공대로 보낸 일부 부인들은 미군들을 맞아 돈을 벌기도 했는데, 이러한 일이 일반적이라는 것이다.

한국인에게는 인내천사상이 있어 불의에는 분연히 일어나는데 지도층은 물론 평민들도 스스로 일어나서 의병이 되거나 의병을 도왔으나, 일본에게는 이러한 노블레스 오블리주는 없다. 이러한 '선비정신'은 현대사회에 맞게 보완해야 할 과제이다. 필자가 이러한 목적에서 '한국(인)의 얼'을 탐구하는 것이다.

이 정신에서 영향받은 무엇보다 중요한 것이 우리나라 공직자의 뛰어난 윤리인 청렴결백정신이다. 그것은 고려 말에서 한말까지 많은 청백리를 냈는데, 조선조의 대표되는 인물이 맹사성 재상, 유관 정승 등이다.[56]

이는 우리 조상이 평화를 이상으로 자주정신과 함께 추구하던 정신으로 공직자만이 아니라, 전체 사회의 윤리이다. 글로벌 시대의 현재나 미래사회가 추구하는 선진 기준도 이러한 전통적인 윤리지수인데, 우리나라는 급격히 황금만능사회로 흐르고 있음에 무엇보다 청백리정신을 되살려야 할 것이다.

---

56 조선일보, 1991년 2월 20일

제4장

한국(인)의 '얼'

한 민족이 갖는 문화 유형의 특성을 이루는 원리를 인류학에서는 민족정신과 기풍, 에토스(ethos)라고 하는데, 이것을 흔히 '민족정신' 또는 '민족정기'라고 한다. 이것이 한국인의 정체성으로 다른 말로는 문화적 DNA이다.

민족정신 내지 민족정기는 한 나무의 뿌리와 같이 외형상 관찰할 수 없는데, 그 나무를 나무답게 만드는 기본 정신이다. 이것을 파악하려면 나무의 줄기와 잎인 외적 형태의 특성을 잘 살펴보아야 한다.

우리 민족의 정신은 사회제도와 문화 유형을 특징짓는 근원이며, 우리 민족의 역사를 주도해 온 동력이기도 하다. 이러한 '민족정신'의 형성 과정을 역으로 추적하여 비유하면, 양파를 갈라놓았을 때 껍데기가 '오기' 혹은 '악바리정신'이라면, 그 아래 유교적 의식, 다시 그 아래 농경문화의 의식, 다시 그 아래 도교적 의식, 다시 샤머니즘적 의식이라고 본다.

이와 같이 근본적인 의식은 오랜 세월이 흐른 현대에도 완전히 탈바꿈하지 않는다. 그것이 잠재되어 퇴적층처럼 층층구조로 쌓여 나가는 것이다. 이러한 우리 문화 중에 '신바람' 문화가 있는데, 이는 절망을 희망으로 바꾸어 놓는 원천적인 힘이다.[57]

중국을 둘러싼 아시아 20여 개국 민족이 멸망했거나 중국이나 대국에 흡수되었지만 우리 민족과 베트남은 살아남았다. 또 아시아 지역에서 베트남, 중국 등 대부분의 나라가 적화되었으나 우리는 그렇지 않았다. 그것은 어떤 이데올로기도 파괴시킬 수 없는 전통적 저력인 '얼'이 있기 때문인데, 그것이 강인한 정신이다.

'한국(인)의 얼'을 파악하기 위해 분석해야 할 대상은 원초적 형태인 전통문화와 기층문화이다. 이것은 가족문화, 농경문화, 선비문화, 물질문화 등으로 나뉜다. 우리나라의 가족문화는 농경시대와 유교문화 이전부터 직계 조상 추종, 가족을 위한 봉사정신, 높은 교육열 등으로 가족을 중시했다.

그중에도 부부간의 역할 분담이 철저하게 조화를 이루었다. 그것은 우리 민족정신의 특징이 무엇보다 '균형과 조화의 원리'로 나타났다.[58]

그 위에 하늘의 신인 환인의 아들 환웅과 땅의 신인 웅녀 사이에 태어난 단군의 천지인 합일사상인 융화와 조화의 사상이 더해졌다.[59]

57 이규태, 『한국인의 힘 2』, 신원문화사, 2009년, 42~43쪽.
58 김용운, 『풍수화』, 맥스미디어, 2014년, 298쪽.
59 한영우, 『한국선비지성사』, 지식산업사, 2010년, 33쪽.

1. 민족성 혹은 국민성

   민족성은 역사 체험 등의 집단 무의식과 관련되는데 원형은 시대마다 고유의 성격을 지니나 유동적이면서도 변하지 않는 부분을 간직하고 있다. 또한 이 원형은 무의식을 포함한 모든 의지 결정에 개입해 역사를 움직이는 동력이 되고, 민족 형성 시에 구성원의 공통 경험으로 기본 요소가 되며, 초기 조건에 영향을 끼친다.

   그 후 각 시대의 역사 체험의 충격이 기존 원형에 가미되어 시대마다 특수성이 가미되어 변화하면서도 원형의 흔적이 유지된다. 원형이란 민족공동체의 마음에 해당하는 집합적 무의식이라고 할 수 있다.[60]

   한국인의 의식 중 '얼'을 파악하는 데는 문화의 기본 요소인 역사적 사실이나 언어 예술 등에서 파악할 수 있다. 그런데 한국과 일본 언어는 같은 계통의 언어에서 분파되었으나, 한국은 철학적(주자학)인데 반해 일본은 현실적이고 상무적으로 발전되어 왔다.[61]

   이러한 나무뿌리에 해당하는 '얼'을 파악하기 위해서 나무와 잎에 해당하는 민족성(국민성)을 알아본 결과 다음과 같은 결론을 얻을 수 있다.

---

60 김용운, 『풍수화』, 맥스미디어, 2014년, 118쪽.
61 김용운, 『풍수화』, 맥스미디어, 2014년, 176~177쪽.

우리나라 민족성 혹은 국민의 정신에 관심 있는 대부분의 학자는 우리 민족의 정신적 특징을 한마디로 '강인한 정신력'으로 평가하고 있다. 그것은 5천 년 동안 900여 회 침략을 받으면서도 주권을 빼앗기지 않은 강인한 정신을 말한다.

이러한 역사적 사실의 평화성과 격정성이라는 민족성의 두 기본 구조는 우리 문화에 낙천성 또는 향락성으로 나타났다. 우리나라의 꿈과 힘의 조화가 깨뜨려진 시기가 통일신라 후기부터 고려에 걸쳐서인데, 이때 낙천성과 웅혼성은 감상성으로 변하였다.

정치적 환경의 특질로서 강대국에 둘러싸인 다린성(多隣性)과 고립성은 우리 민족에게 적응성과 보수성이라는 대조적인 두 가지 특성을 낳기도 했다. 적응성은 평화성과 표리를 이루는 것으로 우리 민족은 이 국토에 안착하기 전부터 환경에 대한 적응성이 강했다. 이 특질은 동아시아계인과도 공통된 점이다. 이는 외견상 사대주의적 행태로 비치기도 했다. 그리고 보수성은 격정성의 소극적인 표현인데 경우에 따라 반발성 내지 비타협성으로 나타난다.

이러한 보수성의 결과는 민족문화에 있어서 기동성과 강인성으로 나타났다. 때와 장소, 상황에 따라 기민하게 움직이면서 어떠한 역경에도 주체를 잃지 않는 성질, 이와 같은 기동성과 강인성이 잘 나타난 것이 우리 예술인데 그것이 '멋'과 끈기로 이어졌다.[62]

우리 문화적 환경의 특질로서 예거한 주변성과 중심성은 우리

---

62 조지훈, 『지조론』, 문공사, 1982년, 156~157쪽.

민족의 수용성과 난숙성을 낳았다. 수용성은 적응성, 난숙성은 보수성으로 이 둘은 각각 표리가 되는 것으로, 우리 민족의 새로운 것에 대한 깊은 관심과 받아들인 것을 동화하고 개조하는 특질이 되었다. 이것들이 문화에 있어서는 감수성과 조형성으로 나타나는데, 이것이 우리 예술의 특징인 은근이나 맵짠 끈기이다.

우리나라가 자연의 영향을 받은 두 가지 특징은 해양성과 대륙성이다. 해양성에서는 평화성을 받아 근엄성으로 나타났고, 대륙성은 격정성을 받아 감상적으로 흘렀다. 또한 우리나라는 역사적으로 다린성에 의한 적응성을 통해 기동성이 형성되었고, 고립성에 의한 보수성을 통해 강인성이 형성되었는데, 그것이 '끈기'로 나타났다.

그렇게 형성된 문화는 주변의 영향으로 수용성을 낳았고 그 중심성은 난숙성을 이루어 우리 민족성의 기본 구소(構素)라고 할 수 있는 평화성, 격정성, 적응성, 보수성, 수용성, 난숙성의 여섯 가지가 배태되었다. 이러한 특성은 또 다른 여러 특성을 낳았다고 본다.

우리나라의 민족적 특성은 열대지방에서 보는 태타(怠惰)와 환상이 없고, 한대지방에서 보는 위축성이 없이 상상력의 조화와 의지력이 강하다. 하지만 우리 민족성에서 우려되는 것은 독창성이 쇠퇴하는 것이요, 민족문화에서 부족한 점은 심원성이라고 본다. 그러나 이것들은 노력으로 개조해야 하고 개조될 수 있다는 것이다.[63]

요컨대 해양적 성격의 우세한 현황을 그 잠세(潛勢)인 대륙적

격정성과 보수성에서 찾을 수 있는데, 이런 결과는 격정성에 비하여 평화성이 강하다고 본다.

이러한 근원적 원인으로 우리 민족은 평화적이기는 하나 지정학적으로 주변 강대국들에 둘러싸여 있으므로 강인한 민족정신이 형성되었다. 그것이 시대 상황에 따라 구체적인 행동의 특징으로 나타난 것이 민족성이다.

그것을 객관적으로 입증하는 예가 있다. 장쩌민 주석과 후진타오 주석이 한국을 방문하여 중국인의 관광 명소가 된 제주의 '생각하는 정원'을 찾았었는데, 이 정원의 성범영 원장이 중국 인민학교 교과서 '역사와 사회'에 실렸다. 그는 20여 년간 수도도 전기도 없는 황무지를 개간하여 3만m²에 이르는 정원을 조성했는데, 그것을 "진취적이고 강한 의지와 자강불식의 상징"이라고 기술한 것에서 입증된다.[64]

중국은 100년간 원에게, 200년간 청에게 주권을 빼앗겼을 때 특기할 정신적인 투쟁이 없었으나, 우리는 주권을 빼앗겼던 일제강점기 36년 동안 정신적으로는 동학과 천도교가 끈질기고 치열하게 투쟁했다. 이것은 강인한 민족혼의 힘의 결과라고 본다.[65]

우리나라는 이러한 강인한 정신에 전통적인 문인 통치로 학문

63 조지훈, 『지조론』, 문공사, 1982년, 155~158쪽.
64 조선일보, 2015년 4월 8일
65 류승국, 『유가철학과 동방사상』, 성균관대학교출판부, 2010년, 273~275쪽.

과 교육이 특별히 발달하여 평화애호사상, 인격존중사상, 가족주의사상, 중용사상, 허무주의사상, 은둔사상, 자연주의사상, 운명사상, 권의주의사상 등을 낳았고, 그 영향으로 격조 있는 정신이 형성되었다. 유사 이래 험난한 역사 속에 갈고 닦여 수석같이 형성된 정신이 '한국(인)의 얼'이고, 그것이 행동의 특징으로 나타난 것이 '민족성'이다.

민족성은 민족정신의 행동적 발로의 특징이다. 한국인의 민족적 특성은 자연과의 조화와 자연에의 순종에서 연원되었다고 본다.[66] 특히 우리나라는 태풍, 홍수, 지진 등의 자연재해가 적고 규모도 작으며 사계절이 뚜렷하다.[67]

한국은 자연에서 포용력과 관용력을, 농경생활에서는 극기심, 성실성 등을 익힘에 그것들이 뛰어난 것으로 나타났다.[68] 그뿐 아니라 우리나라는 지정학적으로 여러 강국에 둘러싸인 다린성에 의해 적응성이 발달했다. 이는 기동성을 낳았고, 고립성은 강인성을 형성했는데 그것은 '끈기'로 나타났다. 또한 포용력이 뛰어난 것은 천지인 합일사상의 결과인 홍익정신에서 연유된다.[69]

이렇게 천지인이 하나가 되는 종교의식이 우리나라의 무교이다.

---

66 이광규, 『새로운 민족관의 수립을 위하여』, 서울대학교출판부, 39쪽.
67 한영우, 『한국선비지성사』, 지식산업사, 2010년, 46~47쪽.
68 이광규, 『새로운 민족관의 수립을 위하여』, 서울대학교출판부, 39쪽.
69 한영우, 『한국선비지성사』, 지식산업사, 2010년, 29쪽.

그 바탕 위에 우리나라는 유교, 불교를 비롯해 도교, 근세에는 기독교, 최근에는 마호메트교까지 수용하여 종교의 천국으로 불릴 정도이며, 종교 간의 갈등도 거의 없는 데서 큰 포용력이 입증된다. 이러한 문화 속의 한국인은 일본인에 비해서는 도량이 넓어 포용력이 강하고, 중국 사람에 비해서는 약하게 평가된다.

지금까지의 한국인 정신의 외형인 민족성의 특성에 대한 학설을 종합하여 객관적이고 논리적인 면에서 타당성이 뛰어난 것을 제시해 본다. 국민성을 연구한 학자 윤태림, 김용운, 허태균, 필자 등의 대체적인 공통된 분모를 요약한 한국인의 두드러진 특징은 다음과 같다.

1) 한국(인)의 민족성

우리 민족성의 2대 특징은 위에서 밝힌 바와 같이 평화성과 격정성이 기본 구조이며 그 세분된 특성은 다음과 같다. 나열 순서는 문헌 연구의 공통점이 많은 순서로 배열하되, 부차적으로 갤럽 조사 결과도 두 번째 기준으로 참고했음을 밝혀 둔다.

우리 민족성의 특성을 밝히는데 어느 시점에 일시적으로 나타난 특징을 기준 삼지 않고, 100년 이상의 전통성이 있고 앞으로도 계속 유지되거나 유지되어야 할 것을 제시하였다. 오늘날에 특징으로 나타났어도 곧 사라질 것은 제외하였다. 그러므로 특징으로 보는 근거 및 전통성과 함께 형성된 과정을 밝히고자 한다.

분류 기준이 차원이 같지 않고 배열순서 역시 수치화할 수 없어 부득이 필자가 학자들의 주장 빈도와 중요성을 고려하여 분류 배열했다.

우리 민족성은 한마디로 강인함인데, 이는 크게 은근하고 매섭다(매짭다)로 표현된다. 그 하위의 특징은 다음과 같다.

(1) 끈기(인내, Persistence)

한국인의 첫째 특징은 '인내성'이다. 매우 끈질김이다. 한국인이 '끈기' 있다는 것은 일반적으로 알려진 사실이다.[70]

이는 학자들의 문헌 연구 결과이며, 최근의 설문조사에서도 입증되었다. 근면성 41.4%, 인내심 26.7%인데 20년 전에도 21.6%로 상위권이었다.[71]

'끈기'는 '악바리정신'의 특징인 '악착스러운 정신'의 축으로 그 정신이 표출된 행동의 대표적 특징이다. 그 끈기는 극기심, 즉 참고 견딤으로써 대항력을 한 차원 높이는 승화력을 발휘한다. 예를 들면 김치를 삭히는 원리와도 같다.

우리 민족은 오랜 세월 농경생활을 해 왔는데 그 과정이 바로 인내심의 형성 과정이었다.[72]

---

70 조윤제, 이병도, 윤태림, 김용운 등 많은 학자의 공통된 주장이다.

71 조선일보, 2015년 3월 5일

72 이광규, 『새로운 민족관의 수립을 위하여』, 서울대학교출판부, 15~39쪽.

옛날 우리 선조들은 중국 대륙 및 북방민족과 해양세력인 섬나라 일본의 틈바구니에서 2년마다 한 번 꼴로 900여 회 침략을 당하는 수난을 겪으며 살아왔다.

한국인은 난국이나 어떤 어려움을 슬기롭게 대처하기 위해 시간이 필요했으니, 그것이 참는 생활로 이어져 '끈기'라는 특질이 형성되었다.

'끈기'란 당장의 여건이나 힘으로는 해결이 불가능한 문제를 시간을 벌면서 승기의 기회를 엿보는 의지적이며 현실적인 태도다. 이러한 우리 민족의 대표적 특성인 '끈기'라는 것을 입증하는 예는 많다.

역사적 사례를 보면 우리나라는 옛날부터 오늘에 이르기까지 불의의 침략에 무저항으로 항복한 일은 한 번도 없다. 그 대표적 예가 고조선 때 한나라와의 수많은 싸움으로 시작되어 한사군까지 설치했다가 물러나게 한 것을 비롯하여, 고구려의 양만춘 장군이 당나라의 30만 대군에 포위되었는데도 안시성 싸움에서 60여 일의 끈질긴 싸움 끝에 물리쳤다. 그 후 고구려는 당에게 망하기는 했으나 유민들은 끈질기게 항거하여 마침내 발해를 세워 당나라를 괴롭혔다. 신라는 당나라를 끌어들여 통일을 했으나 그 후에는 이들과 싸워 쫓아내는 실리외교를 폈다.

고려 때 북방민족인 거란이 침공했을 때도 치열하게 싸워서 막았고, 금나라가 침공했을 때도 일부 지도자는 묘청과 함께 공격할 것을 끈질기게 주장했다. 이어서 몽고가 여러 차례 공격했으나 강화도에서 40여 년 버티어 물러나게 한 항몽전쟁은 너무도 유명하다. 그 후 고려는 태자를 보내 화의를 청하여 고려의 정치, 문화, 풍속 등의 자주성을 인정받는 끈기가 있었다. 이는 민족의 강한 자존심의 반영이다.

조선 때에 일본이 침공한 임진왜란도 7년여의 전쟁 동안 의병의 끈질긴 항쟁으로 왜적을 물리쳤다. 또 원나라가 쇠하여 망할 무렵에도 구제도를 회복하고 빼앗겼던 땅을 되찾았으며, 을사늑약 후 일제 가혹한 탄압 속에서도 맨주먹으로 지금의 중국 동부에서 끈질기게 항거하였다.

우리 민족은 건국 이래 주 생업인 농사를 짓는 데도 산악지대가 많아 어려움이 많았다. 더구나 서민들은 관리나 지주 등 지배계급에게 억압과 수탈을 당했다. 여자들은 남존여비사상으로 힘든 시집살이를 하며 자식을 키우고 농사 뒷바라지를 했다. 거기다 길쌈까지 하면서 고된 노동과 가난에 시달렸다. 그러한 힘겨운 생활을 하면서 우리 민족은 끈질긴 체질이 형성되었다.

참고 기다린다는 것은 농경생활의 특징 중 하나이다. 봄에 씨 뿌리고 여름 내내 가꾸어 가을에 거둬들이는 기다림의 연속이 농사일이다. 그 결실을 기다리는 동안 기후의 이변 등과 싸우며 참고 견디는 끈질김이 우리 민족에게 체질화되었다.

이러한 끈질김을 뒷받침하는 것이 우리 문화의 결정체인 '단군신화'다. 이 신화가 실린 『삼국유사』는 730년 전 고려 중기에 간행되었다. 이는 삼국시대 훨씬 이전부터 옛날 지도자들은 우리나라

의 특수한 지정학적 조건으로 끊임없이 외침을 당함에 '참는 것'
이 우리 민족의 살 길임을 시사한 것이다.

이러한 '단군신화'는 앞에서 밝힌 선비정신의 뿌리이기도 하지
만, 서민의 특성인 '끈기'도 잘 나타내고 있다.[73] 단군신화에는
100일 동안 동굴에서 쑥과 마늘만 먹고 참은 곰이 웅녀라는 인간
으로 탈바꿈하는 이야기가 담겨 있다.

환인의 아들 환웅이 삼위태백(三危太白) 태백산(묘향산) 신단수
아래 내려와 세상을 다스리려고 하였다. 그때 한 곰과 한 호랑이
가 같은 굴에서 살며 사람이 되게 해 달라고 하자 신이 쑥 한 자루
와 마늘 스무 개를 주며 이것을 먹고 백일 동안 햇빛을 보지 않고
참고 있으면 사람이 되리라 하였다. 이 말을 들은 곰은 이것을 먹
으며 햇빛을 보지 않고 삼칠 일 만에 여자의 몸이 되고, 호랑이는
참지 못하고 햇빛을 봐 사람이 되지 못했다. 그 후 웅녀가 신단수
아래서 아이를 낳게 해 달라고 매일 축원하자, 환웅이 잠깐 변해
결혼하여 낳은 아들이 단군 왕검이다.[74]

이 설화는 곰이 마늘과 쑥을 먹으며 백일을 참고 햇빛을 안 봄으
로써 하늘의 아들인 환웅과 결혼할 수 있었다는 내용이다. 마늘이

73 한영우, 『한국선비지성사』, 지식산업사, 2010년, 35쪽.
74 장주근, 『한국신화의 민속학적 연구』, 집문당, 1995, 7쪽.

개국 이래 수천 년 전부터 건강에 더없이 좋은 식품으로 인정되었다는 점은 우리 민족의 지혜가 뛰어남을 알 수 있다. 마늘은 오늘날 세계 10대 건강식품으로 암을 예방하는 최고의 식품으로 인정받고 있다.[75]

'끈기'를 입증하는 또 다른 역사적 사실은, 고구려의 주몽을 비롯해 백제의 비류 형제 등이 서자였으나 모두 신천지를 개척했다는 점이다. 본고장에서 차별을 받고 외지에서 기회를 찾은 한국인의 끈질김은 세계 170개국에 700만 명이 자리잡고 잘사는 기질로 이어진다. 이러한 결과는 악착같고 끈질긴 '악바리정신' 혹은 '오기'가 원동력이라고 본다.[76]

이러한 사실들은 한국인이 유사 이래 내우외환의 역사로 인내하지 않으면 살아남을 수 없었음을 강력히 입증하는 것이다. 우리 조상들은 참는 것이 살 길임을 일상의 신조로 삼아왔다.

언어생활에서도 높은 연령층이나 수준 높은 층에서는 '지는 것이 이기는 것'이란 말을 많이 쓰는데, 이것은 참는 것이 결코 지는 것이 아니고 훗날의 기회를 엿보는 것임을 뜻한다.

또한 우리나라 사람은 어려울 때 "열 번 찍어 안 넘어가는 나무 없다"는 속담을 자주 쓰는데, 이것은 결코 포기하지 않는 끈질김을 말하는 것이다.

---

75 조선일보, 2013년 10월 3일
76 김용운, 『풍수화』, 맥스미디어, 2014년, 259쪽.

'끈기'는 언어에서도 잘 나타난다. 끈기는 '끈질기다'는 형용사의 전성명사로 외형상으로 강하거나 적극적인 뜻보다는 약하고 소극적인 뜻이다. 그러나 실제는 본래 의도를 결코 포기하지 않는 강인한 의지력의 한 형태이다. 한국인의 끈기와 대조되는 말이 '메이파쯔(沒法子)'라는 중국말이다. 중국 사람들은 '완전포기'라는 이 말을 잘 쓴다. 일본 사람들은 순종적 포기인 '앗사리'로 '아키라메(체념)'라는 말을 잘 쓴다.

또한 우리 문장에서 서술어인 동사나 형용사가 맨 나중에 오는 것은 여유 있고 우유부단한 우리 민족성을 잘 반영한다고 본다. 일부 학자는 '끈기'와는 상반되게 한국인이 체념을 잘한다고 주장하기도 하지만, 그것은 외견상의 한 단면만 본 예다.

'끈기'의 특성은 우리 민족이 난관에 봉착했을 때 기회를 엿보기 위해서 지혜를 짜는 시간을 벌기 위해 유연하게 대처하는 모습인데, 쉽게 체념하는 것같이 보일 수 있다. 그러나 한국인은 결코 희망을 잃거나 좌절하지 않고 언젠가는 다시 뜻을 이룰 것을 마음속으로 다짐하는 것이다. 만일 현실에서 뜻을 이루지 못하면 저승에 가서라도 뜻을 이루려는 마음을 다지는데, 그 문화의 한 예가 미륵신앙이다.

무엇보다 이러한 끈기의 기본적 기질은 우리 문화의 기본인 음식문화에 잘 나타난다. 그 예가 김치, 간장, 된장, 고추장 등의 발효 과정이다. 이들은 기다림의 미학으로 맛을 빚어내는 데서도 잘 드러난다. 우리의 모든 음식의 근간이 되는 것이 장맛이다. 간장은 가을에서 다음 해 여름까지 기다려 만들어 낸다.

간장을 만드는 과정은 가을에 콩을 삶아 절구에 찧어서 메주를 쑤어 매달아 발효시킨다. 다음은 항아리에 소금을 풀어 메주를 담가놓고 45~60일 햇볕을 쪼인다. 이렇게 끈기 있는 과정을 거쳐 된장, 간장을 만든다. 간장을 만드는 과정에서도 우리 민족의 끈기가 잘 드러난다.

이러한 간장에도 오덕(五德)이 있다는 것이다. 어떤 맛과 섞여도 제 맛을 유지하는 단심(丹心), 오래 두어도 상하지 않는 항심(恒心), 비리고 기름진 냄새를 제거하는 불심(佛心), 매운 맛을 부드럽게 하는 선심(善心), 어떤 음식과도 조화를 이루는 화심(和心)이 있다. 이러한 과정은 한국인의 삶의 상징이다. 어떠한 과정도 참고 견디며 실망하거나 좌절하지 않고 강한 의욕으로 끈질기게 사는 기질의 발현이다.

또 '끈기'를 잘 나타낸 것이 태극기이다. 이는 우리 문화의 압축이고 상징의 표현이다. 음양을 상징하는 청과 적색이 서로 엉키어 끝없이 순환하는 희망을 나타낸다. 태극기는 끈질기면서도 역동적이고 멋진 특성을 잘 표현하고 있다.

이러한 끈기의 기질은 무엇보다 오늘날 신라와 백제 지역의 경쟁이 아직도 청산되지 못한 데서도 나타난다. 이것은 오래전 신라의 무력통일에 의한 후유증의 하나임을 배제할 수 없다. 또한 남북의 극한 대치 상황도 그렇다. 소련에서 공산주의를 70년 동안 실행한 결과가 실패로 끝났다. 중국 공산정부도 개혁개방으로 동전

의 한 면이기도 한 경제정책을 자유경제체제로 돌렸고 정치체제
도 많이 유연해졌는데, 북한만은 요지부동이다. 이는 그 요인이
조금이나마 작용한 것이라고 본다.

이러한 정신은 문학작품인 고전은 물론 현대문학 작품에 잘 반
영되어 하나의 맥을 이루고 있다. 그 예로 옛날 고려시대의 민요
인 '가시리', '서경별곡', '정석가' 등을 비롯해서 정몽주의 '단심
가', 사육신의 시조, 양사언의 시조 등에 잘 나타나 있다. 민요에
서는 '한오백년'이나 '아리랑'에 나타나는데, 특히 '서울(경기)아
리랑'에는 두드러지게 나타난다. 그중에도 '정석가'와 '서경별
곡'의 같은 구절의 후렴이 대표적이다.

(…)
구스리 바회에 디신달 구스리 바회에 디신달
긴힛단 그츠리잇가
즈믄해를 외오곰녀신달 신튼잇단 그츠리잇가 나난

또한,

태산이 높다하되 하늘아래 뫼히더라
오르고 또 오르면 못 오를 理업거마난
사람이 제 아니 오르고 뫼흘 높다 하나니[77]

양사언의 시조에도 잘 나타난다. 그 외에도 정철의 '사미인곡'이나 '속미인곡', 판소리 '춘향가' 12마당의 주제, 현대시 한용운의 '님의 침묵', 이상화의 '이별' 등에 잘 나타나 있다.

무엇보다 한말에 무궁화를 국화로 삼은 것이나 애국가에서 소나무를 제재로 삼은 것에서도 끈기가 잘 나타난다. 그중에도 이러한 끈기의 정신이 자연스럽고 포괄적으로 가장 잘 나타난 '아리랑'의 가사를 소개해 본다.

나를 버리고 가시는 님은 십리도 못 가서 발병난다.

이는 한 여인이 사랑하는 임이 떠나가자 힘으로는 어쩔 수 없고 마음속으로는 보내지 않고 가다가 발병이 나서 돌아올 것이라는, 결코 포기하지 않는 끈기가 어려 있다. 이러한 끈기가 '오기정신'의 발현이다. 그러나 더 깊은 의미는 밑바탕에 깔려 있는 은유적인 정한이다.

임을 보내면서 서러워하는 여주인공인 나는 우리 민족이요, 떠나는 임은 우리 민족이 겪는 고난이다. 우리 선인들은 즐거울 때는 물론, 괴롭고 슬플 때도 '아리랑'을 부름으로써 고난과 한의 '아리랑 고개'를 넘으면서 희망을 잃지 않고 살아왔다.

이렇게 위기나 시련의 괴로움을 노래로 승화시킨 '아리랑'이

---

77 정병욱, 『한국시조문학대사전』, 산구문화사, 1966년, 511쪽.

경쾌하거나 흥겹기보다는 은근한 애수가 깃든 노래로 형성되어
왔음은 당연하고 필연적인 결과이리라.

또한 '끈기'가 잘 나타난 민요로는 다음의 '꼬댁 꼬댁 각시'를
들 수 있다.

　　　한 살 먹어 어머니 죽어 두 살 먹어 아버지 죽어

　　　세 살 먹어 말을 배워 네 살 먹어 걸음 배워

　　　다섯 살에 삼촌집에 찾아가니 빗자락으로 내어쫓네

　　　아이고 답답스런지고 요 내 팔자 왜 이런가

　　　방이라고 들어가니 사촌오빠 공부하다 서상대로 내어쫓네

　　　아이고 답답스런지고 요 내 팔자 왜 이런가

　　　밥이라고 주는 것이 굽이굽이 사발굽에 부쳐주네

　　　건거니라고 주는 것이 삼년 묵은 된장에다

　　　굽이굽이 접시굽에 부쳐주네

　　　아이고 답답스런지고 요 내 팔자 왜 이런가

　　　그럭저럭 열대여섯 살에 중신아비 들랑날랑

　　　에라 이년 네년 때문에 아낀 문지방 다 닳는다

　　　아이고 답답스런지고 요 내 팔자 왜 이런가

　　　사주라고 받은 것이 가랑잎사구 받았구나

　　　옷이라고 해준 것이 겉만 남은 삼베적삼

　　　치마라고 해준 것이 허리만 남은 삼베치마

　　　속옷이라고 해준 것이 허리만 남은 삼베고쟁이

아이고 답답스런지고 요 내 팔자 왜 이런고

시집이라 가서보니 고재낭군 얻었구나

아이고 답답스런지고 요 내 팔자 왜 이런고

부엌이라 들어가 보니 밑 빠진 솥만 남았더라

광이라고 가서보니 밑 빠진 바구니 하나 걸렸네

그 바구니 옆에 끼고 뒷동산에 올라가니

양지쪽에 밭고사리 음지쪽에 먹고사리

더듬더듬 꺾어다가 국 끄리고 밥을 지어

열두 반상 봐다가 시금시금 시아버니

그만저만 주무시고 아침밥상 받으시오

에라 요년 못 먹겠다 네나 먹고 개나줘라.[78]

이는 전형적인 한국의 한 아낙네의 기구하고 모진 인생을 그린 노래이다. 시련을 이겨나가는 '끈기'를 표출하여 한국인의 강인한 '오기정신'이 노래 가사에 그대로 드러난다.

근래 대중가요에서도 이러한 끈기를 표출한다.

달이 가고 해가 가고 산천초목 다 바뀌어도

이내 몸이 흙이 돼도 이 마음은 영원하리.

78 임동권, 『한국민요연구』, 집문당, 1974년, 268~269쪽.

한국인은 시련과 억울함에 직면해도 희망을 잃지 않고 강한 의지로 참으며 재기의 기회를 기다린다. 이렇게 여러 장르에서 현실 생활에서의 끈기, 슬기, 낙천성, 신바람, 근면성실 등의 행동을 나타냈다. 또한 이러한 끈기를 입증하는 문화의 예가 "만일에 이 세상에서 뜻을 이루지 못하면 저승에서라도 이룰 것"을 나타낸 정신이 미륵신앙을 낳았다.

이런 민족의 특징이 오늘날 글로벌 시대에도 잘 나타난 예가 유색인종으로 처음 세계은행총재에 기용된 김용 씨의 사례이다. 그는 인간의 성공 동력은 열정(passion), 목표(purpose), 끈기(persistence)인데 그중에도 끈기가 가장 중요하다고 이를 잘 입증한 적이 있다. 이러한 끈기의 행동적 특징은 2. 한국(인)의 '얼' 2) '오기정신에 대한 예증'에서 말할 '악바리정신'의 표출인 대표적 특징이다.

(2) 슬기(지혜)

한국인의 행동적 특징은 매우 슬기롭다. 이는 단순한 꾀를 비롯해서 넓은 의미의 지혜를 뜻하는 것이다. 이는 다른 말로는 독창성이 뛰어나다는 말이기도 하다.[79]

많은 역사학자와 심리학자가 산발적으로 독창성을 주장하기는 했으나 오히려 민족성을 연구한 학자의 주장은 별로 없다.[80] 이는

---

79 이병도, 『한민족 그 불사조인 이유』, 세계평화교수협의회, 1980년, 20쪽
80 윤태림과 필자의 주장이 있을 뿐이다.

한 갤럽 조사에서도 창의성이 14%인 중위권으로 나타나 있다. 이 것을 필자가 중요한 민족성으로 특별히 제안하여 주장하는 까닭은, 역사적 사실과 문화적 특성에서 우리 민족의 기본적인 생활 태도로 두드러지게 나타나기 때문이다.[81]

우리나라는 개국 때부터 큰 나라의 틈바구니에서 시대별로 어려운 상황이 많았다. 이에 적응하거나 힘겹게 버티며 살았는데, 그 중요한 방법이 '슬기', 즉 지혜였다.

그 대표적인 예가 각 시대별로 불교, 도교, 유교, 기독교 사상 등을 적극 도입하여 우리 문화를 살찌게 한 일이다. 그러니까 시대별 정신의 근원인 사상과 종교의 장점을 성실하게 받아들였다.

지난날 우리나라가 중국을 비롯한 북방민족이나 일본 등의 강군을 물리친 힘은 군사력보다는 '강자는 약자를 보호하라'는 교시를 방어의 명분으로 삼았는데, 그것이 더없이 큰 힘이 되었다.[82]

우리 민족이 여러 번 중국의 수백만 수십만 대군의 침공을 물리친 큰 힘은 불교와 유교 교리의 영향이었다. 우리나라는 외교에서도 실리보다 명분을 중시했는데, 이것도 작은 나라가 큰 나라에게 버티는 지혜였다.

현대에도 짧은 기간 내에 세계 무대의 일원으로 당당하게 진출할 수 있었던 것은, 우리의 생존에 필요한 인류 대보편의 대원리

---

81 이광규, 『새로운 민족관의 수립을 위하여』, 서울대학교출판부, 19쪽.
82 이광규, 『새로운 민족관의 수립을 위하여』, 서울대학교출판부, 12~13쪽.

인 기독교를 대폭 수용하여 원리주의를 체질화한 전통 때문이다. 이는 우리 민족의 가장 큰 지혜이다.[83]

우리 조상들은 역경이나 불행을 당했을 때 좌절하기보다는 악착같이 끈질기게 버티면서 닥친 시련을 슬기롭게 해결했다.

일상에서도 비근한 예로, 어린아이가 커 가면서 "나는 어떻게 세상에 태어났느냐"고 물으면 엄마는 흔히 "다리 밑에서 주워 왔다"고 대답한다. 이는 곤란한 국면을 넘기는 지혜로운 대답이다. 어린이가 커서 깨달아도 거짓말은 아니다. 한국인은 이렇게 슬기로움이 생활화되었다.

역사적인 예를 들면, 수나라 대군이 침공해 옴에 중과부적인 고구려의 을지문덕 장군이 살수(청천강)로 유인하여 수몰시킴으로써 살수대첩을 승리로 이끈 것은 유명한 역사의 사실이다. 그뿐 아니라 파죽지세로 북상하여 전국을 유린하던 왜적의 보급로를 기상천외의 거북선으로 차단함으로써 임진왜란을 종결시키는 데 결정적인 공을 세운 이순신 장군의 전승이 바로 '슬기'에 의한 국난 극복의 대표적인 예다.

서희의 외교적 사례도 유명하다. 고려가 후삼국을 통일했을 때 중국은 당나라가 멸망하여 혼란이 일었다. 그때 거란족인 요나라가 중국을 정복할 욕망에 부풀었다. 송나라가 중국을 통일하자 고려는 발해를 멸망시킨 거란족과는 친하게 지낼 수 없어 요나라를

---

83 이광규, 『새로운 민족관의 수립을 위하여』, 서울대학교출판부, 13쪽.

멀리하고 송나라와 외교를 맺었다. 그러자 요나라는 자기들이 송나라와 싸울 때 고려의 공격을 받을까 봐 고려와 송나라와의 관계를 끊으려고 고려를 먼저 복종시키고자 소손녕이 80만 대군으로 쳐들어왔다. 고려는 그때 힘에 밀려 지금의 이북 땅을 내주려고 하자 서희가 혼자 반대하고 나섰다.

그는 요나라의 진심은 고려 영토를 탐내는 것이 아니라 고려와 외교관계를 맺어 송나라를 견제하려고 하는 속마음을 알고 홀로 적 진영에 가니 소손녕이 뜰에 엎드리라고 함에 그때 서희는 당당하게 말했다.

"그대와 나는 두 나라의 대신이므로 대등하게 인사를 나누어야 한다."

소손녕이 말했다.

"그대 나라는 신라에서 일어났고, 고구려 땅은 우리가 차지했다. 그런데 너희들은 우리 땅을 침식하고 우리와 국경을 접하고 있으면서 바다 건너 송나라를 섬기므로 우리가 너희 나라를 토벌하러 왔다. 고구려 땅을 나누어 우리에게 바치고 조빙(朝聘)을 바치면 아무 일이 없을 것이다."

서희는 소손녕의 말에 대답하기를,

"우리나라가 바로 고구려의 옛 땅이다. 당신네 나라가 고구려의 옛 땅을 침범하고 있다. 우리는 고구려의 이름을 이어받아 국호를 '고려'라 했고, 평양을 도읍(서경)으로 정했다. 땅으로 말하면 그대 나라의 동경(東京)이 모두 우리나라 영토 안에 있다는데 어찌 우리가 침식했다고 하는가? 또 압록강 내외의 땅도 모두 우리 영토 안에 있다. 지금 여진이 이곳을 몰래 점령하여 길이 끊어졌기 때문에 바다를 건너는 것보다 더 어렵다. 그래서 그대 나라에 조빙을 못하는 것은 여진족 때문이다. 요나라와 국교를 맺지 못한 것은 여진족이 가로막았기 때문이다. 장군이 내 말을 황제에게 전해 준다면 어찌 받아들이지 않겠는가! 만약 성보(城堡)를 수축하고 도로가 뚫리면 어찌 조빙을 하지 않겠는가?"

라고 했다. 이 말을 들은 소손녕은 너무나 감동하여 더 이상 어찌할 수 없어 서희의 말을 황제에게 고하여 드디어 군대를 철수시켰다.

서희는 적장을 설득하여 물러나게 했을 뿐 아니라 여진족까지 몰아내고 강동 6주까지 얻었다. 그뿐 아니라 소손녕에게서 낙타 10마리, 말 100필, 양 1천 마리, 비단 500필까지 선물로 받아왔다.

서희는 상대의 생각을 꿰뚫고 설득력 있는 말로 싸우지 않고 당당히 적을 돌려보냈고, 위기를 좋은 기회로 만들어 영토까지 넓혔다. 이러한 사실로 보아 서희는 우리 외교사상 첫째로 꼽히는 외교관이다.[84]

이같이 우리 민족은 곤경에 빠지거나 나라가 외침을 당했을 때 슬기를 발휘했다.

그뿐만 아니라 문화적 면에서도 자주성을 지키기 어려울 때 이를 극복하기 위해서 '슬기'를 발휘했는데, 그 대표적인 예가 한자

84 조선일보, 2014년 11월 24일

만 있을 때 이두의 사용이다. 한문을 그대로 사용하기보다 음과 훈을 빌려 쓰는 이두를 고안해서 쓴 것이 '슬기'의 좋은 예다.

무엇보다 '슬기'의 대표적인 예는 세종대왕의 한글 창제이다. 세계의 문자 중 시기와 창제자를 알고, 특히 자음의 발음기관인 입 모양, 혀, 목구멍 등의 발음시의 모양을 본떴으니 현대 음성론의 관점에서도 놀라운 일이다. 또한 한글 모음의 구성 원리는 단군사상의 천지인 합일사상과 홍익인간사상의 철학까지 반영한 점에서 매우 놀라운 인류의 발명품이다. 이는 우주와 땅, 사람의 조화의 극치이기도 하다. 더구나 논리적이어서 배우기 쉽고 쓰기 쉽다.

무엇보다 모음 10자와 자음 14자로 세계 언어의 대부분의 발음을 표시할 수 있는 우수성 등에서 세계에서 가장 으뜸으로 꼽을 수 있는 것이 한글이고, 우리나라가 문화국임을 자랑할 수 있는 가장 대표적인 예다. 더욱이 이러한 한글 창제는 왕인 세종이 주도하되 많은 학자가 조력하여 지혜를 모아 창제한 것으로 한국인의 '슬기'의 으뜸이 되는 산물이다.

또한 우리 민족은 세계에서도 가장 앞선 문화와 철기를 개척했고, 그 예가 직지심체요절(直指心體要節)로 금속활자의 발명이 서양의 구텐베르크보다 70년 이상 빠르다. 종이를 쓰기 시작한 연대도 서양은 12~13세기였는데 우리는 1천 년이나 앞섰다. 측우기나 해시계 등도 슬기를 발휘한 예이며, 예술분야에도 두드러진다.

그뿐 아니다. 인간생활의 기본인 의식주 문화 중 추위를 이기는 주거생활을 슬기로써 극복했다. 그것이 바로 간단한 시설로 추운 겨울을 따뜻하게 지낼 수 있는 온돌이다. 이는 세계에서 유일한 예다. 그 원리는 21세기에도 많은 나라에서 원용하고 있다. 간단한 원리지만 '슬기', 즉 '지혜'를 발휘한 결정체이다.

그리고 경주의 석굴암이다. 이와 비슷한 것이 인도, 서역, 중국 등에도 많이 있지만 대부분 자연석굴인데, 경주의 석굴암은 인공으로 돌을 쌓아 돔을 만들고 그 안에 아름답게 조각한 불상의 예술성은 천하일품으로 알려졌으며, 고려청자 색깔이나 상감도 독특하기로 유명하다.

또한 음식의 예다. 그중에서 오래 보관하여 영양가를 유지할 수 있는 '김치'나 '간장' 등의 다양한 발효식품을 개발한 것도 뛰어난 슬기이다.

우리 민족은 힘에 밀리거나 상황이 불리할 때 우선 참는 '끈기'로 버텼는데, 그것은 시간을 버는 과정으로 그동안 슬기(꾀, 지혜)를 자아내는 것이다. 이런 생활이 5천 년 역사 동안 국난과 어려움을 거듭하면서 '슬기(지혜)'의 특성이 형성된 것이다.

또 하나 중요한 예가 서민들이나 천민들의 생활 태도이다. 우리나라는 해학과 풍자가 발달했는데, 지배계급의 억압에 이러한 방법으로 유연하게 항변했다. 이는 슬기의 극치이다. 그것이 가면극으로 그 도구가 탈이며, 놀이는 가면극이다. 이렇게 옛날 우리 선조들은 지배계급의 억압에 풍자와 해학으로 유연하게 항변했고, 이는 슬기의 극치이기도 하다.

우리 민족은 혼례식으로 어려운 순간의 신랑을 웃겼고, 장례식에서도 상주를 웃김으로써 위로를 했다. 이는 슬픔을 웃음으로 넘기는 해학적 특성이며, 이는 슬기로움을 입증하는 좋은 예다.[85]

무엇보다 객관적으로 우리 민족의 슬기를 입증하는 예는 옛날부터 전승되어 온 설화에 '꾀'로 풀어내는 이야기가 많다. 그 대표적인 설화가 어렸을 때 많이 듣던 '해님과 달님' 이야기이다.

옛날에 할머니와 어린 오누이가 함께 살았다. 어느 날 할머니가 나들이를 가서 오누이가 집을 지키고 있었다. 그때 호랑이가 찾아와서 문을 열어 달라고 했다. 오누이는 슬기롭게 시간을 끌었다. 그러나 마침내는 위기에 봉착하자 하느님께 기원하여 구원받았다. 그리하여 누이는 해가 되었고, 남동생은 달이 되었다. 누이가 밤길이 무섭다고 하여 오빠가 달이 되고 누이는 해가 되었다. 사람들이 해를 쳐다보면 누이가 수줍음을 타서 눈이 부시다는 것이다.

우리는 이 설화에서 슬기로움은 물론 한국인의 전통적인 아름다운 인정을 느끼며 높은 예술성을 확인할 수 있다. 이것은 슬기의 중요성과 함께 어떤 위기에서도 정신만 차리면 살아날 수 있다는 정신을 강조한 것이다.

여러 조건이 불리하여 강하지 못했던 우리 민족은 나라를 지키고 살아남을 수 있는 중요한 방법이 '슬기'라는 것을 강조했다. 다음

---

85 이광규, 『새로운 민족관의 수립을 위하여』, 서울대학교출판부, 29쪽.

의 설화는 '토끼전' 또는 '별주부전'으로도 널리 알려진 것이다.

토끼가 자라의 꾐에 빠져 용궁에 이르렀을 때 자라가 말한다. 용왕이 병에 걸려 토끼의 간이 특효약이라고 하여 너를 잡아왔으니 네 간을 내놓아야겠다. 순간, 토끼는 꾀를 냈다. 내 간은 모두가 탐을 내서 어느 바위틈에 숨겨 놓았으니 나를 놓아주면 가서 가져오겠다. 꾀를 낸 토끼는 위기를 면하고 도망쳤다.

이 설화 역시 우리 민족이 수많은 외침에서 나라를 지키고 살아남는 길은 슬기로워야 한다는 것을 말하는 것이다.

오누이가 호랑이의 침범을 슬기로 막는 '해님과 달님' 이야기나, 자라에게 속아서 죽게 된 토끼가 꾀로 위기를 모면하는 이야기는 우리 민족이 위기나 시련에 처했을 때 슬기로움으로 대처하는 의미이다.

또한 '지혜로운 소년과 대감'이라는 설화가 있다.

어느 동네 아래윗집에 사람들이 살았다. 윗집은 권세가 있고, 아랫집은 권세도 없거니와 아주 못살았다.

그 못사는 집에 배나무가 한 그루 있었는데 나뭇가지가 권세 있는 집으로 뻗어 나갔다. 배가 주렁주렁 달리자 권세 있는 집에서 자기 것같이 따먹었다. 가난한 집에서는 권세 있는 지배층에 항변하기도 어려웠다.

어느 날, 아랫집의 열대여섯 살 된 총각이 윗집에 가서 문살에 팔뚝을 디밀었다.

"대감님, 이 팔뚝이 누구 것입니까?"

"그야 네 팔뚝이지."

"그렇다면 대감님, 배나무는 우리 배나무인데 왜 대감님 댁에서 따 먹습니까?"

대감은 할 말을 잃었다.

그런데 그 이튿날 대감이 총각의 아버지를 불렀다. 수탉 알을 꼭 쓸데가 있으니 석 줄을 구해 오라는 것이었다. 아버지는 수탉 알을 구할 수 없어 끙끙 앓았다. 총각은 대감이 보복하는 것을 알고, 다음 날 일찍 대감댁으로 갔다.

"우리 아버지가 몸을 풀었는데 미역 살 돈 좀 꿔 주십시오."

"에끼 이놈, 남자가 무슨 애를 낳느냐."

"그럼 수탉이 무슨 알을 낳습니까?"

대감은 또 지고 말았다.

대감이 괘씸하여 동짓달쯤에 총각의 아버지를 불렀다.

"내가 약으로 써야 하니 딸기를 구해 오너라."

대감의 말에 아버지는 근심에 빠졌다.

총각은 아버지를 안심시키고 다음 날 눈이 펑펑 쏟아지는데 대감댁으로 갔다.

"대감님, 큰일났습니다. 우리 아버지가 독사에 물려 인삼을 사다가 달여 드려야겠으니 돈 좀 꿔 주십시오."

"이놈아, 동지섣달에 무슨 독사가 있느냐?"

"그럼 동지섣달에 무슨 딸기가 있습니까?"

대감은 또 지고 말았다.

그리하여 아랫집에서 배나무를 완전히 차지했다.[86]

이러한 설화는 선조들이 전하는 값진 교훈이요 자산이다. 이 외에도 '슬기'를 강조한 설화는 너무 많이 있다.

또 다른 생활면에서 우리 민족의 슬기로움을 입증하는 것이 우리나라의 가장 오래된 전통 운동인 '씨름'이다. 이는 복싱이나 레슬링같이 힘으로 제압하기보다는 꾀나 지혜로 상대를 제압하는 평화스러운 운동이다.

우리나라 역사상 치욕적인 일본 식민지 시대에 상상할 수도 없는 창씨개명이 있었다. 이때 우리 민족은 어쩔 수 없이 응하기는 하되, 이가(李哥)는 이가(李家, 이노이에), 김가(金哥)는 가네야마(金山)나 가네다(金田) 등으로 개명했다. 그러나 근본인 이가나 김가를 지킨 것은 좋은 예다.

신민요 '노들강변'의 작사가이고 일제 말엽 만담가였던 신불출 씨가 창씨개명을 강요받자 '강원야원(江原野原)'으로 개명했다. 이는 일본식 발음으로 '에하라 노하라'인데, 이것은 '될 대로 되어라'라는 의미로 해석될 수 있다. 이 일은 당시 장안에 큰 화제가

---

86 최운식, 『충청남도 민담』, 집문당, 1980년, 392~395쪽.

되었다고 한다.[87]

우리 민족은 힘에 밀리거나 상황이 불리할 때면 우선 참는 '끈기'가 필요했다. 그것은 시간을 버는 과정으로 그동안에 '슬기(꾀, 지혜)'를 자아내는 것이다. 이런 생활이 5천 년 역사 동안 국난과 어려움을 거듭하면서 '슬기(지혜)'의 특성이 형성된 것이다.

이러한 한국인의 '슬기'는 과거에도 우리 역사의 동력이었지만, 앞으로 더욱 치열해지는 디지털 경쟁에서 힘보다는 슬기, 즉 아이디어로 이를 더욱 신장시켜야겠다. 그래서 민족성의 두 번째 특징으로 제시하며, 이를 더욱 신장시켜야 하니 현재는 물론 다음 세대들의 특별한 관심을 촉구한다.

(3) 낙천성

한국인의 세 번째 특징은 '낙천성'이다.

우리 민족이 매우 낙천적이라는 것은 대부분의 학자들이 인정하는 것이다. 일본인 학자들도 모든 일에 "쉽게", "괜찮아", "잘 될 거야"라는 말을 잘 쓰듯이 한국인은 좋은 쪽으로 생각하는 경우가 많아 매우 낙관적이라고 한다.[88]

'낙천성'은 우리 민족성의 2대 기본 특징인 평화성과 격정성의 기본 구조 중의 하나인 격정성에 기인한다. '낙천성'이란 인생을

87 조선일보, 2014년 8월 15일
88 허태균, 『어쩌다 한국인』, 중앙북스, 2015년, 120~130쪽.

긍정적으로 낙관하며 명랑하고 즐겁게 사는 태도이다.[89]

6 · 25전쟁 후 폐허 속에서 한 외국인이 한국인을 만나서 느낀 첫인상이 명랑한 것에 크게 놀랐다고 한다. 그것이 낙천적인 모습을 객관적으로 입증하는 예다.[90]

그 근원적인 좋은 예가 옛날부터 우리나라 사람은 윗사람이 죽었을 때는 죽었다고 하지 않고 '돌아가셨다'는 말을 쓴다. 이는 하늘과 인간이 하나가 되는 믿음, 즉 천지인 합일사상에서 나온 것이다. 인간의 죽음을 하늘에서 태어나 다시 하늘나라로 돌아간다고 생각하는 것은 낙천의 극치이다.

우리 민족의 낙천적 요인은 다음과 같은 데서 연유한다고 본다.

첫째, 자연에서 영향을 많이 받았다. 한국은 한랭한 기후와 아열대 중간에 위치하여 사계절이 뚜렷하고 강산이 수려하며 하늘이 유난히 맑다. 거기에 지리적으로 험하지 않은 푸른 산과 하천이 많아 농경과 주거에 적합하다. 태풍, 홍수, 지진 등 자연재해도 일본이나 중국보다 비교가 안 되게 적다. 게다가 사계절이 뚜렷하여 자연친화적이어서 낙천적 특성에 절대적 영향을 끼쳤다고 본다.[91]

둘째, 한국인의 낙천성은 오랜 농경생활에서 형성되었다.[92]

셋째, 신선사상의 일환이다. 이는 단군을 비롯한 고주몽, 박혁

89 정동화, 『일본연구 2』, 156쪽.
90 이광규, 『새로운 민족관의 수립을 위하여』, 서울대학교출판부, 7쪽.
91 한영우, 『한국선비지성사』, 지식산업사, 2010년, 7쪽.
92 이광규, 『새로운 민족관의 수립을 위하여』, 서울대학교출판부, 15쪽.

거세도 죽지 않고 하늘로 돌아갔다고 하는데, 이는 하늘과 인간을 하나로 보는 사상에서 연유한다. 이러한 특징은 국조신앙(國祖信仰)이나 홍익사상 등에서 연원된 매우 전통적인 특징이다.[93]

넷째, 한국인은 계속적인 외침, 지배계급의 억압과 수탈, 가난, 시집살이 등 험난한 역경을 겪으면서도 운명으로 돌리는 긍정적 생각으로 항상 실망과 좌절을 하지 않고 희망을 가지고 낙천적으로 살아왔다. 『삼국지』에도 한국인은 낙천적이며 농담과 장난을 좋아한다고 했다.

한국인이 낙천적 특성을 지니고 있다는 것은 이렇게 문헌에서도 나타나지만, 이에 관심 있는 학자들 대부분이 해학성과 함께 같은 주장을 하니 그 객관성은 높다고 본다.[94]

이런 점에서 한국인의 '낙천성'은 지금까지 한국을 이끌어 온 기본 동력의 하나이다.

한국인의 낙천성은 예술에도 잘 나타난다. 서구의 화가들이 주로 대자연만 그리는데 비해 한국인은 해학과 풍자를 겸한 평화적이고 낙천적인 풍습의 민화를 그린 것이 유명하고 많이 전한다. 그 대표적 화가가 단원 김홍도이다.

조선 중기 이후 서민들이 애지중지하던 민화는 호랑이를 소재로

93 한영우, 『한국선비지성사』, 지식산업사, 2010년, 34쪽.
94 윤태림, 김용운, 고종옥, 임동권, 필자, 이광수, 한영우

한 것이 많다. 그것은 담뱃대를 물고 있는 유머러스한 호랑이로 전혀 무섭지 않은 모습이다. 게다가 호랑이 먹이인 토끼나 새들까지도 같이 정답게 어울려 노는 모습이다. 도깨비도 아주 우스꽝스럽고 덜렁대며 사람과 씨름하는 모습도 있다. 이러한 예는 우리 민족이 얼마나 평화를 중시하고 여유 있게 낙천적으로 사는가를 입증하는 좋은 예다.

그 외에도 특별히 주목을 끄는 것은 문학이나 노동요, 타령, 부요(婦謠) 등에서 비애를 해학이나 연정으로 승화시켜 부르는 노래가 많다. 심지어 '만가(輓歌)'에서조차 해학적 표현이 많아 낙천성이 잘 나타난다. 만가(상엿소리)의 슬픈 감정을 연정으로 승화시켜 해학적 내용으로 읊는 여유는 해학적이고 낙천적인 민족성의 극치이다.[95] 그뿐 아니라 만가를 부르며 지경닫기 등 궂은일을 할 때도 선소리꾼인 리더가 신을 돋우며 이끌면 여러 일꾼도 신나게 따라서 한다.

21세기에 접어든 요즈음도 사물놀이패는 행사 때면 거의 필수적으로 동원된다. 이는 사람들의 신을 돋우기 위한 수단으로 매우 효과적이며, 오랜 낙천적인 전통에서 나오는 것이다.

또한 낙천성을 입증하는 고대 민요의 예를 들면, 지금은 전하지 않으나 신라 때 가난한 생활의 시름을 거문고로 달랬다는 백결 선생의 '대악(碓樂)'을 들 수 있다.

---

95 정동화, 『한국민요의 사적연구』, 1981년, 102~108쪽.

고려가요 '상저가(相杵歌)'도 방아를 찧으며 시름을 잊으려 부르던 노동요로서 낙천성이 잘 나타나 있다.

듥긔동 방해나 디허 히애
게우즌 바지나 지어해
아버님 어마님께 받잡고 히야해
남거시든 내 머고리 히야해 히야해
덩커덩 방아나 찧세
덜커덩 방아나 찧세
거친 밥이나 지어
아버님 어머님께 드리고
남으면 내 먹으리

삶의 고뇌를 잊고 자연에 묻히고 싶은 마음을 노래한 '청산별곡'에서도 낙천성이 잘 드러난다.

살어리살어리랏다 청산에 살어리랏다
멀위랑 다래랑 먹고 청산에 살어리랏다
얄리얄리얄랑셩 얄라리얄라

경기민요 '노랫가락'도 인생 춘몽을 노래하는 우리 민족의 낙천성이 짙다.

노세노세 젊어서 노세 늙어지면 못 노나니

화무는 십일홍이요 달도 차면 기우느니

인생은 일장춘몽이요 아니 노지는 못하리라.[96]

리듬이 경쾌하고 흥겨운 경기민요 '도라지타령'에서도 우리 민족의 낙천성이 잘 드러난다.

도라지 도라지 백도라지 심심산천의 백도라지

한두 뿌리만 캐어도 대바구니로 반씩만 되누나

에헤요 에헤요 에헤야 어여라 난다 지화자 좋다

저기 저 산 밑에 도라지가 한들한들

신민요 '서울(경기)아리랑'의 가사에는 일본의 침략과 착취로 인한 우리 민족의 고통스런 호소가 담겨 있으나, 흥겨운 곡조와 희망적인 메시지에서 낙천성이 엿보인다.

나를 버리고 가시는 님은 십 리도 못 가서 발병난다

지금은 어쩔 수 없는 사정으로 님이 떠나지만 발병이 나서 결국은 돌아올 것이라는 희망적 메시지가 담겨 있는 데서 한국인의

96 『민요삼천리』, 성음사, 1968년, 29~30쪽.

낙천성을 읽을 수 있다.

청천하늘에는 별도나 많고 이내 가슴에는 수심도 많다

하늘의 별만큼이나 수심이 많지만 결코 좌절하지 않고 희망을 가짐으로써 미래를 꿈꾸면서 현실의 고뇌를 승화시키는 '낙천성' 이 흐르고 있다.

'서울(경기)아리랑'은 슬프게 느껴지기도 하지만 멜로디의 강약 이나 완급에 따라 희망적이고 낙관적인 정감을 준다. 이런 점에서 우리 민족의 '낙천성'의 대표적인 소리요 노래이다.

이와 같이 현실의 고통이나 불행에 비관하거나 좌절하기보다는 웃으면서 현실에 대처하는 우리 선인들은 이렇게 현실을 긍정하 며 낙천적으로 즐겁게 사는 슬기로운 자세를 취했다.

우리 민족의 주업은 농업이었는데 노동은 지루하고 힘든 데다 가 휴식시간이나 공휴일이 따로 있는 것도 아니다. 우리 민족은 유사 이래 산업사회 전까지는 농사의 어려움을 피할 도리가 없음 을 숙명적으로 받아들이고 일을 하더라도 즐겁게 사는 자세를 견 지했으니, 이것이 거듭되어 '낙천성'이 형성되었다고 본다.

힘든 일을 하러 논밭에 나갈 때도 춤과 아울러 온갖 재주를 부리 고 노래를 부르면서 즐겁게 가는 것이다. 이때의 노래가 민요이 고, 이렇게 발달한 음악이 농악이다. 이런 분위기를 돋우는 무리 가 사물놀이패였다. 이때의 흥이 이른바 '신바람'이다.

한국인은 논밭에서 일할 때도 노래 잘하는 사람이 리더가 되어 선창을 하면 나머지 사람들은 합창으로 화답한다. 이때는 모두가 리듬에 맞추어 모를 심고 김을 맨다. 이렇게 즐겁게 일함으로써 노동의 고통을 잊고 일의 능률을 올리는 것이다.

우리 선조들은 어떤 일을 할 때도 노래를 불렀다. 부녀자들도 시집살이의 설움을 비관만 하지 않고 사랑의 감정으로 승화시켜 해학적인 노래를 불렀다.

노동의 고단함을 달래며 부르던 민요 '모내기소리'에도 낙천성이 잘 나타난다.

담송 담송 닷 마지기 반달만큼 저다랐네
네가 무슨 반달인가 초생달이 반달이지
초생달만 반달인가 그믐달도 반달이지
너의 님만 반달인가 우리 님도 반달이네
달도 밝고 명랑한데 님의 생각 절로 나네

이러한 낙천적 특징은 시집살이 민요에도 잘 나타나지만, '아리랑'은 한국인의 낙천성을 어느 노래보다 잘 담아낸다. 그리하여 역사와 더불어 지금까지 이어져 오고 있다.

우리 선조들은 어둠이 오면 이어서 밝음이 오는 것은 자연의 섭리라고 믿으면서 밝음을 향한 의지를 포기하지 않았다. 이것은 낙천성의 원천이 되었다.

이러한 특징은 자연의 영향을 많이 받았다. 구체적인 증거가 한국은 아시아에서도 중국이나 일본에 비해 남북의 길이가 짧아서 봄, 여름, 가을, 겨울 사계절이 뚜렷한 데 있다. 추운 겨울이나 여름을 나는 것은 어려운 일이다. 그러나 좀 있으면 으레 봄이나 가을이 오는 것은 당연한 자연의 섭리로 그런 낙천적 생각이 체질화된 것이다. 또한 '고진감래'라는 학문적 교훈도 사계절의 반복에서 그런 의식이 형성되었다고 본다.

이와 같이 우리 선조들은 현실의 고통이나 불행에 비관하고 좌절하기보다는 웃으면서 현실 문제에 슬기롭게 대처하며 낙천적으로 살아왔다.

이러한 낙천성의 또 하나의 특징은 풍자와 해학성이 뛰어난 결과를 냈다. 사실에 근거를 둔 역사학자는 물론 한국인의 민족성에 관심을 둔 학자들도 이를 대부분 주장하고 있다.

우리 조상들은 자연환경이나 외국의 침략, 외세와 지도계급의 억압, 가난과 노동 등의 어려움 속에 힘겨운 삶을 살아왔다. 그러나 현실을 긍정적으로 받아들이고 슬기롭게 대처하며 희망을 잃지 않고 낙천적으로 살아왔다. 그 대표적 방법이 풍자나 해학이다.

선조들은 외세와 지배계급의 압박에 순종하거나 무저항으로 받아들이는 것 같으나 실은 풍자로 꼬집었고, 어려운 고통은 해학으로 풀어 극복하였다. 서민들은 지배계급의 억압이나 잘못된 행위에 대해 인간 최후의 자존심을 지키기 위해 직접 항거하거나 비판할 수 없음에 풍자로써 자기주장을 폈다.

서민들은 지주나 관리 등 지배계급의 학대나 억압에 인간적 억울함을 풍자적인 탈춤으로 항거하고, 시름은 해학적인 농담으로 풀었다. 해학적 어휘는 가난과 고통의 승화요 말의 풍류이며 풍치이다. 이러한 해학적인 어휘가 많은 것은 비록 가난하고 힘들어도 즐겁게 사는 낙천적인 민족성이 반영된 것이다.

그러한 해학과 풍자도 계층에 따라 다르게 나타나는데 서민은 부드럽고 은유적인 풍자와 해학을 많이 하고, 양반은 꼿꼿하고 강직한 촌철살인이나 언중유골의 농담을 했다. 그래서 고려시대부터 가면극인 '산대놀이'가 발달해 왔는데 그 대표적인 것이 '봉산탈춤'과 '양주별산대놀이' 등이다.

또한 해학이 한국문학의 특징이라는 것은 세계가 인정하고 있다. 서거정의 '골계전'을 비롯해서 강희맹의 '촌담해이(村談解頤)', 송세림의 '어면순(禦眠楯)', 성현의 '용재총화(慵齋叢話)', 성여학의 '속어면순' 등이 실려 있는 『고금총서』, 풍자와 야유가 넘쳐흐르는 서민의 작품인 '배비장전', 각종 야사와 항담을 적어 풍자적인 설화와 기지가 넘치는 설화집 『어우야담』 같은 해학문학이 발달하였다.

이러한 전통을 이어받은 것이 조선조 말엽의 국문소설 '흥부전'이나 '춘향전', '심청전' 등인데, 이것은 작품의 주제와는 달리 문장은 매우 해학적이다. 숙종 때의 사회제도와 정책을 날카롭게 비판하고 풍자한 박두세의 수필적 소설 『요로원야화기(要路院夜話記)』도 그 예다.

이러한 특성은 피지배계급인 서민이 학대받고 짓밟히면서도 자존하는 '오기'가 있어서 해학과 풍자라는 수단으로 방어해 옴에 특성이 형성된 것이다.

우리나라는 문인사회의 수준 높은 학문으로 평등의식이 발달하여 상당히 아슬아슬한 지경까지 가는 해학과 풍자를 한다.

역설적이지만 한국인은 욕을 많이 한다. 이는 억울함을 분풀이하는 수단이었는데, 임금이나 윗사람이 직접 듣지 않고 전해 들으면 관용이 베풀어진다. 이는 문인사회의 인간적인 문화를 말하는 것이다.

엄격한 법과 질서를 중시하는 계급제도의 일본 사회에서는 모든 현실의 어려운 난관을 어쩔 수 없는 것으로 체념하거나 욕이 용인될 수 없다. 이는 일본의 가외정신(可畏精神, 자기 분수를 지켜 강자에게 존경심을 나타내는 것) 때문이다.[97]

한국인은 어려운 상황에 처하면 일시적인 운으로 돌려 버리고 희망을 잃지 않고 낙천적으로 살았다. 외국인도 한국인은 아시아의 아일랜드인이라고 할 정도로 욱하는 성질이 있으면서 농담을 잘 한다고 평하고 있는데, 일본은 교활하고 뒤통수를 잘 친다고 하였다.[98] 한국인의 욱하는 특질을 불확실성에 대한 인내력 부족으로 쉽게 걱정을 한다고도 한다.[99]

97 김용운, 『일본인과 한국인의 의식구조』, 한길사, 1990년.
98 미국 국립문서기록관리청의 6·25 문서기록, 조선일보, 1012년 11월 6일

한편 지식층에서도 풍자나 해학을 많이 했는데, 앞에서도 밝혔듯이 그 대표적인 인물이 김삿갓(김병연)이다. 그는 해학과 풍자로 엄격한 사회나 모순이 많은 제도에 무저항으로 항거했으며, 천하를 주유하면서 풍부한 지식으로 세상을 풍자하는 걸작 시를 많이 남겼다.

김삿갓은 선천의 부사였던 할아버지 익순(益淳)이 '홍경래의 난' 때 투항한 죄로 멸문지화를 당했으나 노복의 도움으로 곡산으로 피신하여 멸족에서 폐족으로 사면되었다. 그 후 영월로 가서 폐족임을 숨기고 살다가 과거시험에 응시하여 장원급제까지 했다. 그러나 할아버지 익순을 조롱하는 시제로 장원급제까지 한 후, 그 내력을 어머니에게 듣고 하늘을 볼 수 없는 죄인이라며 삿갓을 쓰고 정처 없이 다니면서 세상을 풍자하는 시를 많이 남겼다. 그의 풍자시를 소개한다.

선정을 펴야 할 선화당에서 화적 같은 정치를 펴니
낙민루 아래에서 백성들이 눈물 흘리네
함경도 백성들이 다 놀라 달아나니
조기영의 집안이 어찌 오래 가랴![100]

宣化堂上宣火黨　落民樓下落民淚
咸鏡道民咸驚逃　趙岐泳家兆豈永

---

99 허태균, 『어쩌다 한국인』, 중앙북스, 2015년, 90쪽.
100 구절마다 동음이의어를 써서 함경도 관찰사 조기영의 학정을 풍자함.

청춘에 기생을 안으니 천금이 초개 같고

대낮에 술잔을 대하니 만사가 부질없네

먼 하늘 날아가는 기러기는 물 따라 날아가고

청산을 지나는 나비는 꽃을 피하기 어렵네.

靑春抱妓千金開 白日當樽萬事空

鴻飛遠天易隨水 蝶過靑山難避花

스무나무 아래 앉은 설운 나그네에게

망할놈의 마을에선 쉰밥을 주더라.

인간에게 이런 일이 어찌 있는가.

내 집에 돌아가 설은 밥을 먹느니만 못하다.[101]

二十樹下三十客 四十村中五十食

人間豈有七十事 不如歸家三十食

그리고 민요 중에도 해학이 잘 나타난 것이 '정선아리랑' 이다.

봄볕이 좋아서 개울가에 갔더니

총각낭군 통사정에 돌베개 배었네

남녀의 애정을 해학적으로 잘 표현하고 있다.

101 이응수, 『김립시집』, 학예사, 1939년.

또한 근래의 민요 '범벅타령'은 해학과 풍자의 걸작이다.

이거야 둥근범벅이야

누구 잡수실 범벅인가

김도령 잡을 범벅이야

이도령 잡슬 범벅인가

이도령은 맵살범벅

김도령은 찹살범벅

이도령은 본낭군이요

김도령은 훗낭군이요

기집년의 행실 알고

이도령의 거동을 봐라

기집년 보고서 하는 말이

외방장사를 나간다고

민빗참빗 족집게를

보따리에 짊어지고

이도령이 받어들고

뒷동산에 올라가서

엿만보고 돌아들데

기집년의 거동을 봐요

이도령 없는 싹수를 알고

김도령 기다린다

이러한 민요에서 우리 민족이 얼마나 평화를 중시하고 여유 있으면서 즐겁게 살았는가를 알 수 있다.

우리 민족은 어떠한 난관이나 불행도 인생의 리듬으로 생각하고 여유를 가지고 위기나 고난을 참고 슬기롭게 넘기며 낙천적으로 살아왔다.

(4) 신명성(신바람)

한국인의 네 번째 특징은 신명성, 즉 '신바람'이다. 능력 이상의 성과를 내는 힘을 신바람이라고 하는 것이다. 이것은 영성의 생명, 곧 신의 명령에서 흥겨운 신이 나오는 것이며, 이 신명성은 한국인의 생명력이라고 할 정도로 대표적인 특징이다.

그 힘은 시대를 넘는 겨레의 맥박이라고 할 정도로 중요한 동력이며 신명나는 문화의 동력이기도 하다. 그 대표적인 증거가 우리나라 사람은 일상생활에서 기분이 최고일 때 '신난다' 혹은 다른 사람이 기분이 최고일 때 '그 사람 신났다'는 말을 자주 쓴다. 이러한 심적 상태가 행동으로 나타나는 것이 신바람(神風)이다. '신바람'은 평상시의 능력을 발휘하거나 예상치 못한 행동을 할 때 일컫는 말이다. 이것은 한국인의 특성에 관심 있는 학자들이 공통되게 주장하는 것이다.

이러한 '신바람'은 '낙천성'에서 우러나는 대표적인 행동의 특징으로 낙천성과는 표리관계이다. '신바람'은 평화성을 내포한 격정성이 발휘되는 것이 본성이다.

이는 탄력적이고 반발력의 특징이 있어 행동으로 나타날 때 예상 외의 실력을 발휘한다. 춤, 노래, 또한 해학, 풍자 등의 행동이 수반되는 분위기일 때 능력 이상의 결과를 도출해 낸다. 이 신바람은 민족성을 연구한 학자들 대부분의 주장이다(윤태림, 김용운, 고종옥, 임동권, 필자).

부인이나 남편이 다른 사람과 정을 통하는 것을 '바람났다'고 한다. 평상시의 행동에서 벗어나거나 평소의 능력을 초월하여 발휘할 때 쓰는 말이다.

요즈음에도 자식을 출세시키는 데 유난히 극성스럽게 뛰는 엄마의 행동을 가리켜 '치맛바람'이라고 한다. 또한 기분전환을 하러 어디로 갈 때 '바람 쐬러 간다'고 한다.

이러한 신과 아울러 '멋'까지 내는 신바람의 비근한 예가 우리나라 춤에서 어깨를 으쓱으쓱 움직이는 어깻바람이다. 우리나라 사람은 신이 날 때 어깨춤이 절로 나온다고 한다.[102] 이러한 행동이나 활동의 원천이 낙천성이다.

이 '신바람'의 연원은 홍익인간사상이다. 우리나라는 천지인을 하나로 묶는 생명공동체의 힘에서 활력을 북돋는 신명, 신바람, 흥을 얻음으로써 재앙을 물리치는 제천 제사 등을 주 과업으로 하는 무교가 발달했다. 그 영향으로 '신바람' 문화가 면면히 흐르고 있는 것이다.[103]

---

[102] 한영우, 『한국선비지성사』, 지식산업사, 2010년, 101쪽.

그러니까 천지인이 하나 되는 종교의식이 무교인데, 그 의식을 통해 발현되는 감정이 신바람, 신명성 등으로 불리는 것이다. 이는 한국인의 생명력을 재충전시키는 활력이 되고 있다.

이러한 '신바람'의 연원은 앞에서 밝힌 바와 같이 단군사상인데, 그것은 옛날부터 한국인은 "나도 잘살 수 있고, 나도 높이 될 수 있다"는 자유 인간의 선천적 의식을 신장시켜 왔다.[104] 그리하여 한국인은 '신바람'의 민족이라고 할 정도로 스스로 '신바람'을 낼 수 있는 '신바람'의 백성이다.[105]

이러한 한국인의 '신바람'의 특성은 환경이나 분위기가 자기 정체나 역량을 인정하여 일을 맡기고 아울러 능동적으로 능력을 발휘할 수 있는 조건이거나 자극만 있으면 '신바람'을 낸다. 그것은 폭약이나 잠재해 있는 뇌관 같아서 분위기나 환경이 '신바람'을 자극만 하면 경우나 상황에 따라 반발하는 탄력성이 있다.[106]

이러한 한국인의 '신바람'은 절망을 희망으로 바꾸는 한국인 특유의 힘을 발휘하는 동력이다.[107] 그 역사적 사례가 침략군 앞에서 맨주먹으로 일어난 의병들인데, 그들은 향도 등으로 길러졌다. 이와는 대조적인 것이 일본인이 부르짖던 '가미가제(神風)'인데,

---

103 한영우, 『한국선비지성사』, 지식산업사, 2010년, 46~47쪽.
104 류승국, 『한국사상의 연원과 역사적 전망』, 유교문화연구소, 2009년, 278쪽.
105 김용운, 『일본인과 한국인의 의식구조』, 한길사, 1990년, 243쪽.
106 허태균, 『어쩌다 한국인』, 중앙북스, 2015년, 57~84쪽.
107 이규태, 『한국인의 힘 2』, 신원문화사, 2009년, 42~43쪽.

이는 우리 신바람과는 전혀 다르다.

일본 사람은 원나라가 일본을 침략하려고 해협을 건너다가 배가 침몰한 것을 신풍(神風), 곧 '가미가제'라고 주장하나 이는 그맘때면 불어오는 계절풍 때문이다. 또한 2차 세계대전 때 일본 사람이 천황의 명을 받아 신풍 특공대를 조직하여 자살공격을 감행했는데, 그것은 천황에 대한 충성심을 명분으로 강요된 복종이었다.

그러나 한국인은 환경이나 분위기가 조성되거나 명분 있는 자극만 있으면 저절로 솟아나는 '신바람'이 있다. 이 힘은 다른 어느 것보다 강렬하다. 한국인이 일상에서의 화끈함도 '신바람'의 표현이다. 이러한 한국문화를 바람, 중국문화는 물, 일본문화는 불로 비유하기도 한다.[108]

한국인의 '신바람'은 무엇보다 인간으로서의 존엄성이나 자존심과 능력을 인정받을 때 발휘된다. 한국인은 인내천, 즉 자신을 천(天)으로 여기기 때문에 현실에 참여하지 못하면 '신바람'을 내지 않는다. 이러한 '신바람'은 온 민족이 참여하여 신바람을 일으키면 우리의 미래 가치를 높일 수 있다. 그 대표적 방법이 언어의 격을 높이는 일이다.[109] 이러한 인내천사상은 누구보다 강한 문인의 자존심이었다. 그 영향을 받아 한국인의 '얼'인 '오기'의 중요한 요소가 되기도 했다.

---

108 김용운, 『풍수화』, 맥스미디어, 2014년, 534쪽.
109 김용운, 『풍수화』, 맥스미디어, 2014년, 535쪽.

이 '신바람'이 발휘된 대표적인 역사적 사실은 임진왜란 때 전라도 수군이 불과 12척의 배로 360여 척의 왜군을 격파한 일이다. 이는 '신바람'을 한껏 북돋아 준 결과이다. 우리 민족의 '신바람'은 이렇게 국가 위기 때 절망을 희망으로 바꾸는 동력이었다.

한국 사람의 심성은 퇴적층 구조로 쌓여 왔다는 것이다. 산업화와 도시화되고 과학화된 오늘을 사는 한국 사람의 심성을 자르면 양파를 썰어 놓은 것처럼 층층구조로 되어 있는데, 껍데기가 과학적 심성이면 그 아래 유교적 심성이, 다시 그 아래 농경민적인 심성이, 다시 그 아래 샤머니즘적인 심성이, 다시 그 아래 애니미즘적인 심성이 잠재되어 있다는 것이다.[110]

또한 모를 내거나 김을 맬 때 농악대가 앞장서서 사물놀이를 하며 신을 돋우면 신나게 따라가서 일도 신나게 한다. 일이 끝난 다음에도 농민들은 당산나무 밑에서 농악에 맞추어 신바람을 내어 춤을 추며 피로를 풀고 내일을 위한 충전을 했다.

요즈음도 음악이나 춤 등의 분위기로 신을 돋우는 전통이 이어지고 있다. 그 대표적인 민요가 '닐리리야'이다.

닐리리야 닐리리야 니나노 난실로 내가 돌아간다

닐 닐 닐리리 닐리리야

청사초롱 불 밝혀라 잊었던 낭군이 다시 돌아온다

110 이규태, 『한국인의 힘 2』, 신원문화사, 2009년, 42~43쪽.

이 얼마나 신나는 노래인가. 한국 민요 중 가장 신나는 노래이다. 전통악기인 호적의 음을 잘 나타낸다. 손가락은 음공(音孔)을 짚지만 입은 가창 모양으로 부르는 음절이 구음인데 한껏 흥을 돋우고 있다. 노랫말도 청사초롱의 불을 밝히라고 하니 더없이 큰 경사를 축하하는 분위기를 띄워 잊었던 낭군을 최대의 기쁨으로 맞는 내용이다. 더 이상 기쁜 일이 없다는 내용으로 어깨춤이 절로 나오는 노래이다.

무엇보다 근래의 '신바람'의 대표적인 예는 60년대 5천 년이나 이어오던 '보릿고개'를 넘긴 '새마을운동'이다. 이는 신을 낼 수 있는 좋은 환경과 분위기를 만들어 준 결과이다. 가장 큰 요인은 '우리도 한번 잘살아 보자'는 노래로 신바람을 일으킨 것이다. 전 국민은 '잘살아 보자'는 구호와 함께 신바람을 일으켜 새마을운동의 뇌관을 크게 자극했다. 그것은 수천 년 동안 맺혀 온 '한'과 '원'을 푸는 동력이었다. 수많은 외침과 보릿고개의 '한'과 '원'이 '잘살아 보세'라는 새마을노래에 자극되어 '신바람'을 일으킨 것이다. 이 운동은 6·25의 잿더미에서 경제 중진국으로 웅비하는 세계 역사상 '한강의 기적'이라는 신화를 이루는 동력의 시발이었다.

지금까지 정치가나 종교인, 교육자 등 지도자는 많았다. 그들은 번드르르한 말로 미래 발전과 도약을 제시했지만, 모두 참여하는 '신바람'을 일으키지 못해 온 국민이 뭉쳐 큰일을 이룩해 내지 못했다.

지난날 수많은 외침 때 의병이 나서서 끈질기게 적을 물리친 것은 이러한 신나는 한국인의 원형적인 정신인 신바람문화의 결과이다. 이것을 한국인은 바람, 중국은 물, 일본은 불에 비유했는데, 중국에 들어오는 문명은 물에 빠지듯 용해되므로 중화, 즉 중국이 중심이고, 다른 나라는 모두 변방인으로 어리석게 보았다. 그런데 일본은 팔굉일우(八紘一宇) 정신으로 침략과 정복을 정당화해 왔다.[111]

(5) 근면성실성

한국인은 전통적으로 매우 근면성실하다. 우리 민족의 근면성실한 국민성이나 정신을 연구한 학자는 별로 없으나 필자가 주장하는 것이다.[112]

근면성실은 근검절약이라는 뜻도 포괄하는 광의의 개념이다. 이러한 한국인의 근검절약의 특징을 부차적으로 입증하는 근거가 최근 한 갤럽 조사에서 나왔다. 우리나라 국민의 장점 중 근면성이 41.4%로 가장 높은 비율을 차지했다. 다음이 인내심(26.7%), 인정(26.6%), 단결력(21.5%), 예의(16.8%) 등의 순이었다. 이러한 결과는 20년 전 조사에서도 근면성이 49.8%였는데 이번 조사에서 8.4% 줄었으나 그 위상은 확고하다고 본다.[113]

한국은 농업이 주업인데 척박한 땅에서의 힘겨운 노동, 지배계

---

111 김용운, 『풍수화』, 맥스미디어, 2014년, 8~10쪽.
112 명지대학, 앞의 책, 156쪽.
113 조선일보, 2015년 3월 5일

급의 억압과 수탈, 수많은 외침에 의한 가난 등을 버티며 살아왔다. 그러나 오늘날같이 비약적인 발전의 동력은 근면성실성과 검소하고 절제 있는 생활이었다.

게다가 건국이념인 홍익인간이라는 인정(仁政)의 전통적인 사상 위에 유교의 민본사상의 결과물인 지도층의 '선비정신'의 청렴이 더해진 결과이다. 선비정신의 중추적 내용이 공익정신인데, 그중 중요한 것이 근검절약 정신이다. 그것은 청렴결백 정신의 바탕으로 고려와 조선시대에는 청백리 정신을 적극 권장하는 청백리제도를 낳았다.

우리나라는 산악지대가 대부분이고 가뭄이나 홍수 등으로 농사 짓기에 어려운 조건이었다. 게다가 대부분 소작인이어서 지주에게 많은 소작료를 내야 했다. 소출을 많이 내야 한 톨이라도 더 남으니 쉬지 않고 부지런히 일해 왔다. 지정학적으로 항상 외침을 당하는 역사의 악순환이 이어져 국민들은 외적의 약탈, 노동, 가난, 지배계급의 수탈 등의 비참한 생활을 근면성실성으로 극복해야 했다.[114]

우리 조상들은 산업사회에 본격적으로 진출하기 전까지만 해도 동틀 때 일터로 나가서 해가 져야 집으로 돌아왔고, 밤에도 짚신을 삼거나 새끼를 꼬아야 했으므로 잠자는 시간도 부족했다. 남자들은 논이나 밭일을 하는 동안에도 짬짬이 소먹이 꼴을 베어야 했고,

---

114 이광규, 『새로운 민족관의 수립을 위하여』, 서울대학교출판부, 1995년, 40쪽.

농사철이 아닌 겨울에도 다음 해 농사 준비를 하면서 땔나무를 했다. 여자들도 어린 자식들을 돌보며 농사일 뒷바라지까지 해야 했고, 밤에도 다듬이질이나 길쌈을 했다. 명절 외에는 쉬는 날이 없었고, 출퇴근 시간도 정해져 있지 않아 쉬는 시간이 따로 있는 것도 아니었다.

그런데 근면성실성은 일본 사람도 우리와 공통된 특성이 있다.[115] 하지만 전혀 다른 환경에서 형성된 것이어서 근본적인 차이가 있다.

일본은 무인사회로 윗사람에게 인정받지 못하면 생명조차 부지하기 어려웠고, 출세를 위해서는 상급자에게 잘 보이는 방법이 근면성실밖에 없다. 또한 일본 평민들은 신분 상승이나 이동이 불가능했다. 그래서 특수 직업에 종사하며 전문성 연마로 승부하는 길이 근면성실밖에 없다. 그 결과 일본 사람들은 자기 분야에서 제일이 되어야 하는 제일주의사상을 낳았다.

일본은 무인사회로 엄격한 봉건제후가 지배하여 농업과 어업이 2대 생업으로 소출과 어획을 늘리어 제후나 윗사람에게 경쟁적으로 많이 바치기 위해서는 근면성실하지 않을 수 없다.

그러니까 두 나라의 근면성실성 형성의 요인은 한국인은 자주적인데 비해 일본인은 신분 이동이나 상승이 불가능한 무인사회여서 한 분야의 전문성 신장은 피할 수 없는 일이라고 본다.

---

115 김용운은 일본인의 근면성실성은 밝혔으나 한국인에 대해서는 밝히지 않았다.

한편 우리 조상들은 명절이나 잔칫날에는 술을 마시고 춤을 추며 흥겹게 놀았다. 이것은 어제의 회포를 풀고 내일을 위한 휴식이며 충전으로 결코 향락적인 것이 아니고 퇴폐적인 것은 더욱 아니었다.

이러한 근면성실성은 현대에도 높이 평가받고 있다. 한국인이 170개국에 700만 명이나 활동하고 있는데, 이 모든 나라에서 한국인의 근면성실성에 감탄하며 놀라고 있다. 그러나 유독 일본 사람만은 더럽고 게으른 민족으로 보고 있다.[116]

이는 일본에 강제 합병된 후 실업자가 양산된 것이 주요인이다. 뜻이 있거나 어쩔 수 없이 해외로 망명한 사람은 예외였다. 그렇지 않고 국내에 남아 있는 사람 중 극히 일부에 지나지 않는 지게꾼이나 인력거꾼 등이 당시 일본인의 유일한 창구였던 서울역 같은 데서 손님을 기다리며 조는 모습의 단면을 보고 한국 사람을 폄하한 말이다.

한국 사람의 근면한 사례로 60년대 서독에 파견됐던 광부와 간호사들의 노동은 근면성실면에서 세계에서 보기 드문 예다. 한 서독 광부의 증언을 들으면 수천 미터 막장에서의 작업 환경은 모든 움직임이 생과 사의 갈림길이었다고 한다. 언제 천장이 무너져 죽을지도 모르는 곳에서 목숨을 담보로 하루 8시간의 근무도 지옥 같았는데, 가족에게 조금이라도 더 송금하기 위해 근무가 끝난

116 이광규, 『새로운 민족관의 수립을 위하여』, 서울대학교출판부, 1995년, 15쪽.

후에도 막장으로 들어가는 사람이 많았다고 한다. 이를 보고 탄광업체는 물론 다른 나라에서 온 광부들까지도 혀를 내둘렀다는 집념과 끈기는 '한강의 기적'을 이루는 원동력이 되었다. 그것은 서독에서 차관을 얻는 계기까지 되어 한국 근대화의 견인차가 된 동력임은 잘 알려진 사실이다.

그뿐 아니다. 7, 80년대 건설업체들의 중동 진출 때 리비아 대수로 공사를 비롯한 각종 건설공사에 참여한 수십만 명의 근로자들이 모래 섞인 밥을 먹으며 횃불을 들고 야간공사를 강행하는 것을 본 현지인들은 매우 놀랐다고 한다.[117]

더욱이 1970년대에 시작하여 40여 년에 걸친 고속도로와 항만 공사, 특히 세계 8대 미스터리로 알려진 리비아 대수로 공사 등에서 우리 근로자들의 노동은 근면성실과 절제의 극치였다.

이때 해외공사 수주를 많이 받은 것도 기술이 뛰어나거나 장비가 좋아서라기보다는 근면성실성에 의한 공기 단축이 중요한 수주 요인이었다. 당시 밤낮을 가리지 않고 성실히 일하여 공기를 어느 나라보다 단축시켰음은 잘 아는 사실이다.

요즈음에도 일본은 자본, 한국인은 기술과 노동을 제공하는 식의 공사 수주가 많은데, 이는 한국인의 근면성실성에 의한 공기 단축 때문이다.

이러한 근면성실성은 어느 한 보고서에서도 세계에서 가장 일을

---

117 조선일보, 2013년 9월 28일

많이 하는 민족으로 밝혀지기까지 했다.

또한 7, 80년대 미국으로 이민 간 한국인은 잠을 줄여가며 부지런히 장사하여 불과 몇 년 사이에 사업 기반을 닦았다. 그리하여 상업의 귀재로 알려진 이스라엘 사람들의 상권까지 위협함으로써 그들의 질시는 물론 토박이들의 경계심을 불러일으켜 지난날 LA지역의 흑인 폭동의 대상이 되기도 했다. 또한 최근 발티모어에서도 흑인들의 폭동 대상이 되었다.

그리고 무엇보다 기능올림픽의 쾌거이다. 한국은 1967년 16회 때부터 27번 출전해 모두 18번 종합우승을 했고, 2007년 이후 4번이나 연속 우승했다. 이들 대부분은 중학교나 고교 출신의 학력이다. 이는 기능올림픽이라는 성격으로 보아서 이들의 뛰어난 기능보다는 근면성실성의 결과라고 본다.[118]

또 하나의 산 증거는 골프의 세계 최고 무대라는 LPGA에서 한국 여자 선수들이 연이어 우승하는 것이다. 1998년 US오픈대회에서 박세리를 비롯해 요즈음 박인비, 김효주, 최나연, 양희영, 장한나 등이 연이어 우승하여 세계 골프계를 놀라게 하고 있다. 한 조사 결과 그 요인은 첫째 어린 나이에 훈련량이 많은 것이고, 둘째 부모들의 헌신이라고 한다. 이는 한국인의 근면성실성을 잘 입증하는 예다.[119]

---

118 조선일보, 2013년 7월 9일
119 조선일보, 2015년 4월 21일

그리고 문화 중에 이를 입증하는 것이 민중의 노래인 민요, 그중에도 노동요인 '농요'인데, 그 중심 주제가 '부지런히 일하자'는 근면성실성으로 우리 민족의 특성을 잘 반영하고 있다. 그 대표적인 예로 '농부가'를 들어 본다.

귀중할 싸는 농사로다

한 톨 종자 쌀을 던져

만곡창(萬穀倉)에 열매 맺는

이 농사는 우리들의 일이로다

비바람 무릅쓰고 아침부터 저녁까지

땀 흘리고 일을 삼아 농사 발전시켜 보자

어허 농사 잘하도다.

이는 안성지방 민요로 비바람을 무릅쓰고 아침부터 일하는 모습 그대로다. 또한 '논매기소리'에 다음과 같은 구절이 있다.

단허리

석양은 재를 넘고 농부들 갈 길은 막연하다.

해지기 전에 얼른 매고 우리 꼴지게 누가 지나?

힘이 든다고 말씀을 말고

내 힘껏 하면은 오늘의 일과가 끝나[120]

황혼이 깃드는 들판에서 아직도 많이 남은 일과 꼴지게를 지고 먼 길을 가야 할 걱정 속에 부지런히 일을 서두르는 농부의 모습이 마치 프랑스 화가 밀레의 '이삭줍기'를 연상케 한다.

이렇게 근면성실성을 주제화한 노동요는 부지기수이며, 그것이 노동요의 주종을 이루고 있다.

(6) 교육열

한국인의 교육열이 높은 것은 널리 알려진 사실이다. 한국인이 자기 향상을 위한 교육열이 높다는 주장은 역사학자들 대부분이 옛 사실을 들어 주장하고 있다. [121]

이러한 교육열은 특히 '선비정신'의 중추인 공익정신의 중요한 내용으로 지적되고 있다. [122]

그것을 입증하는 것은 성격상 문학이나 미술작품 등에서 찾기는 어렵고, 역사적 사실에서 잘 나타난다.

우리 민족의 교육열은 역사와 궤를 같이한다. 그것은 홍익인간 사상의 공익정신의 하나인 애민사상에서 비롯된다. 홍익인간사상의 민심을 중시하는 민본사상과 애민사상이 높은 교육열을 낳았다. 그 위에 조선조에 들어온 유불도 중 유교는 현실적인 사회

---

120 정동화, 『한국민요의 사적연구』, 일조각, 1981년, 139쪽.

121 이병도는 민족사의 일관된 정신으로까지 보았다.

122 한영우, 『한국선비지성사』, 지식산업사, 2010년, 283~288쪽.

국가를 지향하여 교육과 정치제도를 확립하는 데 이바지하여 더욱 강화되었다.

홍익사상의 주요 내용은 인간생활에 필요한 생명을 비롯한 질병, 곡식, 형벌, 선악 등 360가지 일들로 인간을 돕는 공익정신이다. 여기에 더해진 것이 유불도의 장점의 조화인데 그중에서도 조선조 유교의 영향과 성리학을 바탕으로 한 도학의 학문적 탐구의 영향이 더욱 컸다.

우리 전통문화 및 기층문화에 가장 크게 영향을 끼친 것은 유교이다. 특히 조선조에 현실적 교육과 정치제도 확립에 큰 영향을 끼쳤다. 그중에도 무엇보다 중요한 영향은 공부를 해서 과거시험에 합격하여 이상을 실현하는 것이었다.

유교의 실천 윤리는 은혜사상을 낳았는데 자기를 낳아 준 부모와 자기를 교육시킨 스승, 자기를 둘러싼 모든 사람의 은혜에 보답을 해야 한다는 것이다. 그중 부모에 대한 보답이 효인데, 그 이상을 실천하는 도가 선비문화이다. 선비사상은 중국에도 있었으나 대의명분을 중요시하는 것은 우리나라가 더 발달했다. 이것은 현대에 한국인이 원칙을 매우 중요시하는 것으로 나타났다. 그 한 예로 우리나라는 하나의 문화를 차용할 때 반드시 원칙에 집착하는데, 일본은 실리를 채용한다는 것이다.

또한 한국인은 일본에 비하여 도덕 지향적이다. 사람의 언행을 도덕적으로 환언하여 평가한다.[123] 도덕을 중요시하는 것은 우리나라가 더욱 발달했다. 그 결과가 조상숭배이고 또 하나가 동족마을

의 형성이다.[124]

이렇게 우리나라가 교육열이 높은 중요한 동인은 고려시대부터 교육과 과거시험을 통해 신분 상승을 한 때문이다.[125] 이는 문(文)을 높이 숭상하고 높은 교육열을 낳는 전통이 되기도 했다. 우리나라는 고대는 물론 현대에도 교육과 문화에 대한 열정이 매우 높다.

높은 교육열을 입증하는 역사적 사실로 우리 선조들은 삼국시대부터 중국뿐 아니라 인도와 서역문화까지 받아들이는 데 열성적이었다. 승려들은 불교의 가르침을 구하기 위해 멀리 인도까지 갔는데 대개는 그곳에서 일생을 마쳤고 몇 사람이 돌아왔다. 당시 육로나 해로로 인도에 가는 것은 오늘날 세계 일주보다 더 어려운 일이었다. 이렇게 우리나라는 자기 향상을 위한 교육과 문화에 대한 의욕이 강렬하였다.[126]

역사적 사실의 예를 더 들면, 고려 때 몽고의 침입으로 강화도에서 적과 항전할 때도 교육을 중단하지 않았고 과거도 폐지하지 않고 시행하였다. 그리고 거란이 침입하여 포로로 잡혀가 요동에서 억류된 고려인들이 서당을 설립해 주지 않는다고 항의한 사례는 유명하다.

이러한 우리나라 과거제도가 조선조에서 더욱 중요한 역할을

123 허태균, 『어쩌다 한국인』, 중앙북스, 2015년, 105쪽.
124 이광규, 『새로운 민족관의 수립을 위하여』, 서울대학교출판부, 1995년, 30~31쪽.
125 한영우, 『한국선비지성사』, 지식산업사, 2010년, 24쪽.
126 이병도, 『한민족 그 불사조인 이유』, 세계평화교수협의회 , 31쪽.

한 것은, 신분이 낮은 사람이 출세할 수 있는 유일한 길이 공부였기 때문이다. 이 제도는 강한 교육열을 분출시켰고, 그 성취욕은 한국을 이끈 동력이 되었다. 즉 "개천에서 용이 나올 수 있다"는 희망을 주는 사회로 교육열을 한껏 높이는 계기가 되었다.

조선조(조선 중기 제외)는 신분 상승이나 이동이 가장 활발했던 시기이다.[127] 이것은 조선조의 지도이념이었던 유교가 무엇보다 교육을 중시하고 과거시험을 철저하고도 꾸준히 시행해 온 영향이다. 그 결과는 '공부해야 출세한다'는 교육지상주의 전통과 그 달성을 위한 강렬한 성취욕이 생성되었다.

그리하여 일본의 가혹한 강점기 때 간도나 중국 동북부 만주에 망명해서도 학교를 세워 2세를 교육시켰고, 무엇보다 6·25 피란 시절에도 학교 교육은 지속되었다. 전쟁 중에 다락방이나 창고, 심지어 나무 아래에서도 학생들을 가르친 일은 교육에 대한 집념이 얼마나 강했던가를 알 수 있다. 이렇게 교육열이 높은 우리나라는 외국문화를 도입하는 데도 열정적이어서 우수하고 독특한 전통문화를 형성해서 잘 유지하고 발전시킨다고 본다.

지금은 많이 달라지고 있지만 아직도 우리는 군사부일체라는 사상이 있어 스승에 대한 존경심이 다른 나라보다 높은 편이고 촌지도 그러한 측면에서 비롯된 점이 있다.

외국에서 이민생활을 하는 한국 부모들은 모든 것을 희생하며

---

127 조선일보, 1997년, '조선시대 신분사 연구' 통계로 입증.

자녀교육을 최상의 목표로 삼고, 한국에서는 외국 유학을 시키느라 부부가 헤어져 '기러기부부'라는 신조어가 나올 정도로 교육열이 높다. 그뿐 아니라 사교육비가 국가경제를 좌우할 정도이고, 심지어 너무 극성스러운 부작용 때문에 선행학습을 법으로 금지하고 있는데, 이런 나라는 우리나라밖에 없다고 본다.

이렇게 높고 강한 교육열에 대해 미국 오바마 대통령도 여러 번 말한 바 있고, 얼마 전 스웨덴 제1야당인 사회민주당 레멘 당수는 한국의 교육열을 배우러 왔다고 했다. 이러한 일들은 한국의 높은 교육열을 입증하는 객관성이 높은 증거이다.[128]

교육열이 높은 구체적 증거로 2000년도 무렵에는 대학 진학률이 85%나 되었고, 2012년에는 교육 강국 2위라는 영예를 얻었다. 그뿐 아니라 2012년 중국 내 외국인 유학생 28만 명 중 한국 학생이 6만 명, 일본 학생은 그에 절반도 안 될 정도였다. 하지만 일본은 100년 전 19세기 말에는 유학생 최다 배출국이었다. 그랬던 일본이 미국 내 학생 수도 한국 학생의 28%에 불과하다고 한다.[129] 2014년에도 대학 진학률이 66%로 세계 최고를 기록했다.[130]

최근에 중국인민학교 9학년 역사와 사회 교과서에도 짧은 시간에 '한강의 기적'을 이룬 것은 교육열과 문화의 힘이라고 기술해

---

128 조선일보, 2013년 10월 30일
129 조선일보, 2012년 12월
130 조선일보, 2014년 9월 10월

놓았다고 한다.[131]

이러한 전통이 5천 년 동안 한국을 이끌어 왔음은 물론 6·25의 잿더미에서 불과 40여 년 안팎에 경제 중진국으로 도약하는 동력이었다. 그 여세로 선진국에 진입하려는 단계에 이르렀으며, 민주화까지 세계에서 최단 기간에 이루는 동력이 되었다. 이러한 사실들은 한국의 높은 교육열을 객관적으로 입증하는 증거로 높은 교육열은 급속한 산업사회 발전과 근대화의 성공 동력이 되었다.

(7) 다정성

한국인은 다정다감하다. 한국인이 정이 많다는 것은 거의 일반화되어 있어 외국인까지 한국인은 "정에 살고 정에 죽는다"는 말을 할 정도이다.[132] 국민성을 연구한 대부분의 학자들이 주장하고 일본 학자까지도 같은 주장을 하고 있다.[133]

또한 우리나라 사람이 '정'이 많다는 것은 친절함을 뜻한다. 일본 사람도 한국인의 친절함은 신기할 정도인데 부모한테서도 못 느끼는 따뜻한 '정'이라고까지 한다. '정'이 많다는 것은 가족성이 강하다는 것을 뜻한다. 이러한 '정'은 가족과 가족에서 키워지는데 '정'은 인간미가 있고 인간성이 풍부하여 이타적이라는 뜻이

---

131 조선일보, 2015년 4월 8월
132 허태균, 『어쩌다 한국인』, 중앙북스, 2015년, 132쪽.
133 정동화, 『일본연구 2』, 1991년, 156쪽.

기도 하다.

한국인이 '정'이 많은 증거는 일본인에 비해 행복감이나 분노 등에 따라 얼굴 표정의 변화가 심하게 나타난다는 것이다.[134]

우리말에 감각언어가 발달한 것은 인간미의 '정'을 나타내는 것이고, 주어가 생략되고 수 개념이 희박한 것은 분석적이고 논리적이 아닌 소박한 태도를 반영하는 것이다.

한국인의 '정'은 가족주의의 특성이다. 개인보다는 가족이나 가족집단이 우선임을 말한다. 이러한 특성은 서양도 같으나 우리나라는 가족주의가 사회집단으로 나타나는 점이 다르다.

이것은 대인관계에 접착성, 즉 역사성, 동거성, 다정성, 무경계성의 기본 속성을 가지고 있어 단일 체제적인 '우리 의식'의 특성을 가지고 있다. 그리하여 한국인은 재벌경영, 세습 등의 어휘를 많이 쓰고, 가족의 호칭인 '아버님', '어머님', '형님', '아우님' 등의 어휘를 가족 아닌 사람에게도 많이 쓴다.

또한 연고주의에 의해 학연, 지연 등의 인연으로 공사 구분이 모호하고 향우회, 동창회 등의 인연은 공식 집단의 의미보다 강하게 작용한다. 이에 비해 일본은 집단공동체 의식이 강하여 협력, 공유성 추구, 유대 등이 잘 이루진다.[135]

그러나 '정'이 많은 한국인은 언어적 자기주장이 강하나 논리

---

134 허태균, 『어쩌다 한국인』, 중앙북스, 2015년, 135~137쪽.
135 허태균, 『어쩌다 한국인』, 중앙북스, 2015년, 80~82쪽.

성이 약하고 어떤 쟁점에 대해 '정'에 호소하며 큰 목소리로 이기려는 경우가 많다.

이러한 한국인의 '정'에 대한 근원을 알아보면 단군사상의 이념인 '인간은 모두 형제'라는 천지인 합일사상에서 비롯된다. 그것은 융화와 조화의 사상이 연원이고 홍익이념이 중추이다. 그 위에 불교의 자비, 도교의 수양정신, 유교의 인(仁) 등의 영향도 많이 받아 두터워졌다고 본다. 여기서 한국인의 큰 도량과 포용, 관용성도 알 수 있다.

이렇게 '가족성'의 대표적 특징인 '정'은 나눔을 낳고, 나눔은 포용력을 낳으며, 포용력은 친절을 낳고, 명분은 의리를 낳으며, 의리는 관대함을 낳고, 관대함은 화합을 낳는다. 그러니까 '정'은 나눔 문화의 원천이다. 다시 말해서 정은 따뜻하고 순박하며 나누고 관용하여 보듬는 아름다운 공동체 정서이다.[136]

이러한 뜻을 포괄한 '정'은 나눔의 연원적인 마음으로 나눔을 통해 평등을 높이고, 평등을 통해 남을 포용하는 동력이기도 하다. 그러므로 '정'이 넘치는 사회는 고독하지 않고 삭막하지 않아서 평화로운 사회이다.[137]

'정'이 많으면 관대하다는 대표적인 예가 한국인은 누가 모욕을 해도 껄껄 웃어넘기는 경우가 많다.[138]

---

136 한영우, 『한국선비지성사』, 지식산업사, 2010년, 31~88쪽.
137 한영우, 『한국선비지성사』, 지식산업사, 2010년, 33쪽.

무엇보다 주목을 끄는 것은 민족얼 형성의 기본 요인의 하나가 '인간은 모두 형제'라는 의식이다. 그리하여 우리 민족은 서로 돕고 인정을 베푸는 일이 많았다. 이는 넓은 포용력을 말하는 것으로 홍익인간사상에서 비롯된 것이다.

이렇게 '정'이 많은 것을 입증하는 예가 최근에 중동지역에서 전파된 '메르스' 병에서도 잘 나타났다. 2015년 5월 중순에 발병한 메르스가 전국적으로 급속히 확산된 원인 중 하나가 가족은 물론 친지의 병문안이라고 한다.

'정'에 의한 관용과 포용력은 도둑 같은 죄인도 감동을 시켜 착한 사람으로 만드는 일이 많았다. 이것은 유불도 사상의 장점을 모두 포용한 데서도 잘 나타난다. 그것을 실증하는 대표적인 작품이 향가 '우적가(遇賊歌)'인데, 이는 영재(永才)라는 사람이 중이 되어 남악(南岳, 地理山)에 은거하러 가던 중 대현령(大峴嶺)에서 도둑의 무리를 만나 이 노래를 불러 도둑이 감화되어 불교에 귀의했다는 것이다.

그러나 이러한 한국 사람의 관용도 중국 사람에게는 못 미치고, 일본 사람에 비해서는 넓다고 평가되고 있다. 일본인은 복수심이 강하고 소심한 편이다.[139] 그 증거로 고대 중국에서는 유학생도 과거를 볼 수 있었고, 벼슬도 차별 없이 주었는데 그 대표적 인물이

---

138 이규태, 『한국인의 힘 2』, 신원문화사, 2009년, 172쪽.
139 정동화, 『일본연구 2』, 1991년, 155쪽.

160

최치원이다. 또 지난날 중국에도 유대인이 많이 살았는데 모두 동화되었다고 한다.

한국인이 '정'이 많은 것을 입증하는 또 다른 것은 전통음악이다. 중국과 일본 음악의 기본 음조는 2/4박자인데 한국은 유독 3/4박자인 왈츠의 기본 구조를 가지고 있다. 그 대표적인 예가 '서울 (경기) 본조 아리랑'이다. 이러한 특성은 우리 민족이 천부적으로 음악에 소질이 있고 가무를 즐기는 민족임을 입증하는 예다.[140]

또 한국 언어의 특징인 형용사가 매우 발달했다는 점이다. 예를 들면 뚱뚱하다, 땅땅하다, 풍뚱하다, 퉁퉁하다. 깡까맣다, 껑꺼멓다, 캉까맣다, 컹꺼멓다, 시다, 시크무레하다, 시큼털털하다, 까맣다, 시꺼멓다, 시커멓다, 새카맣다, 달다, 달크무레하다, 달착지근하다, 동동, 둥둥, 통통, 퉁퉁 등이다. 좀 삐친 듯한 예민한 느낌의 말은 '시큰둥하다, 시틋하다, 뜨악하다' 등이다. 신선한 맛의 예민한 차이를 나타내는 말이 '상큼하다' 같은 말이다.

또한 교착어의 특성인 조사의 발달이다. 너까지 가야지, 너도 가야지, 너만 가야지, 너야 가야지 등의 다양한 표현은 다정다감의 증거이기도 하다.

이런 '정'의 문화는 오늘날까지도 경조사에 십시일반으로 부조하는 일이 생활화되어 있다. 한국 사람은 일본 사람이 상상하는 것 이상으로 정이 많아 자비심이 깊고 동정심이 많다. 거지에게

---

140 이광규, 『새로운 민족관의 수립을 위하여』, 서울대학교출판부, 40쪽.

보시하는 사람이 많고 모금운동 등에 많이 참여하는 등 베풀기를 좋아한다. 이러한 일은 끊임없는 외침과 식민지 지배 등 고난과 가난 극복의 역사를 겪었기에 베풀기 문화가 발달했다고 본다.[141]

그러나 오늘날은 이런 미풍양속이 아부의 수단으로 변질되어 도를 넘는 것이 사회문제가 되어 '김영란법' 까지 나왔다. 이것은 옛날의 이웃돕기 정신에서 너무 벗어나는 것으로 안타까운 일이다.

이러한 '정' 은 사랑의 원천이기도 하다. 그것은 가족 사랑, 이웃 사랑, 친구 사랑으로 이어진다.

한국인은 정이 많기 때문에 눈물이 많고, 눈물로 좌절을 달래기도 한다. 그것은 근본적으로 문제를 해결하는 것이 아니기 때문에 마음속에 한이 응어리지고 이것이 더 깊어져 '원' 이 된다. 이에 반해 일본 사람은 장례 때도 눈물을 흘리는 것은 부끄러운 일로 여긴다. 그만큼 냉정하다. 이것은 무인사회의 특징이라고 본다.

또한 이러한 '정' 의 특징을 잘 입증하는 것이 있다. 한국인은 오랜만에 친구를 만나면 술을 대접하지 않고는 마음이 편하지 않다. 우리 민족은 친구를 많이 사귀되 물질적인 이해를 떠나 정답게 지내기를 좋아하며, 예의를 매우 중히 여긴다.

한국 사람은 여럿이 함께 식사하고 술을 마실 때 제안한 사람이 혼자 계산하는 것이 관례이다. 서구 사람이나 일본 사람은 각자 돈을 낸다.

---

141 허태균, 『어쩌다 한국인』, 중앙북스, 2015년, 128쪽.

한국인은 처음 대할 때는 좀 무뚝뚝해 보이나 속마음은 인정으로 차 있다. 6·25 전까지만 해도 좀 행세하거나 사는 집에서는 사랑채에서 하룻밤을 쉬어가기를 원하는 나그네는 모르는 사람이라도 숙식을 제공하며 환대했다. 그 대표적인 예가 방랑시인 김삿갓이 정처 없이 세상을 떠돌아다니면서 술을 마시고 풍자적인 시로 세상의 모순을 비판했는데, 생면부지의 나그네인 그를 정성껏 대접하던 풍속에서도 잘 나타난다.

이러한 일은 나눔의 문화로 포용력 있는 인간적 사회임을 뜻한다. 오늘날 외국인들이 한류 드라마나 한국의 풍습을 보고 부모에 대한 효성과 노인에 대한 존중 문화에 놀란다고 한다. 지하철에서 노인들을 무임승차시키는 것은 세계에서 우리나라밖에 없을 것이다.

이러한 문화는 우리 사상이나 정신의 고향이기도 하며 이웃 사랑이나 친구 간의 두터운 우정으로 이어진다. 그것은 천신사상인 홍익인간사상에 뿌리를 두고 있다. 여기에 불교, 도교, 유교를 받아들였고 특히 유교사상을 받아들여 조선조에서 한국화한 사단칠정, 즉 사람의 본성은 측은히 여기는 마음인 측은지심, 의에서 우러나는 부끄러워하는 마음인 수오지심, 예에서 우러나는 사양하는 마음인 사양지심, 지에서 우러나는 시비를 가리는 시비지심 등의 이론이 더해져서 더욱 심화되었다.

현대에도 '정'이 경쟁력이 되어 성공한 일화가 있다. 한 경영자가 상을 당한 직원을 위로하려고 회식 자리를 만들어 주었다. 그것이 계기가 되어 동료들이 잘 어울리게 되었고, 회사일도 잘 돌아가 매출액이 신장되었다고 한다. 이는 한국의 '정'이 경쟁력이 된 사례이다.[142]

'정'이 있는 마음은 순박하다. '정'이 넘치는 사회는 고독하지 않고 삭막하지 않고 평화롭다. 누가 '애정'이란 말을 썼는지 몰라도 그것은 매우 이상적인 표현이라고 어느 학자는 말했다. 그는 미국인의 사랑과 한국인의 사랑을 비교하는 한 방편으로 미국인은 사랑, 한국인은 '정'이라고 했다.[143]

그러나 한국인이 '정'이 많다는 것은 감성적이기 때문에 화끈한 기분을 잘 내고 흥분도 잘하는 위험이 있다.[144]

그뿐 아니라 한국인은 '정'이 많으면서 명분도 매우 중시한다. 이것이 문화인의 자질이고 품격이라고 할 수 있다. 한 예로 상속할 때 중국은 균등 분배인데 한국은 장자 우대의 불균형 상속이다. 그 이유는 노부모를 모시고 부모 봉제사와 접빈객 때문이다. 그러나 일본은 피상속인의 판단에 따르므로 경쟁이 치열하다고 한다. 이러한 전통은 중국은 실리, 일본은 명예, 한국은 명분을 중시하는 대표적인 예다.[145]

옛날 '향도'나 '두레'는 나눔 문화의 대표적인 사례이다. 이는

---

142 조선일보, 2104년 3월 19일

143 이규태, 『한국인의 힘 2』, 신원문화사, 2009년, 43쪽.

144 이광규, 『새로운 민족관의 수립을 위하여』, 서울대학교출판부, 8쪽.

145 이광규, 『새로운 민족관의 수립을 위하여』, 서울대학교출판부, 43~49쪽.

공동체정신이나 봉사정신의 대표적인 예다. 오늘날도 그 전통이 이어지는 것이 '두레'요 '동아리 문화'이다.

이렇게 다정다감한 '정'을 입증하는 것이 민요에 '정(情)'과 그 범주 안의 특성인 '의리(義理)'가 매우 강하고도 진솔하게 나타나 있다.[146]

한국 민요에는 임금과 신하는 물론 스승과 제자, 부모와 자식, 상하 관계, 형제나 부부 등의 사이에 인정과 의리가 두드러지게 나타난다. 그중에 엄마에 대한 '정'을 읊은 대표적인 연모가를 소개한다. 이는 엄마에 대한 정의 극치라고 할 수 있다.

> 쥐면꺼질까 불면날까 곱게곱게 길러냈네
> 무릎위에 젖먹일 때 머리만져 주었다네
> 엄마하고 쳐다보면 아나하고 열렸다네
> 요새깽이 조새깽이 요강아지 조강아지
> 볼기짝을 툭툭치며 물고빨고 하였다네
> (…)
> 우리엄마 날버리고 어디가서 올줄몰라
> 일락서산 아니고 월출동령 또안오네
> (…)
> 우리엄마 귀한얼굴 어느때나 다시볼고

---

146 정동화, 『일본연구 2』, 1991년 133쪽.

우리엄마 어여쁜뺨 어느때나 만져볼고

우리엄마 귀한얼굴 어느때나 만져볼고

우리엄마 귀한목청 어느 때나 들어보고

설운지고 이내장차 굽이굽이 끊어지네

나는싫어 나는싫어 엄마하고 같이죽어

엄마곁에 요자리에 죽거들랑 묻어주소.[147]

또 다른 설화를 소개하면, 옛날에 어머니를 고려장 지내려고 어머니에게 솜옷을 두텁게 입혀서 지게에 지고 마지막 이별을 하러 가는데 어머니는 입은 옷에서 솜을 뜯어 계속 떨어뜨렸다고 한다. 깜깜한 밤에 돌아오던 아들은 길에 뿌려진 하얀 솜을 보고 집을 찾아올 수 있었다. 그때 아들은 어머니의 지극한 사랑을 느끼고 생전에 불효했던 자신에 대해 항상 뉘우치고 울며 살았다는 것이다.

한국인이 '정'이 많은 한 예로 세월호 사고 때 온 국민이 함께 슬퍼한 사실이다.[148] 그리고 2002년 월드컵에서 대한민국 축구팀을 4강에 오르게 한 전설적인 명장 히딩크 감독도 세계시각장애인경기대회 명예조직위원장을 맡는 자리에서 "한국인은 친절하고 '정'이 많다"고 하였다.[149]

---

147 정동화, 『한국민요의 사적연구』, 일조각, 1981년, 134쪽.

148 조선일보, 2014년 8월 14일

149 조선일보, 2015년 5월 7일

무엇보다 한국인이 '정'이 많다는 것은 1983년 KBS 이산가족 찾기 프로그램에서도 나타났다. 그때 음식을 손으로 집어 가족 입에 넣어 주는 장면을 보고 세계 모든 나라에서 놀랐는데, 이러한 예는 한국밖에 없다는 것이다.

또한 '정'은 나눔 문화의 원천으로 인심이 좋다는 것을 뜻한다. 우리나라 식당에서 반찬을 더 요구할 때 군소리 안하고 듬뿍 주는데, 이런 예도 우리나라밖에 없다고 한다. 필자도 최근 사이판에서 각국의 여러 식당 중 한국식당에서 경험한 바 있다.

그러나 '정'으로만 얽히는 일은 부정적인 면도 있다. 그것은 우리와 남을 가르고 우리 외의 타인을 배척하는 경향도 있다. 우리나라 전통사회에서는 가문의 격이 신분의 상징이고 출세의 요인도 되었다. 그러나 그런 전통은 같은 일가에도 파(派)가 다르고, 좁은 나라에서 동서남북으로, 학교에 따른 학벌의 파벌, 학문의 경향이 아닌 학파 등으로 갈라져 분파적 세력화가 심하다.

이 '정'에 의한 패거리문화의 폐단은 우리나라 근대화운동은 물론 심지어 독립운동 때도 분파로 많은 실패를 했다. 더욱이 글로벌 시대인 오늘날 인연이 있고 친한 사람에 대한 '정'이 다른 이웃이나 다른 민족, 다른 국가에 대한 배척으로 흘러서는 안 된다. 더구나 우리나라 지성사회인 학교에서까지 본교 출신이 아니면 왕따당하고 본교 출신에만 보직을 주는 등의 파벌의식은 동양에서 제일 배타적이라는 말을 듣기도 한다. 하루빨리 시정되어야 할 것이다.

그러나 이러한 정도 옛날에 견주어 글로벌 시대에 들어서면서

'정'이 많이 사라져 가정불화가 생기고, 신의도 많이 무너져 가고 있어 매우 안타깝다. 더구나 외로움 때문에 스스로 생을 마감하는 사람이 많아지고, 행복지수도 물질적 풍요에 반비례하고 있어 더욱 안타깝다.

하지만 아직 한국인은 다정다감하고 따뜻한 가정이 많아 살기 좋은 나라이다. 그래서 외국인들이 한국의 가정을 부러워하고, 한국의 노인을 부러워한다.

(8) 예절 태도

한국인은 예부터 예의가 바른 것으로 평가되어 왔다. 이는 사상을 거친 정신의 표출인데 하늘숭배와 경조사상에서 비롯되었다. 형제자매를 사랑하는 정신, 조상을 숭배함은 동포를 사랑하는 정신과 통하고, 나아가 조상의 뿌리인 하늘을 숭상함은 곧 인류를 사랑하는 홍익인간이념의 원대한 이상 실현이다. 그래서 한국인은 근본적으로 예의가 바르다.

일본 사람도 한국인은 보편주의, 원칙주의, 도덕 지향적이라고 평가하고 있다. 이러한 성향에서 한국인은 근본적으로 예의가 바르다.[150]

이는 인정이 많은 데서 나오는 특징이기도 하다. 우리나라는 옛날부터 동방예의지국으로 알려졌다. 그 근거는 중국인들이 일찍부터

---

150 허태균, 『어쩌다 한국인』, 중앙북스, 2015년, 104쪽.

168

우리나라를 동이족이라 부른 사실이다. 그것은 활을 잘 쏘는 민족이라는 뜻이지만 지도자의 자질을 말하는 것으로 북적(北狄)이나 남만(南蠻) 같은 경멸의 뜻과는 다른 군자국이라는 의미를 내포한다.

고대 중국의 공자는 조선이 상례가 높은 나라로 예를 배우러 가고 싶다고 했으며, 맹자도 구체적으로 부모의 상을 성실하게 치르는 나라라고 했다.

그리고 동방예의지국이라는 말은 한대의 『산해경(山海經)』에 동방의 군자지국이라고 한 것이 처음 나오고, 동방삭이 지은 『신이경(神異經)』에는 구체적으로 "항상 공손하게 앉아서 서로 다투지 아니하고 서로 존경하여 헐뜯지 아니하며, 다른 사람의 어려운 일을 보면 죽음을 무릅쓰고 구해 주는 나라인 군자국(恒恭坐而不相犯 相譽而不相毀 見人有患 投死救之 曰君子國)"이라는 기록이 있다. 또 후한서 「동이전(東夷傳)」에도 "착하여 생명을 사랑하고 타고난 성품이 유순하여 쉽게 도를 가지고 다스릴 수 있다(仁而好生 天性柔順 易以道禦 至有君子不死之國焉)"고 했다.

우리나라에서도 고조선의 '법금(法禁)'이 전해 오는데 살인자, 상해자, 절도자 등을 엄하게 처벌한다는 내용이다.

당송시대 이후 우리나라는 본래 '군자국'에서 한 단계 격상하여 '동방예의지국'으로 불렀다. 이렇게 예부터 중국을 비롯한 이웃나라들이 예의 바른 나라, 이른바 문화 선진국으로 불렀고 스스로도 인정하였다.

그러나 근래 민족성에 관한 연구에서는 예의가 바르다는 주장이 없는데, 조선일보의 한 갤럽 조사(2015년 3월 5일)에서는 '예의 바르다(16.8%)', '인내심(26.7%)'과 함께 2~5위 안에 드는 높은 위상이다. 친절하다는 주장도 있는데 이는 예의가 바른 데서 느끼는 것으로 친절과 예의와는 표리관계이다.

예의가 지나친 형식주의로 흘러 숙종 때 상복 문제로 노론과 소론으로 갈려 사색당파 싸움으로 조선이 국권을 잃는 빌미가 되기도 했다. 예의를 위해 너무 형식을 주장하여 선비들은 공부방에서까지 의관정제를 갖추어야 하는 걸 원칙으로 삼았다. 지금은 많이 바뀌었지만 한국인은 사적인 만남에서까지 정장은 물론 모자를 쓰고 넥타이를 매는 습성이 남아 있다.

우리나라도 현대생활에 맞게 형식보다는 때와 장소, 상대 등에 맞게 실질적인 예의를 갖추는 방향으로 개혁해야 할 것이다.

(9) 단결성

한국인은 전통적으로 단결력이 강하다. 그러나 한국인은 일상생활에서 개인적이고 주체성이 강해 단결력이 약한 것으로 평가되기도 한다. 하지만 국가 위기나 속해 있는 기관이나 단체 등에 위해가 가해질 경우 급속히 단결해 대처하는 경우를 많이 볼 수 있다. 그 예가 노동자들의 데모에서 잘 나타난다. 이는 '악바리정신(오기정신)'의 중추적인 특징인 외유내강의 발현이며 정중동의 특질이기도 하다.

한국인은 평상시에는 일본 사람에 비하여 단결력이 없는 것으로 평가된다. 한국인의 국민성을 연구한 대부분의 학자도 단결력이 없는 것으로 평가하고 있다. 그러나 앞에서 여러 번 밝혔듯이 우리는 건국 이래 수없는 외침을 받아왔다. 그때마다 놀랍게도 단결력을 발휘해 외적을 물리치고, 내부적으로도 국가적 위기에 직면하면 놀라울 정도의 단결력을 발휘했다.

고구려가 수나라와 당나라의 침공을 받았을 때, 고려시대에 거란, 여진족, 몽고 등의 침공을 받았을 때, 조선조의 임진왜란 때도 단결하여 의병을 일으켜 물리쳤다. 일본의 을사늑약 때도 무인은 물론 문인들까지 단결해서 의병을 일으켜 왜군을 괴롭혔다.

그 원동력은 단군사상의 골격인 천손의식이라는 민족의식에서 나온 것이다. 우리 민족은 하늘에서 태어났으므로 중국인의 피를 받지 않았다는 혈연공동체 의식이 침략을 받았을 때 단결시키는 정신력이 된 것이다.[151]

그 조직이 고구려 때는 선비, 신라 때는 화랑, 백제 때는 미륵신앙, 고려 때는 재가화상과 향도(香徒)나 승병, 조선조 때 향도와 사장(社長) 등의 향촌 공동체가 있었는데, 이들은 국난을 당하면 전투조직으로 전환한 공동체로 단결한다. 그 대표적인 단체가 향도와 사장으로 오랜 역사 속에 더욱 강인한 생명력으로 오늘날까지 이어져 온다. 이들은 일제 때도 의병으로 단결하여 중국과 만주 등지에서 일본군을 괴롭혔으며, 3 · 1운동과 광주학생운동, 4 · 19 때도

---

151 한영우, 『한국선비지성사』, 지식산업사, 2010년, 33쪽.

단결하여 항거하였다.

이러한 단결력은 현대에도 이어지고 있다. 2015년도 한 갤럽 조사의 결과에서 인내심(26.7%), 인정(26.6%), 단결력(21.5%) 등이 상위권으로 나타났다. 특히 20대, 30대에서는 근면성에 이어 단결력이 장점으로 나타났는데, 이는 매우 의미 있는 결과로 한국인의 단결력을 입증한다.

전통적 공동체 의식에 의한 단결력의 대표적인 예가 IMF 외환위기 때 '금모으기 운동'이다. 이때 우리 국민은 자발적으로 단결하여 어느 나라보다 빨리 위기에서 벗어났다. 이러한 단결력은 구한말에 국채를 갚을 길이 없을 때도 온 국민이 담배를 끊어 돈을 모았고, 남녀가 앞다투어 금붙이를 내놓아 나라 빚을 갚은 일이 있었다. 이러한 '얼'의 행동적 표출인 민족성은 사회접착제가 된다는 점에서 매우 중요하다.

(10) 조급성

한국인은 매우 조급하다. 이러한 조급성은 민첩성의 시대 상황에 따른 변형이다.

한국인이 제일 많이 하는 소리가 '빨리빨리'이다. 이는 한국인의 조급성을 객관적으로 입증하는 예다. 이에 대해 우리 민족성을 연구한 한 학자는 '불안하다'고 보았다.

그 근원을 캐어보면 우리나라의 지리적·정치적 환경은 중국 및 북방민족과 해양세력인 일본에 둘러싸인 다린성에 의한 고립성을 띠고 있다. 또한 그러한 특성으로 우리 민족은 적응성과 보수성이라는 대조적인 특성을 형성하게 되었다.

이러한 적응성은 평화성으로 이어졌다. 우리 민족은 국토에 안착하기 전부터 환경에 대한 적응성이 강했다. 이러한 특질은 동아시아인의 공통된 특질이기도 한데, 이것은 외견상 사대주의적으로 비치기도 한다. 그러나 이는 실리적인 인간의 본능이라고 본다. 그중 보수성은 기동성과 강인성의 특성을 나타냈다.[152]

우리 민족은 이런 환경적 특질로 평화성과 격정성이라는 두 가지 기본 구조가 형성되었다. 본래 대륙적인 날쌔고 용감하며 민첩하고 사납던 특질을 해양성의 특징인 평화성으로 변성시켰다.

이러한 특성은 근원적으로 인류 문화가 발원한 나일강이나 황허 유역에 선진민족이 정착했을 때부터 평화적 특성 안에 격정성이라는 두 가지 기본 구조가 있었다고 한다. 그러니까 한국인이 이 땅에 정착하기 전에 수렵과 유목을 일삼던 때는 모질고 사납고 독하며 날랜 습성이 후에 형성된 평화적 특성에 잠재해 있었다고 본다.

이렇게 형성된 우리 민족의 '악착성'은 무서울 정도로 성취욕이 강하다. 그로 인해 생성된 말이 모든 것을 급히 서두르는 "빨리빨리"이다. 이것을 심리학자들은 '불확실성에 대한 인내력 부족'으로 본다. 이 특성을 한 심리학자는 '불안하다'고 보았고, 다른 심리학자는 상승-확대 지향성이 강한 가치관을 실현하기 위한

---

152 조지훈, 『지조론』, 문공사, 1982년, 156~157쪽.

결과가 '빨리빨리'의 행동적 특성으로 나타난다고 했다.

또한 강한 성취욕은 경쟁심리와 발전지향적인 진취성이라는 범주에 드는 행동 양식을 낳았다고 보았다. 그러니까 상승—확대 지향성이 강한 가치관을 실현하기 위해 '빨리빨리' 행동하는 것이며, 그것은 발전지향적이고 진취적 행동을 취하여 새로운 가치를 신속하게 실현시키고자 한다는 것이다.

그러나 상승—확대 지향성이 강한 가치관의 결과는 또 다른 행동적 특성을 낳았으니, 한국인은 불안이나 스트레스를 잘 느끼고, 사소한 일에 쉽게 화를 내며, 단기적 전략, 단기적 성과 선호, 과시욕, 서열 중시 등으로 나타났다는 것이다.[153]

이러한 '빨리빨리' 문화는 끈기와는 대조되는 것 같으나, 끈기가 장기적 안목의 활동을 말하는 것이라면, '빨리빨리'는 일의 속도를 말하는 것으로 완전히 대치되는 것은 아니다. 그러니까 '끈기'가 거시적 특성이라면 그 범주 안에 드는 근시적인 특성인 빠른 속도를 말하는 것이다. '빨리빨리'의 조급성은 우리 민족의 2대 특징인 평화성과 격정성 중 격정성의 발로이기도 하다.

우리 민족은 항상 평화를 갈구하면서도 정치적 환경은 격정의 지배를 받아서 그 격정이 주기적으로 폭발했다. 그 예가 의병들의 봉기, 3·1운동, 광주학생운동, 6·10만세운동, 반탁운동, 4·19 학생의거 등이다.

---

153 허태균, 『어쩌다 한국인』, 중앙북스, 2015년, 92~117쪽.

이 특성이 개인생활에서도 사소한 일에 잘 반발하는 특성이 있다. 그래서 우리나라는 중국 사람에 비해 가볍고, 스케일이 작으며, 일본에 비해서는 신중하고 스케일이 크다고 평가되는데, 우리도 그것을 인정했다.

농경시대 때는 '느릿느릿'이 주류 문화였지만 이러한 '빨리빨리' 동작이 잠재해 있어 유사시나 급한 경우에는 분출하는 것이다. 이렇게 잠재해 있던 것이 한국인의 특성으로 표면화된 것은 서구문화가 직접 유입되기 시작한 한말 이후이다. 그 이전까지 이러한 특징은 농경문화 속에 숨겨져 있었다.

농사짓는 동안에도 가물다가 갑자기 비가 오거나, 비가 오다가 개면 재빨리 조치해야 하는 경우가 많다. 논의 물꼬를 터놓거나 도랑을 쳐내야 하고, 말리던 곡식 등을 거두어야 했다. 또 긴 장마가 갑자기 갤 때면 곡식이나 옷가지 등을 내어 말리는 등 민첩하게 행동해야 했다.

우리 민족의 성향은 전통적으로 정적이고 완만했다. 그러는 가운데도 위기나 급한 일에 대처할 때는 민첩성과 임기응변이 뛰어났다. 구한말 강제합병을 거쳐 해방 후 급격히 불어닥친 산업사회는 기동력을 요구하고 과도할 정도의 경쟁심리와 평등의식 등에 의해 '빨리빨리' 문화가 형성되기 시작했다.[154]

거기에 6·25로 희망이 안 보이던 불안한 우리 국민에게 미군

---

154 허태균, 『어쩌다 한국인』, 중앙북스, 2015년, 117쪽.

들은 '하바하바' 하면서 한국인을 '빨리빨리' 문화로 몰아넣었다. 한국군의 전쟁 수행과 함께 형성된 군사문화가 더욱 박차를 가해 그 특성이 더욱 두드러지게 되었다.

최근 한 조사에 의하면 일본 사람에 비해 한국 사람의 성취동기가 강한 것으로 나타났다. 이것이 한국 사회의 최대 특징이라고 보는 일본 학자도 있다. 이는 상승-확대 지향적 가치관을 야기하여 국지적인 영역을 정해 심화하려는 일본인의 가치관과는 많이 다르다는 것이다.

앞의 학자는 한국인은 유난히 다(多), 대(大), 고(高) 등을 좋아하는 의식이 강렬하며, 위대하고 크고 높은 위치에 상승하려는 의식이 강하다고 했다. '상승 지향' 이야말로 한국 사회의 최대 특징이다. 자신의 힘만을 믿고 세계를 개척하려는 패기가 있다. 한국인은 패기, 의지, 의욕, 추진력, 파워, 에너지 등이 강하다고 했는데, 이렇게 강한 성취동기가 '빨리빨리' 문화를 형성했다고 본다.[155]

5 · 16 이후 고속도로 건설을 비롯한 새마을운동 등 모든 분야에서 '빨리빨리'의 성과를 요구했고, 그것은 한국인의 새로운 특징으로 굳어졌다. 그 결과 전쟁으로 최빈국의 고난을 겪던 우리 민족이 불과 3, 40년 안팎에 경제 중진국의 대열에 진입해, 세계 역사상 최단 시일 내에 '한강의 기적' 이라는 신화를 낳았다.

그러나 그 후유증으로 와우아파트, 삼풍백화점, 성수대교 붕괴,

155 허태균, 『어쩌다 한국인』, 중앙북스, 2015년, 98~115쪽.

최근 들어서는 세월호 침몰이라는 대참사를 겪었다. 이제 우리는 이러한 불상사가 일어나지 않도록 의식 개혁을 통한 성숙한 정신으로 제자리를 잡아야 할 것이다.

(11) 자주성

한국인은 자주성이 강하다. 한국인은 '똑똑하다', '똘똘하다', '총명하다'는 평을 듣는데, 이 중심 개념은 주체성(자주성)과 독립성이 강하다는 뜻이다. 이는 '악바리정신(오기정신)'의 중추적 특징인 자주성과 자존심의 발현이다.

우리 민족은 '야물고 꼼꼼한 특성'을 가졌다고 보는데, 이는 착실하고 성실한 것의 또 하나의 예다.[156] 그리고 '똘똘하다'는 '매우 똑똑하고 영리하다' 혹은 '총명하다'는 뜻인데, 이는 개인의 우수한 능력을 말하는 어휘이다. 그러니까 이 어휘의 중추적 의미는 '자주성이 강하고 총명하다'는 뜻이다.

이러한 특징을 입증하는 근래 한 심리학의 연구 결과에서도 한국인은 자신을 사회적 중심 존재로 여기는 자의식과 자존감이 높은 것으로 나타났다. 이에 비해 일본인은 자신을 영향을 받는 주변적 존재로 보는데, 한국인은 자존감이나 자기주장이 강하고 자립심과 진취성이 강하다는 것이다. 특히 한국인의 강한 자기주장은 전란 시의 표현력은 사활이 걸린 문제이기도 하지만, 더 직접적인

---

156 이광규, 『새로운 민족관의 수립을 위하여』, 서울대학교출판부, 40쪽.

원인은 높은 자존심과 강한 성취동기라고 본다.[157]

'똑똑하다' 는 것은 '사리에 밝고 야무지다' 는 뜻이고, '사람의 됨됨이가 오달지고 야물다' 는 뜻이기도 하다. 그중에도 '오달다' 는 '올차고 야무지다' 는 뜻으로 자주성이 강하다는 의미이다.

우리는 개국 이래 줄기차게 자주성을 지켜왔는데 그것이 나라를 지키는 원동력이었다. 그것은 인간의 주체성을 각성시키는 도학사상의 내성외왕(內聖外王) 정신의 영향을 많이 받았다.[158]

한국인은 특히 문화에 대한 자부심이 강하다. 그것은 자주성이나 독립성이 강한 데서 나온다. 이러한 특성은 '선비정신' 의 대표적인 특징이다. 똑똑함이나 똘똘함은 자주와 독립정신의 발현으로 우리나라가 개국 이래 줄기차게 지켜오는 정신으로 우리 역사를 이끌어 온 기본 동력이다.

한국인의 자주정신은 서민의 '악바리정신' 의 바탕 위에 선비정신의 자주성이 더해져서 '똑똑' 하거나 '똘똘함' 이 더욱 공고해졌다고 본다. 그러니까 '악바리정신' 이 없는 '똑똑함' 이나 '똘똘함' 은 존립할 수 없다.

이러한 똑똑함의 자주정신을 입증하는 역사적 사례를 들면, 신라 정치제도인 화백을 비롯해서 화랑제도와 화랑정신이다. 이것들은 전통적인 것으로 불교나 유교 유입 이전의 독자적인 것이다.

---

157 허태균, 『어쩌다 한국인』, 중앙북스, 2015년, 85~116쪽.
158 한영우, 『한국선비지성사』, 지식산업사, 2010년, 33~108쪽.

또한 문자가 없을 때도 한자를 우리말에 맞도록 이두나 향찰을 썼다. 그뿐 아니라 더욱 중요한 것은 불교도인 원효, 의천, 지눌 등이 한국 현실에 맞는 불교이론을 세웠다는 점이다. 특히 조선조에 들어와서도 중국 유교를 모방한 것이 아니라 더욱 변형 발전시킨 신유학인 성리학을 태동시켰다.

이러한 자주와 독립성 외에 총명성까지 곁들인 정신을 '똑똑하다'거나 '똘똘하다'로 나타내는 것이다. 그 특성을 잘 반영한 중요한 사례는 고유한 문자인 한글을 비롯한 과학, 의학, 음악, 의상, 음식, 가옥 등을 창조하거나 개발했다는 점이다.

우리나라는 근본적으로 조용하고 평온하며 자유롭고 평화스러운 나라였다. 그러나 지정학적인 특징으로 외부 침공이 많은 수난의 역사였다. 외부 침공이 있을 때마다 이러한 강인한 자주정신과 단결력으로 극복하였다.[159]

이러한 주체성의 근본은 중국의 화이사상을 배척하여 우리 주체성을 확립하는 데 있다. 이 자주정신은 후에 선비문화의 불의부정 배격정신이 더욱 강화되는 요인이 되어 한국인은 더욱 '똑똑'하고 '똘똘'해졌다고 본다. 똑똑하게 처신하는 것이 사회생활에서의 가장 중요한 태도이다. 자기주장을 떳떳이 펴고, 줏대 있는 처신을 할 수 있는 개인적인 인품을 높이 평가했고, 그것을 인성교육의 목표로 삼았다.

---

159 이병도, 『한민족 그 불사조인 이유』, 세계교수평화협의회, 26쪽.

'똑똑' 하고 '똘똘' 하다는 '야무지고 철저하다' 는 뜻도 있다. 한국 사람은 동양에서 가장 악착스럽고 야무지면서 철저하고 또렷또렷 (총총)하다고 평가된다.[160] 똑똑하고 똘똘하다는 '머리가 총명하고 우수하다' 는 뜻도 강하다. 일제 때는 물론 지금도 미국, 캐나다, 유럽 등에서 영리하고 공부 잘하는 민족으로 알려졌다. 이것은 주체성과도 같은 개념인데, 최근에 한 심리학자도 같은 주장을 하고 있다.

똑똑함은 근원적으로는 사단칠정론의 측은지심, 수오지심, 사양지심, 시비지심과 희로애락애오욕의 사상을 갖추고 있다.[161]

한국인이 똑똑함 혹은 똘똘함, 총명함의 좋은 증거로 OECD가 세계 16개국의 15세 학생들의 수학, 과학 성적을 발표한 학업성취도 순위에서 1위는 싱가포르, 2위는 홍콩, 한국은 3위를 차지했다. 일본과 대만은 공동 4위를 차지했고, 중국은 조사 대상국에 포함되지 않았다. 싱가포르는 중국인이 중심인 다민족 국가이고, 홍콩 역시 다민족 국가로 단순 비교를 할 수는 없지만, 우리나라는 아직은 단일민족이라는 점에서 뛰어남이 입증된다.[162] 요약하면 이러한 특성은 '악바리' 기질에 유불도 사상이 더해져 형성된 '선비정신' 이 시너지 효과를 얻은 더욱 강인한 정신이다.

160 이광규, 『새로운 민족관의 수립을 위하여』, 서울대학교출판부, 32쪽.

161 이기백, 『민족과 역사』, 일조각, 1978년, 156~158쪽.

162 조선일보, 2015년 5월 14일

(12) 은근성

한국인은 '은근한' 특성을 지니고 있다. 한국인이 '은근하다' 는 것은 '악바리정신' 혹은 '오기정신' 의 특징인 외유내강의 발현이다. '은근함' 은 활달하고 명랑하지 않으나 옹졸하고 감상적이지도 않다. 또한 조급하지 않으나 느리지도 않으며, 힘차지 않으나 나약하지도 않은 뜻을 지닌다.

한국인은 처음 만났을 때 거의 무표정하고 밝지도 않다. 한국인은 슬프거나 기쁜 일을 당했을 때도 감정을 억제하면서 '은근한 표정', 즉 밝지 않을 뿐 아니라 거의 무표정하게 보인다.[163]

한국인은 인격적으로 존경하는 사람에 대해서는 "그 사람 점잖다"고 말한다. 이런 특징이 심리학적으로는 상황적응성, 유통성, 역동성 등 모순적 개념을 동시에 지니는 유연성이다. 그것은 주어진 상황에 적응하고 순응하는 자발성과 대인관계에서 상황에 맞는 조정 능력이 잠재해 있는 것이다.[164]

이러한 특징의 요인은 강대국의 틈바구니에서 외침과 유린의 수난 속에서 살았고, 게다가 서민들은 지배계급의 학정, 수탈, 가난, 노동 등에 시달리며 살아온 결과이기도 하다.

이러한 '은근' 함은 민중의 노래인 민요에도 잘 나타나 있다. 한국인은 불행을 당했을 때 탄식이나 비관으로만 흐르지 않고, 오히

---

163 이는 문학가, 심리학자, 필자 등이 주장함.
164 허태균, 『어쩌다 한국인』, 중앙북스, 2015년, 86~87쪽.

려 해학이나 풍자로 승화시키는 것으로 나타난다. 이러한 일은 '은근' 한 민족성을 형성하게 되었다. 한국인의 표정이 밝지 않게 보이는 것은 점잖은 표정이기도 하다. 거기에 성숙된 유교문화의 영향으로 군자의 상징인 '점잖은 표정'이 더해졌다. 그렇게 표정을 짓는 것이 지난날은 물론 지금도 성인들 사이에서는 존경의 대상이기도 하다. 그것은 우리나라 교육의 목적이 군자를 표방한 데서 연유한다. 속으로는 아주 성스럽고 겉으로는 군왕같이 위엄 있는 표정이다. 이것은 내성외왕(內聖外王)적인 자세에 기인하는 것으로 외유내강의 전형적 표정이기도 하다.

그 표정이나 웃음은 은근할 수밖에 없다. 한국인은 웃음까지도 서구인처럼 활짝 웃지 않고 은근히 웃는다. 사랑도 강렬하고 열정적이 아닌 은근한 사랑이었다. 6·25 전까지만 해도 짝사랑이 많았고, 그에 대한 작품도 많았다. 이러한 표정을 나타낸 작품이 '밀양아리랑'이다.

정든 임이 오셨는데 인사를 못해
행주치마 입에 물고 입만 빵긋

이는 활짝 웃는 웃음도 아니지만 무뚝뚝한 표정도 아니다. 은근한 반김이요 수줍은 웃음이다.[165] 이러한 한국인의 은근한 특성이

---

165) 정동화, 『한국민요의 사적연구』, 131~132쪽.

조선조의 백자에 잘 나타난다. 백자의 눈빛 같은 청초함은 '멋'의 극치이다. 그것은 청아하고 간결한 기품이 넘쳐 청렴결백의 의지가 엿보인다. 그러나 이러한 특성은 시대에 따라 변하고, 현대사회의 치열한 경쟁에서 발전의 동력이 될 수 없다.

(13) 소극성

한국인은 매우 소극적이다. 우리 역사는 끊임없는 외부 침공에 대한 방어의 항쟁사이다. 그리하여 우리 민족은 다른 민족보다 강인성을 지녔으나 적극적이지는 않다. 유사 이래 900여 회의 공격을 받으면서도 한 번도 다른 나라를 먼저 공격하지 않았다. 그것은 근본적으로 건국이념인 '홍익인간'이라는 평화 추구의 사상 때문이다.

이를 심리학자들은 '심정심리'의 특성으로 본다. 심정심리는 마음속에서 이루어지는 사적인 심리 경험으로 자신의 심정을 알아주기를 바랄 뿐, 상대의 행동에 대해서 그 이면의 의도나 속마음을 추론만 하는 교류 양식이다. 한국인은 일상생활에서 개인의 심정을 잘 묻는데 그것은 지난 과정을 참조하기 위한 것이다.[166]

이러한 소극성을 입증하는 예로, 우리 민족은 강대국의 침탈이나 지배계급의 수탈, 가난, 가혹한 시집살이, 농업의 풍흉 등을 운명에 맡기는 경우가 많다. 이것은 역사적이고 사회적인 요인에서 연유된 것으로 보인다. 또한 소극성을 입증하는 것이 욕이 많은

---

166 허태균, 『어쩌다 한국인』, 중앙북스, 2015년, 92~93쪽.

점이다. 그것은 문인문화의 결과이다. 지배계급에 대한 소극적 항거로 해학과 풍자가 발달했듯이 욕도 많이 발달했다. 무인사회인 일본은 욕이 거의 없다.[167]

이러한 특징을 입증하는 것이 민요이다. 노동요나 부요(婦謠), 정연요 등에서 사랑, 학정, 가난 등의 쌓인 감정을 잘 해소한다. 어떤 난관에 부딪혔을 때 서구인과 같은 폭력이나 유혈극을 벌이지도 않고, 일본인같이 복수극을 하는 것도 아니다. 난관을 운명으로 돌리고 인내하며 기회를 엿본다. 그리하여 사랑하는 사람이 변절하여 떠나더라도 언젠가는 돌아오기를 바라는 작품이 일반적이다.

최현배는 이러한 한국인의 병폐를 '정신쇠약증'으로 보고 이것을 고치는 것이 생기를 진작시키는 일이라고 했다. 이것이 한국인의 소극성을 입증하는 내용이다.

미국은 사랑에 대한 민요가 성 때문에 일어나는 폭력이나 죽음을 그린 것이 대부분이다. 이에 비해 한국은 상사병에 대한 노래가 많고, 시앗에 대한 복수를 꿈에서 하거나 변절하여 떠난 임도 언젠가 돌아오기를 바라는 작품이 일반적이다. 또한 일의 성패를 하늘에 맡기는 운명론적 사상이 기저를 이루고 있는 것에서도 '소극성'이 잘 나타난다.

우리 선조들은 사주팔자를 신봉하였다. 이 세상에 태어난 연월일시의 팔자에 의한 운명을 거의 절대적으로 신봉하였고, 그 습성

---

167 김용운, 『풍수화』, 맥스미디어, 2014년, 200쪽.

은 오늘날도 혼인의 중요한 기준이 되고 있다. 일부에서는 이사 등 중요 행사의 기준으로 삼고 있다. 사주팔자는 사람에 따라 많은 차이가 있겠으나 노력과 함께 행복의 조건이 될 수 있음은 부정할 수 없다. 그런데 이러한 특징은 선천적이기보다는 지정학적이거나 자연, 농경생활, 피지배 경험 등에 의한 취약하고 피동적인 역사적 환경에서 형성되었다고 본다.

이러한 작품이 고려가요 '가시리', '서경별곡', '처용가' 등이다. 또한 신라시대의 석굴암, 고려시대의 팔만대장경 등을 호국 수단으로 건립한 데서도 잘 나타난다. 그렇지만 우리는 사주팔자만 믿지 말고 적극정으로 잘살겠다는 마음으로 노력해야 한다. "호랑이에게 물려가도 정신만 차리면 산다"는 속담을 교훈 삼아야겠다. 이러한 소극성은 역사 발전의 동력이 될 수 없기에 보다 적극적인 특성으로 개선해야 할 것이다.

다행인 것은 요즈음 젊은이들은 산악 등반을 비롯하여 도전적인 운동을 많이 한다. 히말라야를 정복한 산악인도 있고, 각종 스포츠에서 두각을 나타내는 자랑스러운 젊은이도 많다. 또 남미, 아프리카, 중동 등 세계 170개국에 진출한 한국인이 700만 명이 넘으니 희망적이다. 또한 중국의 9학년 교과서에서도 한국인의 강한 의지를 밝히고 있다.[168]

일본 학자의 연구에서도 한국 대학생이 일본 대학생보다 자발

---

[168] 조선일보, 2015년 4월 8일

성, 진취성, 성취감 등이 현저하게 높은 것으로 나타났다.[169]

이러한 사실로 보아 국민의 특성은 시대 환경에 따라 변한다는 것을 알 수 있다. 6·25전쟁을 거치고 산업사회에 들어 한국인의 소극성은 많이 개선되고 있음은 매우 희망적이다.

(14) 비합리성

한국인이 비합리적이라는 평가는 일상생활에서 많이 지적되고 있다. 한국인이 비합리적인 근본 원인은 무엇보다 정적인 데서 연유된다고 본다. 한국인의 정(情)은 모든 것에서 우선하기 때문에 일상생활 태도가 비합리적일 수밖에 없다.

2015년 한 갤럽 조사에서 한국인이 합리적임이 2.3%로 최하위로 나타났는데, 20년 전의 결과와 같다. 창의성 14.2%, 책임감 13.7%, 검소 9.9%, 의리 8.8%, 포용력 3.6%, 평화애호 2.5%, 합리성 2.3%로 나타났다.[170]

비합리성은 한국인의 정적인 특성에서도 연유되기도 하지만, 한국 학문의 종합적인 특성에서도 비롯된다. 게다가 서구의 과학적인 학문의 역사가 짧은 이유도 있으니 급히 시정되어야 할 것이다.

---

169 허태균, 『어쩌다 한국인』, 중앙북스, 2015년, 118쪽.
170 조선일보, 2015년 3월 5일

(15) 부정직성

한국인은 부정직하다고 평가된다. 이는 민족성을 연구한 학자들이 대부분 지적하고 있다(윤태림, 최현배, 이광수 등). 특히 거짓말을 잘하는 것에 대해서는 개선해야 한다고 밝히고 있다. 2000년 대법원의 범죄 유형 통계를 보면 사기, 배임, 무고 등의 명목으로 재판에 회부된 건수가 1,198명인데 비해 일본은 5명뿐이다.

한국의 사건이 일본의 240배인데 인구 비율로는 670배나 된다. 그리고 무고 등의 죄로 기소된 것은 한국인 2,965명인데 비해 일본은 단 2명뿐이다.[171]

2013년 대법원 사법연감 통계를 보면, 2004년에서 2013년 동안 전국 법원에 접수된 형사공판사건 중 사기와 공갈로 접수된 사건은 전체 형사공판사건 접수 건수의 13%에 달한다. 이는 15가지로 구분된 사건의 종류에서 가장 많은 건수를 차지한다. 위증죄로 기소된 사람이 2015년에 1,688명이나 되는데 대부분 형사사건에서 적발된 것이다. 민사사건의 위증까지 더하면 그 숫자는 훨씬 많은데 일본은 10명 안팎으로 비교가 안 된다.

우리 민족은 지정학적으로 2년에 한 번꼴로 침략에 의해 약탈과 유린을 당했다. 거기에 서민들은 지배계급에게 억울함까지 당했다. 더구나 일본의 한국 강제합병 후 식민정책에 극악한 압정을 겪었다. 그때마다 우리 민족은 다급한 순간의 위기를 모면하기 위해

---

171 김용운, 『풍수화』, 맥스미디어, 2014년, 244쪽.

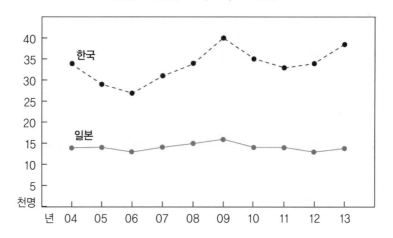

절도와 강도 및 사기와 공갈로 제1심 접수 인원의 추이
(대법원 사법연감 2013, 685p에서 발췌)

임기응변을 하지 않으면 안 되었다. 일단 거짓말을 하여 급한 불을 모면해야 했다. 이것이 오랜 세월 동안 반복되어 부정직한 습성이 되었다고 본다. 또한 상업의 역사가 짧은 데다가 쇄국정책을 펴서 외국과의 무역의 역사도 짧아서 신용사회의 전통이 성립된 것도 짧다. 그리고 이윤을 추구하는 상인들은 어느 계층보다 부정직하다고 보아 '사농공상'으로 가장 낮게 평가되었다. 이렇게 상업을 천시하여 신용사회가 발달할 수 없었고 그 역사도 일천하여 신용성이 일본은 물론 세계에서도 뒤처져 있다.

그러나 5·16 후 무역중진국으로 도약하여 1980년대 이후는 신흥무역국으로 도약하여 21세기 글로벌 시대에는 무역중진국의 반열에 진입하였고 신용도도 그에 비례하고 있다. 그러나 여러 연구에서 부정직은 아직도 많이 시정되어야 할 것으로 지적되고 있다.

우리나라는 20세기 후반부터 무역을 비롯해서 언어, 한류문화, 체육 등 모든 분야에서 중진국으로 진입함으로써 신용사회로 획기적인 도약을 하고 있다. 그것은 삼성을 비롯한 현대, LG, SK 등 대기업이 신용을 담보로 성장하여 한국 제품은 품질면에서 최고로 인정받음으로써 신용도도 선진국이 되고 있다. 그러나 일상생활에서 부정직함은 아직도 많이 개선되어야 한다. 오늘날 글로벌 시대에 신용사회 건설은 선진국으로의 도약의 길이다.

(16) 의무이행 소홀

한국인은 의무에 소홀하다고 평가된다. 그 원인은 무엇보다 일본 식민지 정책의 탄압에 대한 항거가 의무 불이행으로 비춰졌다. 그 위에 뒤늦게 자유민주주의국가 체제로 진입하면서 민주시민의 의무에 대한 인식이 부족한데다 6 · 25 후 일당 독재 군사정권의 억압정치에 눌려 살다가 갑자기 민주화가 되어 인권, 자유, 평등의 권리욕구가 한꺼번에 폭발함으로써 의무가 묻힌 결과로 본다.

그러한 타성은 국가 시책에 옳고 그름을 가리지 않고 무조건 반기를 드는 일이 많고, 노사나 주객 간에도 권리만 주장하고 의무이행이 소홀하여 갈등을 빚고 송사가 많아져 어느 때보다 사회가 혼란스러움은 유감스러운 일로 하루빨리 시정되어야 할 것이다.

(17) 보수성

한국인은 보수적이라는 평가를 받고 있다. 이는 전통적인 우리 문화에 대한 자부심이 너무 큰 데 있지만 쇄국정책을 쓴 데도 원인이 있다.

보수성은 격정성의 소극적인 표현으로 경우에 따라 반발성 내지 비타협성으로 통한다. 그러나 이러한 보수성의 결과는 기동성으로 나타나기도 한다.

그 사례가 불교 유입 당시 신라의 이차돈이 강하게 반발한 것을 비롯하여, 그 후에 불교를 그냥 받아들인 것이 아니라 단군사상의 전통문화 위에 한국적으로 불교화하여 받아들였고, 조선조의 유교의 성리학 유입도 전통문화 위에 유입하여 한국적 성리학인 사단칠정론화하였다.

고려시대부터 국력이 약화됨에 지정학적 특성을 최대한 이용하여 안주하는 쇄국정책은 조선조에 들어와 더 심화되었고 대원군 섭정 때는 정점이었다. 이러한 사례는 서구 신문명 유입에서 위정척화 등으로 나타났는데 이는 강한 보수성의 영향이다.

그러나 우리가 잊지 말아야 할 것은 앞에서 열거한 역사적 사실들의 원인이 보수성을 낳았다기보다는 지정학적으로 중국이나 일본보다는 접근하기 어려웠던 지형이 근본 원인이었다.

그것은 앞의 '조급함' 항에서 밝혔듯이 우리나라는 지정학적 환경에 의한 다린성과 고립성은 적응성과 함께 보수성을 낳았는데, 그중 보수성은 강인함을 낳기도 했다.

더욱이 이러한 보수성은 소극적이고 평화애호적이며 낙천적인 특성을 지닌 한국인이 적극적으로 현실을 타개하여 전진하기보다는 전통문화에 대한 보호와 집착에서 이루어졌다고 본다.

그러나 글로벌 시대에는 더 개방적이고 능동적으로 외국의 좋은 문화를 받아들여 우리 민족의 개국이념인 홍익인간의 평화세계를 건설해야 할 것이다.

그것이 유사 이래 우리 민족이 난관에 부딪혔을 때 이를 극복하기 위한 민족정신의 발현이 민족(국민성)의 특성으로 나타났다. 그것이 끈기를 비롯한 슬기, 낙천성, 신명성, 교육열, 근면성실, 다정다감, 단결력 등이다.

이상의 사실로 한국인의 여러 특성을 한마디로 요약하면 영악스러운 정신의 발현이 끈기, 슬기, 낙천성, 신명성, 근면성실, 교육열, 다정다감, 단결력 등인 것이다.

그중에도 우리 민족은 변화를 통한 발전의 대도인 교육에 남달리 열정을 쏟았고, 어려울수록 부지런히 일하며 자주적으로 품격 있고 멋있게 살아왔다.

이러한 한국인의 국민성(민족성)이 생성된 동인은, 우리나라가 주변 강국에 둘러싸여 외침을 당함에 이에 맞서고 승리를 강구할 시간이 필요했으니 이것이 오랜 세월 반복되어 끈기가 체질화된 것이다. 참는다는 것은 그냥 시간을 보내는 것이 아니라 와신상담 기회를 노리면서 슬기(꾀), 곧 지혜로운 방법을 모색하는 과정이다. 이러한 것이 오랜 세월 반복되어 슬기의 특성을 이루었다. 끈기, 슬기 외의 여러 특성은 균형과 조화의 원숙한 '멋'의 문화가 그 바탕을 이루었다.

그러나 이러한 문화의 특징이 발현된 예는 광범위하고 깊은 의미를 내포하고 있다. 이러한 구체적인 특징이 역사적 사실이나 예술(민요, 설화, 문학)에 잘 나타나 있다. 앞에서 밝힌 민족의 특성 중에도 끈기, 슬기, 낙천성, 신명성, 교육열, 근면성실은 반만년의 역사를 이끌어 온 원동력인 6대 민족성이다. 이러한 6대 특성은 더욱 신장하고 그 외의 은근, 소극성, 불합리, 부정직, 의무소홀, 보수성 등은 도움이 안 되므로 하루빨리 시정해야 할 것이다. 그밖에 우리 민족성의 결점으로 지적된 것은 공리공론, 봉사정신 결여, 사회성의 결여 등이다.

글로벌 시대에 우리가 살아남기 위한 대도는 이러한 특성의 뿌리요 원천적 동력인 '얼'을 바로 파악하여 이를 계승 발전시켜야 하는 일이다.

이상에서 우리 민족성의 장점을 알아보고 단점도 지적했다.

21세기 글로벌 시대에 한국인의 무대는 세계화되었다. 따라서 그 경쟁도 치열하고 지능적이고 난삽해져서 우리 앞날은 결코 평탄하지만은 않을 것이다.

우리는 일본을 비롯한 중국, 러시아, 미국 등에 둘러싸여 있다. 더욱이 북한의 핵 및 대륙간 탄도미사일 개발 등 일촉즉발의 대치 상태에 있으며, 동북아시아 정세는 어느 때보다 험난함을 예고하고 있다.

　이러한 지정학적 특징의 해양세력과 중국을 비롯한 대륙세력을 뛰어넘어 미국과 유럽뿐만 아니라 남미나 아프리카 여러 나라까지 충돌하는 틈바구니에서 우리의 활로는 더욱 험난한 것이다.

2. 한국(인)의 '얼'

　'얼'이란 사전적 풀이로는 '정신에서 중심이 되는 부분'으로, 순수한 우리말이다. '얼'이란 '정신의 줏대'로 정신보다 근원적인 것으로 '민족 마음의 자세'의 연원인 '핵'의 DNA이다. '얼'은 역사의 주체로서의 고유소(固有素), 곧 기본 구소(構素)를 지님으로써 역사를 움직이는 동력이다. 이에 비하여 '민족성'은 역사의 역정에 의해 생성 변화된다. 이러한 '얼'은 역사의 척추로 변하지 않는 근원적인 것이다.

　한국인의 '얼'은 한마디로 '강인함'이다. 그것은 주변의 여러 나라에 둘러싸인 영향으로 고립성에 의한 보수성이 강인함을 낳았는데, 그것이 의지력이고 그 핵이 '얼'이다. 그러니까 주변 강국의 다린성은 강인한 민족정신을 낳았다.

　이러한 민족의 '얼'은 생성과 존재 어느 한 측면에서만이 아니라 이 둘을 아우르는 관점에서 파악되어야 한다. 그것은 변하는 가운데 변하지 않는 것으로 민족성의 기본 뿌리이며 고유 요소로 민족정신의 DNA이다. "세 살 버릇 여든까지 간다"는 속담처럼 한민족의 유년기의 심적 특성은 청년, 장년, 노년시대까지를 관통한다. 즉 개국 초창기의 정신적 특성은 변성되어도 민족성을 구성하는 중요 인자는 유전되는데, 그 뿌리의 인자가 '한국(인)의 얼'이다.[172]

이러한 민족정신의 기본 뿌리는 자연환경에서 오는 것인데, 그것은 문화적·정치적 환경을 제약한다. 우리가 '민족얼'을 연구하는 것은 민족성이나 민족문화를 발전시키는 주체가 되기 때문이다.

우리 민족의 '얼'은 고조선과 삼국시대부터 내려오는 토착적인 서민정신인 '악바리정신' 위에 문화 발전에 따라 생성된 '선비정신'이 첨가되어 발전되었는데, 오늘날까지 많은 변화를 겪어 오면서도 민족정신의 본질은 조금도 변하지 않았다.

그 정신이 우리 맥박 속에 살아 있으며, 이는 특수한 원형인 '얼'로서의 고유소적 특징을 간직하고 있다. 그것이 앞의 항[173]에서 밝힌 우리 민족의 행동적 특성의 뿌리인 정신의 DNA가 '악바리정신' 혹은 '오기정신'이다.[174]

172 조지훈, 『지조론』, 문공사, 1982년, 146~147쪽.
173 1. 한국(인)의 민족성
174 류승국, 『한국사상의 연원과 역사적 전망』, 성균관대학교출판부, 2009년, 272쪽.

인내천사상은 인간을 중시한다는 점에서 그 뿌리가 홍익인간이념에 있다. 이것이 5천 년간 수없는 외환의 난관을 막으며 우수한 문화를 형성하여 우리나라를 이끈 역사의 원동력이다.

무엇보다 우리가 주목해야 할 점은, 한국문화가 중국의 영향을 많이 받기는 했으나 본질은 바뀌지 않았다는 점이다. 중국문화가 한국이나 일본에 끼친 영향은 크지만, 한국문화는 중국과는 근본적 차이가 있는 고유한 문화를 형성하고 있다.

그 사례가 언어나 문자의 차이는 물론 음악이나 춤, 의식주 등이 기본적으로 다른 점이다. 음식 문화에 있어서도, 중국 사람은 국수를 장에 버무려 번철에 볶아먹고, 일본 사람은 국수를 건져서 간장에 찍어먹는데 우리는 국수를 삶거나 말아먹기도 하고 건져서 비벼먹기도 한다.

주택도 중국 동북부 지방(만주)은 벽에 불길을 넣는 북방식이고, 일본은 습기를 막고 지진대를 대비한 목조주택으로 통풍과 채광이 주가 된다. 우리나라는 온돌과 대청으로 북방과 남방식을 아울러 건축하고 있다.

또한 여자의 의상을 보면, 중국과 일본은 모두 원피스인데 한국만은 투피스이다. 침실도 중국은 침대, 일본은 다다미인데 한국은 온돌이다. 음악도 중국과 일본은 2박자인데 한국은 3박자이다.

이러한 정신의 원형이 문화의 뿌리이고 거기서 생성된 언어나 의복, 음악 등은 그 줄기인 것이다.[175]

그러니까 문화의 원형은 '민족의 얼'에 해당되는데, 이 힘을 통해 민족문화의 전통이 대대로 이어지고 있다. 한국은 이 원형[176]인 '얼' 덕에 수많은 고난과 시련의 역사에서 살아남을 수 있었다. 한국인은 이 정신 덕으로 지난날 험난했던 역사적 사건인 한나라, 수나라, 당나라, 몽고, 여진족 등의 침공과 임진왜란, 병자호란, 일제의 국권 찬탈, 6·25동란과 분단 등 오랜 세월 고난을 겪으면서 고유의 '얼'이 공고히 다듬어져 이어졌다고 본다. 이것은 우리 민족의 정기요 기백이기도 하다.

일본은 2차 세계대전에서 패했으나 제2의 경제대국으로 부상했다가 20년간 침체의 늪에 빠졌다. 그 늪에서 벗어나고자 전범들의 위패를 보관한 야스쿠니 신사에 참배할 뿐 아니라, 평화헌법을 개정하여 군사제국시대로 복귀하려고 한다. 전후 평화노선은 일시적으로 위장된 모습이었고 급기야 무인문화의 '사무라이정신'의 본색이 드러나고 있다.

중국은 서양과 일본과의 전쟁, 중공과 장제스 국민정부와의 내전 등을 겪고, 21세기는 제2의 경제대국으로 부상하여 세계의 중심이라는 중화사상으로 복귀하려고 한다.

민족의 생활 성격과 민족성의 보편적 특성에서 그 원천인 '얼'을 추출할 수 있다고 본다. 구체적으로 말해서 생활을 리드하는 윤리관이나 가치관 등의 특징 속에서 보편적인 정신의 특성을

175 김용운, 『풍수화』, 맥스미디어, 2014년, 106~107쪽.
176 Ethno-core : 역사를 움직이는 실체

찾아볼 수 있다. 그것이 역사적 사실이나 언어생활, 풍습, 예술작품 등에 잘 나타난다. 그러므로 뜻 있는 많은 역사학자는, 역사는 연대와 사건이나 고유명사 등만을 외우는 것이 아니라 그것을 움직이는 '얼'을 파악해야 한다고 말한다.[177]

우리의 '얼'은 지난날 죽음을 무릅쓰고 왕의 실정을 규탄하여 상소하는 의로운 정신을 생성했는가 하면, 다른 한편으로는 자기주장만이 옳다는 비타협적 인간을 만들어 당쟁의 늪에 빠져 국권까지 잃었다.

오늘날 경부고속철도 건설을 비롯한 새만금사업, 제주도 해군기지 건설, 이명박 정부 때의 소고기 파동, 방어무기인 사드 설치 반대, 그리고 오늘날 우리 국회에서는 다수결의 원칙도 무시하는 정파싸움으로 국력을 낭비하고 있다. 지도자는 민족의 원형인 '얼'을 바로 파악하여 이를 승화시켜 더욱 발전적인 방향으로 유도해야 할 것이다.

1) 개념 정의 및 논증

한국인의 '정신'의 핵심은 '오기' 또는 '악바리정신'이다. '오기'는 "남에게 결코 지지 않으려는 정신"이다. 숨쉬는 것도 억지로 참으면서 어려운 일을 이겨내는 힘이다. 한국인은 이러한 "남에게

---

[177] 김용운, 『풍수화』, 맥스미디어, 2014년, 114~118쪽.

지지 않으려는 정신"인 '오기'가 있어서 상황이 불리하거나 힘에 밀리면 언중유골의 농담이라도 하여 승복을 안한다. 이는 시기나 자학이 아니라 정의구현을 표방하는 한 수단이다.[178]

근래 한 심리학자는 한국인의 강한 성취동기가 쌓이고 쌓인 '한'이 에너지원인데 그것이 '오기'라는 것이다. '오기'는 기본적으로 "힘이 달리는데도 어떻게 해서라도 지지 않으려는 정신"이다. 그뿐만 아니다. 심지어 실제는 졌는데도 속마음으로는 힘이 모자라지 않았다는 앙큼한 자존심을 가지고 있기도 하다.[179]

일본 사람도 한국인의 자존심이 강한 것으로 평가하고 있다. 한국인은 구체적으로 본질적 법칙이나 법리(法理)에 관해서는 체면을 유지하려고 하지만, 기술 등에는 신경을 안 쓰는 것이 전통이었다. 최근 한 조사에서도 한국 대학생이 일본 대학생에 비해 자존심이 강한 것으로 나타났다.[180]

우리나라가 유사 이래 5천 년의 험난한 역사를 지켜온 동력은 강인성이다. 조선 인조 때 홍만종의 문학평론집 『순오지』에도 '강인한 정신'을 다루었다. 그것은 때와 상황에 따라 기민하게 움직이고 끈질기게 버티는 성질의 연원이며, 그 정수가 바로 '오기'이다.

이러한 '오기'는 우리 민족이 개국 이래 살아오던 중 부족시대

178 김용운, 『일본인과 한국인의 의식구조』, 한길사, 1988년, 125~126쪽.
179 이희승, 『딸깍발이』, 범우사, 1987년
180 허태균, 『어쩌다 한국인』, 중앙북스, 2015년, 106~107쪽.

에 이르러 지방마다 다른 자연환경과 외적의 침공을 당하는 정도에 따라 각기 다른 특성이 형성되었다. 첫째 아름다운 자연에서, 둘째 수난의 역사에서, 셋째 도학사상에서 많은 영향을 받았다. 삼국이 통일된 후에는 각 특성의 공통분모가 한 특징을 이루었는데, 그 결과 중 중요하고 대표적인 것이 정신이다.

그러한 '오기'의 기본 구성은 "모질고 악착스러우며 억세고도 끈질긴" 토박이 '악바리정신'의 기본 바탕 위에, 깊이 있고 체계적인 사상적인 요소로 구성된 품격 있는 '선비정신'이 더해진 것이다. '오기'는 현실 생활에서 힘이 자라지 않으나 남에게 지지 않으려고 악착같이 버티고 밀고나가는 '악바리정신'이 바탕이다. 그 위에 체계적인 사상의 산물인 품격 있고 오만스러운 정신까지 곁들여진 지도자이며 문화인의 정신인 선비정신이 더해져 한국인의 '얼'을 굳힌 것이다. 즉 '오기'는 한국인만이 가지고 있는 여러 특성을 포괄하는 연원적인 핵의 정신이다.

'안간힘'은 '악바리정신'의 바탕을 이루는데, 이는 불평과 고통, 울화 따위를 속으로 참으려고 하나 저절로 나오는 '간힘'이다. '간힘'이란 "숨 쉬는 것도 억지로 참으면서 괴로움을 이겨내려고 애쓰는 힘"이다. 정인보와 신채호는 이러한 '얼'을 역사의 근본으로 보았고, 역사의 척추라고 표현하여 민족 생명의 근원을 끝까지 지키려는 의지라고 하였다.[181]

---

181 이기백, 『민족과 역사』, 일조각, 1997년, 26~29쪽.

'악바리정신'은 '오기'의 기본 바탕이고 중추임은 물론 개국 후 고려시대를 거쳐 조선시대까지 형성된 '선비정신'의 기본 바탕이기도 하며, 한국인의 민족성의 특성을 발현하는 가장 근원적이고 토착적인 정신이다.

그것은 "영악스러운 사람이 무슨 일에나 남에게 지지 않으려고 악착같이 버티고 밀고 나가는 정신"이다. 이를 '악바리정신'이라고 속되게 부른다. 그것은 언어와 풍속으로 특징 있게 나타나는데 그 기본적 특징이 "먼저 덤비지는 않으나 결코 당하지 않는 정신"이다.

그러니까 우리 선조들이 고조선 때나 삼국시대 등 외래문화나 종교가 들어오기 전, 외침이나 국내의 어려운 상황을 끈질기게 이겨내며 악착같이 산 동력이 '악바리정신'이다. 이러한 '악바리정신'은 '오기'의 기본 바탕이 되고 강인한 정신의 중심축이기는 하나 품격이 없어 폄하되어 왔다.

이 '악바리정신'에 단군조선 이후 '한사군' 시대를 거쳐 불교, 도교, 유교 등의 외래문화가 유입되면서 학자들에 의해 체계 있고 깊은 문화가 발전되어 생성된 지도자의 품격 있는 정신인 '선비정신'이 더해졌다.

'선비정신'은 인(仁)과 의(義)에 대한 지조이다. 그것은 목에 칼이 들어와도 두려워하지 않는 기개와 죽음도 불사하는 살신성인의 정신이다. 또한 홍익인간이라는 평화주의의 이상 실현을 위해서 자주정신으로 나라를 지키고 안으로는 민본과 인정, 숭의, 청렴과 절제의 공익정신이다.

'오기'는 이러한 전래의 '토착적인 독특한 악바리정신' 위에 '선비정신'이 첨가된 것이다. 그러니까 "대의를 위한 옳은 일에 살신성인 자세의 지조를 지키는 정신이 가미되어" 더욱 강인하고 품격 있는 정신으로 발전되어 온 것이 '오기'라고 본다.

그중 '선비정신'은 지도자의 정신이다. 그 골격은 인간을 널리 이롭게 하는 훌륭한 사람을 키운다는 전통적인 홍익인간이념의 바탕 위에 유불도의 중심사상의 기본 정신은 동일하다고 보고, 이를 모두 조화롭게 체계적으로 수용하여 형성된 독특한 한국 지도자의 품격 있는 정신이다.

'선비정신'의 이상은 홍익인간이라는 인류의 평화와 대의시대의 추구이다. 우리나라는 그 이상을 실현하기 위하여 온갖 난관을 극복하려는 끈질긴 자주정신과 공익정신이 필요하였다.

그 역사적 사례가 이방원의 설득에 항거한 고려 충신 정몽주의 정신이고, 한국 여인이 은장도를 몸에 지니고 있다가 외간 남자나 외적의 폭력에 죽음으로 맞서 정조를 지킨 정신이며, 왜군 적장을 유인하여 남강에 함께 몸을 던진 논개의 정신이다. 또한 휘하 장병들을 독려하면서 "죽기를 무릅쓰면 살 것이요 살기를 바라면 죽을 것(必死卽生 必生卽死)"이라는 이순신 장군의 정신이며, 조선 말기 대동강에 올라온 미국 군함 셔먼호를 불사른 한국인의 정신이다. 이는 "너 죽고 나 죽기 정신"이기도 하다.[182]

'선비정신'의 최고 가치는 훌륭한 사람이 되어 덕을 쌓는 수양정신이다. 그 실현의 구체적인 정신이 불의부정에 대한 절대적인 배격정신이고, 신의라는 인간적인 도덕정신이며, 이(利)보다는 의(義)를 중시하는 정신이다. 그 결실의 행동적 특성이 경리숭의(輕利崇義)의 청렴과 절제, 사적인 것보다는 공을 앞세우는 선공후사의 대공소사(大公小私), 옳은 일과 대의명분을 이행하는 데 목숨까지 거는 살신성인으로 요약된다.

'오기'와 비교될 수 있는 '패기'는 어떤 어려운 일이라도 해낼 수 있다는 자신감 넘치는 적극적인 기백의 정신이다. 그것은 힘이 넘치거나 여건이 유리하여 자신감 있을 때의 정신이다. 그에 비해 '오기'는 소극적이고 방어적인 개념의 정신이다. 이렇게 우리 민족이 남달리 어려웠던 내외 고난의 역사 속에서 지금까지 살아온 동력은 "방어적이어서 소극적이기는 하나 남에게 결코 지지 않는 정신이다."

그러니까 '오기'는 먼저 덤비거나 공격하지 않으나 어느 누가 공격해 와도 결코 당하지 않는 정신이다. 이것은 모질고도 악착같이 끈질기게 버티는 힘으로 그 원동력이 '안간힘'인데, 그것은 '오기정신'의 바탕이다.

그리하여 '오기'는 '악바리정신'의 바탕 위에 숭의와 숭덕의 지도자적 가치관에 자존심과 우월감이 곁들여져 체계 있고 품격을 갖춘 문화인의 정신인 선비정신이 더해진 것이다. 이는 불멸의 민족

---

182 김용운, 『일본인과 한국인의 의식구조』, 한길사, 1988년, 76~77쪽.

혼인 '한국(인)의 얼'의 진수이다.

　이러한 이상을 실현하는 대도가 인정을 베푸는 민본사상으로 그것의 실천이 한마디로 숭덕, 숭의, 선공후사 등의 공익정신이다. 그 위에 학자들의 높은 문화를 창달한다는 자부심과 우월감이 더해지고 오만까지 더해진 품격 있는 정신이 '선비정신'이다. 이러한 '선비정신'의 이상 실현을 위한 대도가 교육이어서 한국의 교육열은 아주 높다.

　'오기'를 요약하면 토착적인 '악바리정신'의 바탕 위에 우리 민족은 천손으로 인류애의 실천을 위한 인내천정신이 여러 사상의 영향을 받아 생성된 '선비정신'이 더해진 것이다. 거기에는 인류의 평화 추구를 이상으로 한 단군사상의 홍익인간이념이 골격이 되고 있다.

　그것은 인내천사상을 낳았는데 숭덕사상과 숭의사상이 골격인 지도자의 정신이다. 이를 고수하기 위한 살신성인의 정신이 더해져서 더욱 소신 있고 강인하며 품격 있는 정신이 된 것이다. 아울러 우월감과 그에 비례하는 자존심까지 첨가된 선비정신이 더해져서 "악착같고 끈질기면서도 덕과 정의감을 수용하여 자부심으로 오만까지 더해진 것이다."

　그러니까 '오기'는 '악바리정신'의 바탕 위에 인류의 평화와 이상을 실현하기 위해 인(仁)의 총화인 숭덕정신을 지향하고, 나라를 지키기 위한 의(義)의 총화인 숭의정신의 살신성인의 정신이 보완 격상된 정신이 더해져서 21세기는 물론 앞으로도 지속적인

동력이 될 수 있는 정신이기에 필자는 '한국(인)의 얼'로 제시하는
것이다. 이 내용을 정리하면 다음과 같다.

> **'오기' 정신**
>
> 악바리정신 + 천손의 우월감과 자부심 + 선비정신(仁, 義 정신이
> 핵인 지도자의 정신인데 경제력, 근로 및 실행정신 결여) = 한국(인)의
> '얼' (지도자 정신의 경제력, 근로 및 실행정신의 결함을 '악바리정신'
> 이 보완)

'악바리정신'이 체계적이고 깊이 있는 사상과 품격이 결여되어
있고, '선비정신'은 근로정신과 전문성 및 경제력 등이 결여된 독
선적인 정신이 팽배하여 자기주장만 옳다고 하는 단점이 크다.

'오기'는 '악바리정신'과 '선비정신'을 상호 보완한 정신이고
우리나라만 가지고 있는 유일한 정신이므로 한국인의 정신으로
제시하기에 내용은 물론 품격을 갖춘 면에서 당당하다고 본다.

'오기'를 도식화하면 토착적인 서민정신인 악바리정신+지도자
의 정신인 '선비정신' = '오기'라고 본다. 이러한 '오기'는 전문가
정신(농민, 기술자, 상인) + 선비정신 = 문화인의 정신이다.[183]

그러니까 우리나라 사람은 어떤 위기나 난관에 부딪혀도 모질고
도 악착스럽게 버티어 결코 지지 않고 품위를 유지하면서 극복하

---

183 이동준, 『한국사상의 방향 : 성찰과 전망』, 2011년, 508쪽.

는 강인한 정신을 지니고 있는데, 그 핵이 '오기'인 것이다.[184]

이러한 '오기'는 고정된 사상체계보다 쉽게 느낄 수 있는데 밖에서 온 것이 아니라 험난한 오랜 역사 속에 '한'이 다져져 형성된 한국인 정신의 근원이다. '오기' 정신의 중요한 특징은 단군사상의 바탕 위에 유불도 등 모든 종교의 장점을 수용하여 무엇보다 화합과 이타적인 논리를 중요시하는 동인이 되고 있다는 점이다.

이러한 '오기정신'의 특징은 단적으로 말하면 강인함인데, 그것은 균형과 조화의 원리라는 특징을 이루고 있다. 그것은 근원적으로 주변의 강대국에 둘러싸인 고립성에 의한 보수성이 강인함을 형성한 것이다.

참고로 이러한 '오기'가 형성된 보다 원천적인 역사적 문화의 형성을 말하면 남방계 농경민과 기마 유목민 등의 문화가 뒤섞인 한반도는 문화 용광로가 되어 독특한 한국 문화를 형성했다고 본다.[185]

그 결과 한국인의 '오기'의 두드러진 특징이 '평화애호적'인 점이다. 그리하여 역사는 변하나 '얼'은 역사의 근본이고 척추라고 할 정도로 발전의 원동력이며, 그것이 바로 '한국의 얼'인 '오기'이다. 이것이 불사조정신의 정수이며 핵인데, 그 특질면에서 '질경

---

184 한국인이 '오기'가 강하다는 주장은 『일본연구 2』, 『일본인과 한국인의 의식구조』에서 민족성의 특징으로 처음 사용했다.

185 김용운, 『일본인과 한국인의 의식구조』, 한길사, 1988년, 298쪽.

이정신'이요 '오뚝이정신'이며 '깡다구정신'이다. 이런 것들이 '아리랑'에 가장 포괄적으로 잘 담겨 있고, 그것이 '아리랑'의 특질로 잘 나타나서 필자는 '아리랑정신'을 하나 더 추가한다.

'오기'와 민족성의 관계를 말하면 '오기'는 '얼'로 민족성(국민성)을 발휘하게 하는 씨앗이요 뿌리이며 연원이라면, 민족성(국민성)은 외부에 나타나는 행동적 특성인 줄기나 가지, 잎, 꽃 등에 해당된다.

민족성은 시대 상황에 따라 행동의 여러 특성을 이루고 시간이 흐름에 따라 점멸되면서 굳어진 것이다. 그것이 끈기, 슬기, 낙천성, 신명성, 교육열, 근면성실, 다정다감, 단결력 등의 한국의 민족성(국민성)이다. 그러니까 시대 상황에 따라 외부에 나타나는 행동적 특성이 민족성이라면 '얼'은 그러한 특성을 발휘하게 하는 연원인데 그중에도 핵이 '얼'이다.

비유컨대 한국 발전의 원동력인 '한국(인)의 얼', 즉 '오기'가 먹기 좋게 싼 당의(糖衣)라면 '끈기'는 그것을 녹이는 과정이다. '슬기'는 대처 방법이며 '낙천성'은 현실적 생활 태도이다. 살아가면서 뜻을 이루기 위해 부지런히 최선을 다하는 생활 태도가 근면성실이고, 슬기로운 능력을 키우는 힘이 교육열이다. 서로 정을 나누며 돕고 사는 원천이 다정다감이며, 뜻있고 품격 있게 사는 원숙한 개성미가 '멋'이다.

그러니까 한국인 정신의 정수인 '오기'는 모질고 악착스러우면서도 집요하고, 탄력적이면서도 현실적으로 잘 대처하는 외유내

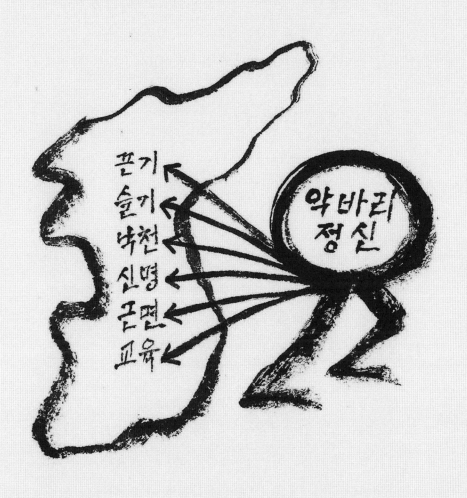

강 정신의 핵이다.

요약하건대 끈기, 슬기, 낙천성, 신바람, 교육열, 근면성실, 다정다감, 단결력 등은 '오기'라는 정신의 외부적 행동의 특징이면서 정신의 핵인 '오기'를 지탱하는 지주이다. 그중에도 끈기, 슬기, 낙천성, 신바람, 교육열, 근면성실은 한국을 이끌어 온 6대 지주이다.

2) '오기정신'에 대한 예증

한국인의 정신이 '오기'임을 논증하는 것은 본 연구의 기본 과제이다. 그 사례는 역사적 사실을 비롯한 언어, 풍습, 예술 등인데, 무엇보다 중요한 사례가 우리 민족이 겪은 수난의 역사이다. 한나라, 수나라, 당나라 시대의 고조선이나 고구려, 발해, 신라, 백제시대에 열강과 겨루던 정신이 고구려는 '다물정신', 신라는 '화랑정신', 백제도 그런 정신과 유사한 공통된 특징이었을 것인데 그것이 늠름한 기상의 '패기' 넘치는 '웅혼한 정신'이었다고 본다. 고려의 몽고 침입 때 40여 년, 임진왜란 때의 7년, 일제 때 36년 간 끈질기게 항거한 정신이 '오기'이다.

이러한 '오기'를 입증하는 근원적이고 전통적인 예가 고구려의 시조 주몽이다. 그는 동부여왕의 아들 해모수의 일곱 아들 중 하나이고, 백제 시조 온조는 고구려 태조 동명성왕의 셋째 아들이다. 이들은 장자가 아니어서 정통을 이어받을 수 없어 남쪽으로 내려와 나라를 세웠다. 그것이 '오기정신'의 전통적 사례이다.

또한 40여 년의 항몽 전쟁과 일제 압정 때도 독립이라는 희망을 잃지 않고 연해주, 만주, 상해 등에 망명해서도 임시정부를 세우거나 군관학교를 세워 악착같이 버티며 싸웠는데 그 정신이 바로 '오기정신'이다. 이것이 밟히고 밟혀도 다시 일어나는 '질경이정신'이고 불사조정신이며 강인한 정신의 핵이다.

한편 어쩔 수 없이 고국에 남은 사람들도 가혹한 탄압을 받으면서도 희망을 잃지 않고 살았는데, 그 정신도 강인한 '질경이정신'에서 나왔으니 이것이 불사조정신의 '민족얼'인 '오기'의 결과이다.

일제 때의 한 예를 들면, 일본에서 대도시의 빈민굴 생활상을 조사한 결과 일본인 거주 지역은 모두 실의와 좌절감에 빠져 있었는데 도쿄나 오사카 등에 거주하는 한국인은 오히려 여유 있고 유연했다고 한다. 한국인이 이국땅에서 수모를 겪으면서도 희망을 잃지 않고 꿋꿋하게 사는 모습에서 '질경이정신'을 발견할 수 있다.

한국인의 이러한 '오기정신'이 억압과 설움을 받으면서도 끈질기게도 살아남을 수 있는 동력이었다.

그리고 '오기'를 입증하는 것이 언어인데, 그중에도 일상생활에서 많이 쓰이는 생활언어와 속담이다. 우리 민족은 억울함을 당하거나 어려운 지경에 이르면 "너 어디 두고 보자"거나 가까운 날에 설욕이 어려우면 "쥐구멍에도 볕들 날이 있다"며 기회를 엿보았다.

당장은 힘이나 권세에 밀리지만 '어디 두고 보자'며 속마음은 결코 승복하지 않고 벼르는 자세이다. 끝까지 기다리며 기회를 봐서 설욕하려는 끈질김이다.

이렇게 악착같이 끈질기게 버티는 '오기'는 지난날 수난의 역사 속에서 한국이 살 수 있었던 기본 정신이다. 무엇보다 우리나라 사람은 생활전선에서 힘이 달리는데도 어려운 일을 극복했을 때 "오기로 했다"는 말을 한다. 그 대표적인 예를 살펴본다.

2015년 6월 6일, 미국방위고등연구계획국 주최 로봇경선대회에서 한국은 최고의 재난 수습 로봇으로 우승을 했다. 그 동기가 1997년 일본이 아장아장 걷는 로봇 '아시마'를 공개하자 이에 자극을 받은 카이스트 오준호 교수가 일본에게 '지기 싫다'는 '오기'로 시작한 연구 결과라고 한다.[186]

또한 문학평론가 이어령은 산문집 『흙속에 저 바람 속에』라는 50년간 절판되지 않는 글을 쓸 수 있었던 것은 '오기'가 나를 만들었다고 했다.[187]

그리고 어떤 배우는 근래 몸이 안 따라주어 '오기'와 승부욕으로 연기를 더 열심히 했다고 했고, 이중섭 미술상 수상자인 어느 화가도 수상 소감에서 '오기'와 승부욕과 열정으로 해 왔다고 했다. 이렇게 한국인은 어려운 일을 극복할 때마다 하나같이 '오기'로 했다고 강조한다.[188]

---

186 조선일보, 2015년 6월 8일
187 조선일보, 2013년 12월 30일

그뿐 아니다. 피겨스타 김연아의 어머니도 경제적 어려움과 부상 등으로 위기가 닥칠 때마다 꿈과 '오기'로 딸을 일으켜 세웠다고 했다. 이러한 말들이 모두 우리 심금을 울린다.[189]

무엇보다도 중요한 사례는 도산 위기에 처한 하이닉스 회사가 직원들의 '오기'로 되살아난 것이다.[190] 또한 36년 적자 라미화장품 회사를 코리아나화장품 회사로 성공시킨 유상옥 회장은 뚝심과 '오기'로 뛴 결과라고 했다.

이러한 정신은 시가 및 소설 등에도 잘 나타나 있다. 고전문학에서는 고려가요의 '처용가'가 대표 작품이다.

> 신라 서울 밝은 달밑에서 새도록 놀다가 들어와
> 내 자리를 보니 다리가 넷이로구나
> 아, 둘은 내 것이거니와 둘은 누구의 것인가?
> 이런 때에 처용아비가 보시면
> 열병신은 회 갓이로다.
> 천금을 줄까? 처용아바
> 칠보를 줄까? 처용아바
> 천금도 칠보도 다 말고

---

188 조선일보, 2013년 12월 30일
189 조선일보, 2014년 2월 5일
190 조선일보, 2011년 11월 15일

열병 신을 나에게 잡아주소서

산이나 들이나 천리 먼 곳으로

처용아비를 피해 가고 싶다.

아, 열병 대신의 소망이로다.

처용이 자기 아내 방을 침범한 열병 신을 보고도 참으며 '오기'로 오히려 노래를 불러 감동케 함으로써 스스로 도망가게 하는 내용이다.

이러한 결과는 악착스러우면서 끈질기고 영악스러워 결코 체념없는 기질 위에 한국인의 관용성과 함께 '오기'의 기질을 반영한다. 이는 품격까지 갖춘 '오기'의 정신에서 나오는 것이다. 그것은 조선시대의 국문소설에도 잘 나타나는데 그 대표적인 것이 '춘향전'의 십장가이다. 이 끈질김은 우리 민족의 행동적인 특성이고 울부짖는 소리는 처절하고 한 맺힌 '오기정신'을 표출한 것이 판소리이다.

다음은 '춘향가'의 십장가 내용이다.

춘향이가 곤장을 한 대 맞고

일편단심 굳은 마음은 일부종사하라는 뜻이 오니

일개 형벌로 치옵신들 일 년이 다 못 가서 잠시라도 변하리까?

(…)

일곱째 매를 붙이니

칠거지악 범하였소?

칠거지악 아니거든 이런 형벌 웬일이오.

칠척 검 드는 칼로

동동이 토막 내어 이제 바삐 죽여 주오.

"쳐라" 하는 저 형방아!

칠 때마다 헤아리지 마소.

고운 얼굴 나 죽겠네.

(…)

열째 날 딱 붙이니

십생구사 할지라도 팔십 년 정한 뜻은

십만 번 죽인대도 변함없으니 어쩌겠나?

십육 세 어린 춘향 장하원귀(杖下冤鬼)

춘향이는 사또의 수청을 들지 않는다고 곤장을 맞으나 '오기'로 버틴다.

'심청전'에서도 '오기정신'을 잘 표출했다. 심청의 아버지가 엉겁결에 약속한 시주를 못하여 그 대신 심청이를 데려간 사공이 인당수 푸른 물에 빠뜨렸으나, 하느님이 지극한 효성에 감동되어 심청을 환생시켜 소경인 아버지의 눈을 뜨게 했다는 내용이다. 이는 모질고 끈질긴 한국인의 '오기정신'을 반영한 것이다.

다음은 현대시에서 '오기정신'을 표현한 한용운의 '님의 침묵'이다.

님은 갔습니다 아아, 사랑하는 나의 님은 갔습니다

푸른 산빛을 깨치고 단풍나무 숲을 향하여 난 작은 길을

걸어서 차마 떨치고 갔습니다

황금의 꽃같이 굳고 빛나던 옛 맹세는 차디찬 티끌이

되어서 한숨에 미풍에 날아갔습니다

날카로운 첫 키스의 추억은 나의 운명의 지침을 돌려 놓고

뒷걸음쳐서 사라졌습니다

나는 향기로운 님의 말소리에 귀먹고

꽃다운 님의 얼굴에 눈멀었습니다

사랑도 사람의 일이라 만날 때에 미리 떠날 것을

염려하고 경계하지 아니한 것은 아니지만

이별은 뜻밖의 일이 되고 놀란 가슴은 새로운 슬픔으로 터집니다

그러나 이별을 쓸데없는 눈물의 원천으로 만들고 마는 것은

스스로 사랑을 깨치는 것인 줄 아는 까닭에

걷잡을 수 없는 슬픔의 힘을 옮겨서

새 희망의 정수박이에 들어부었습니다

우리는 만날 때에 떠날 것을 염려하는 것과 같이

떠날 때에 다시 만날 것을 믿습니다

아아, 님은 갔지마는 나는 님을 보내지 아니하였습니다

제 곡조를 못 이기는 사랑의 노래는 님의 침묵을 휩싸고 돕니다.

'오기'를 나타내는 절정의 구절은 "아아, 님은 갔지마는 나는

님을 보내지 아니하였습니다"이다. 님을 보내지 않았다는 그 마음은 앙큼한 '오기'의 극치이다.

현실적으로 님, 즉 조국이 자기 곁을 떠났지만 내 마음은 결코 보내지 않았으므로 인정할 수 없다는 것이 '오기'이다. 내가 결코 보낼 수 없는 님과의 이별을 읊은 이 시는 '오기정신'이 잘 드러나 있다.

또한 이와 비슷한 이상화의 시 '이별을 하느니'를 보자.

어쩌면 너와 나 떠나야겠으며 아무래도 우리는 나눠야겠느냐
남몰래 사랑하는 우리 사이에 남몰래 이별이 올 줄은 몰랐어라
꼭두로 오르는 정열에 가슴과 입술이 떨어 말보다 숨결조차 못 쉬노라
오늘밤 우리 둘의 목숨이 꿈결같이 보일 애타는 네 맘속을
내 어이 모르랴

애인아, 하늘을 보아라, 하늘이 까라졌고 땅을 보아라, 땅이 꺼졌도다
애인아, 내 몸이 어제같이 보이고 네 몸도 아직 살아서
내 곁에 앉았느냐

어쩌면 너와 나 떠나야겠으며 아무래도 우리는 나눠야겠느냐
우리 둘이 나뉘어 생각하며 사느니 차라리 바라보며 우는 별이나 되자
사랑은 흘러가는 마음 위에서 웃고 있는 가벼운 갈대꽃인가
때가 오면 꽃송이는 굵아지고 때가 가면 떨어졌다 썩고 마는가?

님의 기림에서만 믿음을 얻고
님의 미움에서는 외롬만 받을 너이었더냐?
행복을 찾아선 비웃음도 모르는 인간이면서
이 고행을 싫어할 나이었더냐?

애인아, 물에다 물탄 듯 서로의 사이에 경계가 없던 우리 마음 위로
애인아, 검은 그림자가 오르락내리락 소리도 없이 어른거리도다
남몰래 사랑하는 우리 사이에 우리 몰래 이별이 올 줄은 몰랐어라
우리 둘이 나뉘어 사람이 되느니 차라리 피울음 우는 두견이 되자

오려무나, 더 가까이 내 가슴을 안아라
두 마음 한 가락으로 얼어보고 싶다
자그마한 부끄럼과 서로 아는 믿음 사이로
눈 감고 오는 방임을 맞이하자

아, 주름잡힌 네 얼굴 이별이 주는 애통이냐?
이별은 쫓고 내게로 오너라
상아의 십자가 같은 네 허리만 더우잡는 내 팔 안으로 달려오너라

애인아, 손을 다고, 어둠 속에도 보이는 납색의 손을 내 손에 쥐어다고
애인아, 말해다고, 벙어리 입이 말하는 침묵의 말을 내 눈에 일러다고

어쩌면 너와 나 떠나야겠으며 아무래도 우리는 나눠야겠느냐?

우리 둘이 나뉘어 미치고 마느니

차라리 바다에 빠져 두 마리 인어로나 되어서 살자.

이는 막을 수 없는 현실의 불행을 마음으로 뛰어넘으려는 '오기'의 발현이다. 이별하느니보다 바다에 빠져 두 마리의 인어가 되자는 끈질김이다.

또한 소월의 시 '진달래꽃'에서도 강한 '오기정신'이 드러난다.

나 보기가 역겨워

가실 때에는

말없이 고이 보내드리오리다

영변에 약산

진달래꽃

아름 따다 가실 길에 뿌리오리다

가시는 걸음걸음

놓인 그 꽃을

사분히 즈려밟고 가시옵소서

나 보기가 역겨워

가실 때에는

죽어도 아니 눈물 흘리오리다.

　지난날의 부족했던 사랑에 대한 여인네의 회한이고 진한 사랑이며 마지막 저항이다. 포기할 수 없는 '오기'이다. 뿌리치고 떠나는 님에게 무엇을 잘못했는지는 몰라도 막연하게 뉘우치며 가지 말라고 잡는데도 외면하고 떠난다면, 죽어도 눈물을 안 흘리겠다는 것은 '오기'의 극치로 한국인의 '오기정신'을 잘 반영한다.

　내가 싫어서 가는 님이 얼마나 서운하고 밉겠는가. 그러나 원망하기보다는 그동안 부족했던 것을 뉘우치며 마지막 가시는 길에 진달래꽃을 깔아놓는다. 그 꽃을 사뿐히 즈려밟고 가시라는 여인네의 사랑이 가슴을 저민다. 이런 사랑을 느끼는 사람이라면 그 꽃을 질근질근 밟고 가지는 못할 것이다. 현실의 위기를 대처함에 포기하지 않는 끈기, 현실을 극복하는 슬기, 이것은 낙천성의 밑바탕에서 우러나는 것으로 '오기정신'에서 발현된다.

　앞서 밝힌 작품의 주제는 '끈기'이지만, 그것은 정신의 특징으로 항쟁의 역사 속에서 형성된 패배나 포기가 아닌 강인한 불사조 정신의 핵인 '오기'의 반영이다.

　무엇보다 '오기정신'의 특징을 잘 반영한 것이 '서울(경기)아리랑'이다. '아리랑'에는 약한 듯하면서도 질경이같이 강인한 한국인의 정신이 잘 함축되어 있다.

아리랑 아리랑 아라리요 아리랑 고개로 넘어간다

나를 버리고 가시는 님은 십리도 못 가서 발병난다.

'아리랑'에는 민족정서와 민족정신의 정수인 '민족얼'이 어느 장르보다 꾸밈없이 진하게 담겨져 오랜 동안 이어져 왔다. 이는 앞으로도 영원히 이어질 것이다. 그런 점에서 '아리랑'에 담긴 정신은 시대를 이끌어 온 한민족의 맥박, 즉 원동력으로 한국인의 사상, 민족성, 얼 등을 담은 자화상이다.[191]

이러한 것이 '아리랑' 전편에 폭넓게 나타나고 있는데 그중에도 '서울(경기)아리랑'에 두드러지게 담겨 있다.

'서울(경기)아리랑' 전편에는 한국 정신의 대동맥의 진수에 속하고 전통문학의 정수이기도 한 '한(恨)'과 '원(怨)'이 중심 주제로 되어 있다. 이는 우리 민족이 수없는 외침의 고난과 시련을 겪으면서 응어리진 원한을 언젠가는 풀고 안 되면 죽어서라도 풀겠다는, 결코 희망을 잃지 않는 강인하게 사는 정신(얼)이 서려 있다. 이러한 정신적 특징의 핵이 '오기'이다.

또한 근래 민요인 '시집살이요'에 오기가 잘 담겨 있다.

숙대 같은 시아버님 가요가요 나는 가요

어라어라 물러서라 호랑 같은 시어머님

191 박민일, 「아리랑의 문학적 연구」, 박사학위논문, 1989년, 156~159쪽.

가요가요 나는 가요 어라어라 물러서라

늑대 같은 동서씨 가요가요 나는 가요

절로 절로 나는 가요 서게서게 물러서게

앵두 같은 시매씨야 가요가요 나는 가요

어서어서 물러서소 시가 늦고 때가 늦소

대문 밖을 물러나와 한 모롱이 돌아가니

서울 갔던 낭군님이 오랑청청 말을 타고

의기양양 오시다가 깜짝 놀라 말에 내려

손을 잡고 하는 말이 임아 임아 하는 말이

임아 임아 웬일인고

임아 서방님아

가요가요 나는 가요 절로 절로 나는 가요

시집 부모 무서워라 임아 임아 나는 가요

절로 절로 나는 가요 임아 임아 우리 님아

가지 말게 가지 말게 우리 부모 산다한들

천년 사나 만년 사나 살아보세 살아보세

백년해로 살아보세.[192]

시집살이의 어려움을 '오기'로 무장하여 극복하는 노래이다.

어려움을 못 이겨 떠나다가 출세한 임을 만나는 것을 상상하는

---

192 『한국민요집 Ⅱ』, 「전주지방민요」, 집문당, 1974년, 346~347쪽

내용으로 끝을 맺는데, 여기에서도 시집살이의 고통을 임을 생각하는 것으로 잇는 '낙천성'을 엿볼 수 있다.

우리 민족은 강대국의 침탈과 유린이나 지배계급의 억압으로 극심한 시대의 아픔이 이어지는 속에 특히 '아리랑'이라는 정신의 공기를 빌려 시름을 달랬고, 하고 싶은 넋두리나 원한을 풀었다. "쥐구멍에도 볕들 날이 있다"는 속담의 정신으로 결코 희망을 잃지 않고 온갖 고난을 이겨내는 강인한 의지를 부드럽게 강하게 읊었다. '서울(경기)아리랑'의 정한과 가장 잘 통하는 전통적인 현대의 대표적인 시가 앞에서 밝힌 김소월의 '진달래꽃'이다.

이러한 '오기'의 강직한 기개와 높은 자존심을 이행한 대표적 인물이 여말의 정몽주를 비롯한 두문동 72현, 조선조의 삼학사, 사육신, 임진왜란의 이순신, 의병이나 논개, 한말의 의병과 민충정공, 일제 때의 안중근, 윤봉길 독립운동투사와 유관순 등이다.

3) '오기정신'의 형성

한국의 자연은 험하지 않은 아름다운 산과 온화한 기후, 역사 기록에나 있을 정도의 지진, 태풍은 잦지 않고 규모도 약한 편이다. 그러나 산이 많은 척박한 농토여서 서민들은 힘겨운 노동에 시달렸다.

그 위에 지정학적으로 중국 대륙 및 북방민족 등과 해양세력인 일본의 틈바구니에서 수천 년간 끊임없는 외침을 당하고 항쟁하며 고비마다 고난을 극복하며 살았다. 게다가 지배계급의 학정과 억압, 수탈 등에 시달리며 모질고 악착스러운 기질로 영악스럽게 살아왔다. 이러한 시련 속에 형성된 민족의 특성이 결코 남에게 지지 않는 강인함이다. 그 연원인 정신의 핵이 '얼'이고 그것이 '오기'이다.[193] 그것은 5천 년 우리 역사를 지탱해 온 정신의 척추로 오늘날 세계의 주목을 끄는 나라로 도약한 원동력이다.

이러한 정신은 앞에서 밝힌 바와 같이 어떤 일이든 남에게 질 줄 모르는 '악바리정신'의 바탕 위에 문화가 발달함에 따라 민족사의 초기단계에 형성된 인내천, 즉 "사람이 곧 하늘"이라는 단군사상이 더해진 결과물이다. 단군사상은 홍익인간이라는 인류애와 평화정신을 낳았다. 그 결과 우리 민족은 이러한 인내천사상으로 풍류를 즐기고 신바람을 일으키며 사는 민족이 되었다. 게다가 우리 민족은 지정학적 특수 상황인 해양과 대륙 사이에서 끊임없이 일어난 시련을 극복하는 과정에서 영악스럽고 강인한 기질의 뿌리가 형성된 것이 불사조정신이다.[194]

(1) '오기정신'의 형성 요인

'오기정신'의 형성 요인을 구체적으로 말하면,

첫째, 대륙성 고기압의 영향은 창공이 천신을 상상하게 하여

---

193 조동일, 『한국문학사상시론』, 지식산업사, 1979년, 317~330쪽.

194 김용운, 『일본인과 한국인의 의식구조』, 한길사, 1988년, 529쪽.

신내림의 분위기 샤머니즘적 기질을 형성하게 했다.

둘째, 집중호우, 삼한사온, 가뭄과 홍수 등 자주 바뀌는 기후에 적응하면서 순발력을 체득하게 되었다. 거기에 한국의 자연 풍토는 험난하지 않은 데다가 온화한 조건이어서 다정하고 평화로운 성품을 형성했다.

셋째, 우리나라는 중국 및 대륙세력과 해양세력인 일본 등의 강대국에 둘러싸여 잦은 침략을 당했다. 그로 인한 정신적 피해로 한이 맺혔는데 그것은 강인한 정신인 '오기'라는 생애적 특질 형성에 큰 영향을 미쳤다.

넷째, 중국의 문화, 특히 유교의 학문적 영향은 예민성과 독자성을 더욱 강화시켰다.[195]

다섯째, 한국의 가문중시사상의 문화가 끈끈한 '오기정신' 공고화에 크게 영향을 미쳤다.

(2) '오기정신'의 형성 과정

'한국(인)의 얼'은 앞에서 밝힌 바와 같이 살기 좋은 자연적 특성과 자주 외침을 당한 최악의 지정학이 빚어냈다. 그 결과로 한국의 '얼(정신)'에는 분출의 기회를 노리는 에너지가 잠재해 있다. 그것은 모질고도 악착스러우며 끈질기게 버티는 저항심과 아울러 뜻대로 안 되면 끝까지 기회를 두고 보는 와신상담의 '오기'라

---

195 김용운, 『일본인과 한국인의 의식구조』, 한길사, 1988년, 192~193쪽.

는 강인한 정신이다.

이러한 강인한 정신 발달 과정의 형태는 다음 세 단계로 구분된다.

첫째 단계가 신라시대의 '화랑정신'이다. 이는 매우 적극적이고 진취적인 늠름하고 패기 넘치는 웅혼한 정신이다.

'화랑정신'은 토착사상인 무격사상이 바탕이고, 그 위에 유입된 불교사상과 도교사상의 영향을 받았다. 이 시기의 정신은 현묘한 풍류도를 추구했다. 그 논거로 초기의 '화랑정신'과 도교사상이 원광법사에 의해 교조화된 것은 낭가사상(郎家思想)에 의해 기초가 확립된 것임을 들 수 있다. 그리하여 우리 민족정신이 처음 체계적으로 정리된 것은 대체로 단군사상의 일환인 낭가사상이 형성된 때로 보는 것이다.

이것을 더 구체적으로 말하면 불가의 오계를 세속적인 유가의 덕목에 비추어 만든 것이 화랑도의 근본이념이다. 이때의 교조적 불교정신은 매우 진취적이고 적극적이며 공격적이었는데, 불교는 정신적 수양면에서 바탕이 된 것이다.

이 정신의 주요 내용은 한민족이 처음으로 개국하여 한족 내지 북방민족과 당당히 겨루던 옛 국토인 중국 동북부는 당연히 탈환해야 할 땅이라는 것이다. 실지 회복은 신라 화랑정신의 주요 내용이고, 이후에도 우리 선조들의 숙원으로 오랫동안 지속되어 온 우리 정신의 주요 내용이기도 하다. 이러한 '화랑도정신'은 적극적이고 진취적이며 공격적이고 패기 있는 기백의 '웅혼한 정신'이었다.

둘째 단계가 '오기정신'으로의 전환이다. 이는 방어정신으로 소극적이나 강인한 정신이다.

이 시기는 고려시대로 우리나라의 역사 중 거란, 금, 몽고 등의 침입으로 힘겨운 항쟁시대였기에, 고난의 역사에서 벗어나기 위해 고려 말(1349) 이후 쇄국을 하게 되어 문약(文弱)으로 흐르기 시작했다. 그리하여 이제까지의 웅혼한 정신은 소극적이고 방어적인 정신인 '오기'로 바뀌었다.[196]

그 결과로 이때부터 개국 후 형성되어 오던 '선비정신'은 체계적으로 강화하는 계기가 되었으며, 그것은 전통적으로 전래되어 오던 토착적인 '악바리정신'에 체계적이고 깊이 있는 사상이 더해져서 품격을 갖춘 '오기'가 형성되기 시작했다.

그러나 삼국시대 이후 피침의 빈도는 거의 2년에 한 번꼴이었다. 고려시대에는 1년에 2회 정도로 잦다가 고려 원종 때는 몽고의 침공에 굴복하는 지경에 이르렀다. 우리 민족의 꿈과 힘의 균형이 깨진 시기가 통일신라 후기부터 고려에 걸친 시대이다. 이때 우리 민족의 특성으로 내려오던 웅혼성은 감상성으로 바뀐다.

이 무렵부터 외국과의 충돌을 피하기 위해 경제발전과 자원개발을 금하는 일을 국가 기본 정책으로 삼는 폐쇄적 정책을 쓰기 시작했는데, 조선조에 들어와서는 더욱 강화되었다.

---

196 김용운은 고구려와 백제를 멸망시키는데 중국에 사대 외교를 하는 시기로 봄.
조선일보, 2015년 7월 13일

이러한 사실이 지속되면서도 나라는 더욱 위기의 고비를 맞아 한국인 정신의 일대 변혁의 전환점이 되었다. 그리하여 적극적이고 진취적인 패기의 '웅혼한 정신'은 방어적이고 소극적인 '오기'로 전환된다.

이 시기에 우리 민족은 주변 강국의 잦은 외침에 끈질기게 버티며 지혜를 모아 방어하는 과정에서 한국인 특유의 강인한 정신의 핵인 '얼'이 다져진 것이다.[197]

이렇게 고유한 만족정신의 성쇠는 험난한 5천 년 역사의 성쇠를 좌우하는 주동력이었다.[198]

셋째 단계가 '오기' 정신의 성숙단계이다. 조선조에 들어와서 쇄국은 심화되어 더욱 문약으로 흐름에 문화에 대한 우월감은 더욱 고조되었다. 이러한 경향은 더 심화되어 품격 있는 '선비정신'이 강화되었고, '오기정신'은 더욱 성숙되었다고 본다.

'오기'의 기본 뜻은 '안간힘'이다. 그것으로 강대국 침공을 막는데 힘겨움에 유교의 교리를 고수하는 동방예의지국이 된다는 대의명분을 내세운 것이 쇄국을 택한 이유이다. 이런 이유와 과정으로 적극적이고 진취적이며 패기 넘치는 '웅혼한 정신'은 질경이같이 끈질긴 강인한 정신인 '오기정신'으로 바뀐 것이다. '안간힘'이 기본 동력인 오기정신은 방어적이고 소극적이나 불사조의

---

197 이광규, 『새로운 민족관의 수립을 위하여』, 서울대학교출판부, 1995년, 16쪽.
198 이기백, 『민족과 역사』, 일조각, 1997년, 24쪽.

정신을 품고 있다.

앞에서 밝힌 발전 과정의 줄거리를 요약하면 한민족이 이 땅에 정착한 후 생성되어 다져진 토착적인 정신이 '악바리정신'인데, 그것이 전래되어 그 바탕 위에 고조선부터 생성되어 삼국시대를 거쳐 성숙되어 온 '선비정신'이 문화가 향상됨에 불교사상이 유입되어 이론적인 사상체계를 갖춘 최초의 '한국얼(정신)'이라고 할 수 있는 신라의 '화랑도정신'이 태동되었다. 그 정신은 유불 정신이 아니라 처음부터 우리나라의 독특한 이론 체계를 갖춘 '선비정신'으로 출발하였다. 그것은 매우 자주적이고 독자적인 정신이었다. 이를 입증하는 대표적인 문화의 예가 한자의 음과 훈을 빌린 이두나 향찰로 우리말을 기록한 사실이다.

이렇게 '악바리정신'의 전통적인 중추적 특징은 자주정신이다. 그 영향을 받아 생성된 '선비정신'의 중심축도 자주정신이다. 그러니까 자주정신은 개국 이래 줄기차게 지켜오는 우리의 전통적인 정신이다.

이렇게 전통적인 자주적 특징의 한국인의 정신의 면모를 갖추어 시발한 것이 '화랑도정신'인데, 그것이 동학으로 이어졌고 또한 통일교와 같은 여러 한국화 된 종교까지 출현시켰다.

이상에서 밝힌 한국인의 정신 변천사를 간략히 요약하면, 중국 동북부인 만주의 드넓은 벌판에서 중국과 북방민족, 남쪽으로는 일본에게 국토를 지키려고 적극적으로 당당히 싸우던 자신감 넘치는 패기의 '웅혼한 정신'은 평화를 안간힘으로 지키는 '오기정신'으로 전환된 것이다.

이 '오기'는 삼국시대의 공통분모적인 전래의 '악바리정신'에 처음 체계적으로 정리된 사상적 이론인 낭가사상이 첨가되어 형성된 것이다.

그 사상의 정신은 중국 동북부인 만주의 광활한 벌판에서 수·당 및 북방세력과 겨루던 고구려, 일본과 겨루고 삼국을 통일한 신라, 고구려와 신라는 물론 일본 등과 겨루고 연합한 백제 등의 적극적이고 패기 넘치는 '웅혼한 정신'이었다. 이것은 "웅장하고 거리낌이 없는 정신"으로 어떤 어려운 일이라도 해낼 수 있다는 자신감 넘치는 기백의 정신이다.

그 예가 수·당을 위협한 고구려 정신으로 동북아의 맹주가 되었던 '다물정신'이고, 신라는 삼국통일을 이루고 당의 위협을 물리친 '화랑정신'이다. 백제는 기록으로 밝혀진 것은 없으나 고구려, 신라, 일본 등과 겨룰 뿐 아니라 문화적으로 일본에 많은 영향을 끼친 점으로 미루어 패기 넘치는 정신이 그 전형이라고 본다.

앞에서 밝힌 바와 같이 첫 단계는 우리 민족은 어떤 난관에도 당당히 맞서는 진취적이고 패기 넘치는 웅혼한 정신을 가졌었다. 그러던 것이 힘은 달리나 결코 지지는 않는 방어적이고 소극적인 '오기'로 전환된 시점이 고려 말 및 조선조의 쇄국정책이 시행된 때부터라고 본다. 그 후 패기의 기백은 꺾이어 특수한 한국의 정신인 '오기'로 전환되었는데 그것이 굳어져 지금까지 내려오고 있다.

이러한 여러 한국사상이 정신 형성에 끼친 영향은 한마디로

228

화합의 논리를 세운 점이다. 즉 불교, 도교철학의 화합문화와 유교철학의 화합문화가 지대한 영향을 끼쳐 한국인 정신사의 한 맥이 되었다.

이렇게 모든 종교를 수용한 것은 우리 민족의 관용성을 입증하는 것이기도 하다. 거기에 조선조 말부터 들어온 기독교의 평등사상까지 수용하여 민주주의의 토양이 다져졌다.

우리나라는 1945년 해방을 맞아 자유주의사상이 유입되어 민주화가 진행되던 중, 1950년 북한의 6 · 25 도발로 최빈국이 되었다. 그러나 '한강의 기적'으로 세계 10위권의 경제 중진국에 진입함과 동시에 민주화까지 세계 역사상 최단 시일 내에 이루었다. 아울러 언어, 한류, 체육 등 문화적으로도 모든 분야에서 각광을 받으며 지도국 반열에 진입함에 세계의 주목을 끌고 있다.

이러한 정신 형성의 과정을 요약하면 우리나라는 삼국통일 후 줄곧 외침에 대한 항쟁 속에서도 고려의 40년 안팎의 무신정치시대를 제외하고는 문인들이 지배해 왔는데 조선조에 들어서는 문인이 더욱 강하게 지배해 왔다. 그러한 문인들은 학문 연구에 대한 우월감은 물론 그에 비례해 자부심도 강했다. 그것은 무엇보다 문인문화의 영향이 큰 결과였다.

그러니까 '오기'는 '웅혼한 정신'에서 적극적이고 당당한 자신감은 빠지고 전래의 전통적인 '악바리정신'의 바탕 위에 유불선 등에 의한 학문 및 사상의 발달로 생성된 지도자 정신인 '선비정신'이 더해진 것이다. 이 '오기'는 외유내강의 탄력적인 민족성을 형성하게 된 연원으로 '한국정신'의 핵이다. 즉 '오기'는 한국인의 정신 중 가장 핵심적이고 정수적인 DNA이다.

4) '오기정신'의 특징과 기본 사상 및 정신

'오기'를 다음 두 가지 측면, 특징과 사상 및 정신면에서 밝히고자 한다.

우리나라는 모든 종교를 적극적으로 수용했다는 점에서 깊고 조화로운 여러 사상을 형성했다. 그것이 정신 형성은 물론 민족의 특성에도 절대적인 영향을 미쳤다. 통일신라시대는 불교가 중심이었는데, 깨달음을 중시하는 교종(敎宗)을 주도적으로 발전시켰다. 한편 실천을 중시하는 선종(禪宗)도 화합적으로 한 차원 높게 발전시켰다.

또한 도가사상은 단군시대에 잉태되어 신라 화랑의 사상적 특색으로 나타났다. 도가사상은 자연주의적이고 유가사상은 인본주의적이어서 서로 모순되는 점이 있지만, 우리 민족은 이 장점들을 포용하여 정신 형성의 기본 요소로 삼았다. 그 예가 공적으로는 유가사상을 따랐고, 사생활이나 관직 후에는 자연을 즐기고 낭만적인 생활을 했다.

이러한 여러 종교의 장점을 포용하여 나도 잘 살고 높이 될 수 있다는 인간 중심의 모든 것을 집약시킨 화합과 평등의 논리가 한국사상의 특징이다. 이렇게 여러 종교의 영향으로 여러 사상이

배태되었는데, 그중 '오기정신' 형성에 두드러진 요소는 인간중심사상이다. 인간 속에 모든 진리가 있다는 것을 집약시켰으니 그것이 인내천사상의 근본이다. 인간중심사상에서 모든 사상이 파생되었고, 그 실현을 위한 사상이 평화애호사상, 주체사상, 자연주의사상, 인격존중사상(인간중심사상, 인내천사상), 조화와 균형사상, 가문중시사상, 낭만사상 등이다.

(1) '오기정신'의 특징

우리나라는 지정학적으로 반도라는 고립성이 적응성과 보수성이라는 특성을 형성했는데, 그것은 불사조의 강인한 정신을 낳았다. 그 핵이 '오기정신'인데 그 잠재적인 특징은 다음과 같다.

① '오기정신'은 매우 악착스럽고 모질다.

이는 일을 하는데 독하고 끈질기며 열성적이라는 뜻이다. 민족성의 '끈기'는 이런 정신적 특징에서 발현된다. 이는 '오기정신'의 바탕인 토착적인 '악바리정신'의 기본 특질이며 중추적 특질이다. 이는 아무리 어려운 곤경에도 굴하지 않고 끈질기게 버티며 억세게 일하여 끝을 보는 정신이다.

또한 똘똘하고 야무지면서 철저한 특질과 매섭고 사나운 기질도 내포하고 있다.[199]

---

199 이광규, 『새로운 민족관의 수립을 위하여』, 서울대학교출판부, 1995년, 23쪽.

우리는 유사 이래 주변 강대국들에 둘러싸여 끊임없는 침공으로 약탈과 인권을 유린당하며 살았다. 게다가 산악지대의 척박한 농토에서 농업을 생업으로 힘겹게 살아왔다. 더욱이 서민들은 지배계급에게 억압과 수탈을 당하며 가난과 노동에 시달렸고, 여성들은 남성의 억압뿐 아니라 고된 시집살이를 견뎌내면서 '악착성'이 형성되었다. 그것은 쇠를 담금질하여 강하게 만드는 것같이 강인한 정신력을 키웠다. 이것은 5천 년간 우리 민족사를 이끌어 온 척추 같은 정신이다.

악착스러움은 '악바리정신'의 기본적인 특징으로 강인성의 중추적 특질이기도 하다. 그것은 영악스럽고, 억세고 질긴 질경이와도 같은 기질이다. 이러한 정신의 특징이 한국인의 강인성이고, 그 특질을 '질경이정신'이라고 하며, 그것이 불굴의 민족혼이다.[200]

일제강점기 때 중국 상해 임시정부는 이리저리 피란을 다니며 투쟁했다. 이때의 독립투쟁은 인도차이나, 대만, 미얀마 등의 식민지 저항운동과 비교해 볼 때 한국 독립운동가들이 가장 집요했다고 한다. 미국에서의 독립투쟁도 악착같았고 끈질겼던 것은 잘 아는 사실이다.

무엇보다 특수한 사례는 1937~1945년 중앙아시아에서 고려인들이 절망적인 상황에서 겪어 낸 생의 극복이다. 1937년 러시아의 극동 연해주에 살던 17만 고려인은 하루아침에 정든 집과 논밭을

200　정동화, 『변해야 산다』, 집문당, 2011년.

빼앗기고 시베리아 횡단열차에 강제로 실려 갔다. 당시 소련은 일본이 전쟁을 일으키면 고려인들이 일본 편을 들거나 일본 스파이 노릇을 할 것이라는 이유에서였다.

이때 고려인들은 중앙아시아로 쫓겨나 처참하게 살았다. '카자흐스탄'이란 말은 '흰 무덤'이란 뜻이다. 한인들은 영하 40도의 추위에 손발이 부르트도록 땅을 일구었으나 그 나라의 국민으로 인정받지 못했다. 군대에 자원해도 전투부대에는 받아들이지 않았고 노동군대에만 동원되어 탄광과 군수공장 등에 투입되었다. 한인들은 그런 악조건에서 풀을 뽑고 돌을 골라 움막을 지으며 악착같이 살아 절망을 딛고 일어섰다. 이는 극한 상황을 뚫고 일어선 한국인의 악착같은 의지의 대표적인 결과이다.

지금 고려인은 근면성실하고 강인한 민족으로 알려졌고, 카자흐스탄 발전을 이끄는 동력으로 인정받고 있다.[201]

우리 민족은 6·25 이후에 기본적인 의식주 생활도 안 될 정도로 가난했다. 폐허 속에서 산과 들에서 나물을 뜯어먹거나 미국의 구호물자로 끼니를 때웠고, 어른도 아이도 미군부대의 쓰레기를 뒤지며 살았다. 운이 좋아 부대에 다니는 사람은 나은 편이었고, 공무원이나 회사에 다니는 사람은 박봉으로 일가족이 먹고살기도 어려웠다. 여인들은 노점상을 하거나 품을 팔고, 혹은 계를 하여 자식들을 대학까지 보내 5천 년의 보릿고개를 해결하는 일꾼으로

201 조선일보, 2014년 9월 29일

키웠다. 수입에 비해 도저히 계산이 안 되는 생활을 했으니, 그것이 한국 여인들의 악착같은 정신의 결과이다.

② '오기정신' 의 특징은 집요함이다.

이것은 고집스럽게 몹시 검질기다는 뜻이다. 혹은 지긋지긋하게 끈덕지다는 정신의 특징이기도 하다. 또한 강팍하고 영악스러움을 말한다. 이러한 정신의 특징과 모질고 악착스러움이 행동으로 나타나는 것이 우리 민족성의 특징인 '끈기' 이다.

우리나라 사람은 위기나 시련 등을 당하여 쓰러지는 듯하다가도 어떻게든 일어나며 고집스럽게도 검질기게 버티며 극복하는 의지가 있다. 이것이 곧 '악바리정신' 의 기본 특징인 '집요함' 이다. 이는 '오뚝이' 기질로, '깡다구정신' 으로 불리기도 한다.[202]

이렇게 '집요함' 은 악조건이나 위기에 봉착하면 쓰러지거나 패할 것 같으나 기어코 다시 일어나는 '악바리정신' 의 기본 특질로 한국인 특유의 정신인 '오기정신' 의 DNA이다.

한국인의 집요함을 입증하는 예가 최근 한국인이 위기를 극복한 과정이다.

산업화 이후 한국 경제는 1인당 소득 1천 달러에서 1만 달러가 되는 주요 고비를 넘자 위기에 부딪혔다. 1990년대 후반 소득 1만 달러 선을 넘었을 때 바로 IMF 외환위기가 닥쳐 나라 전체가 위기

---

202 '깡다구정신' 은 G20 끝난 뒤 핀란드 통상장관 바위뤼넨이 말함.

에 몰렸다.

그러나 한국은 기업 경영과 국가 재정의 건전성 및 투명성을 높이는 계기로 삼아 어느 나라보다도 빨리 재도약의 발판을 마련했다. 한국은 1보 후퇴하여 2보 전진하는 놀라운 성취력을 보였을 뿐 아니라, 오히려 경제 체질을 업그레이드하기까지 했다.

그뿐 아니다. 2007년 1인당 국민소득 2만 달러를 돌파했을 때도 미국발 금융위기를 맞아 잠시 1만7,000달러 선으로 후퇴했으나 3년 만에 2만 달러를 회복하여 어느 나라보다도 빠른 경제 위기 극복의 모범을 보였다.

또한 1980년대 미국발 오일쇼크 때도 한국인은 반도체, 가전제품, 자동차 등 고부가가치와 고기술 산업에 뛰어들어 인구 4천만 명 중 1인당 소득 2만 달러의 중진국으로 도약하였다. 이러한 일들은 우리 국민이 집요한 '오뚝이' 기질이 있음을 입증하는 것이다.

그리하여 세계 일곱 번째로 '20-50클럽'에 가입한 우리의 저력은 위기를 기회로 바꾸는 한국 특유의 '오뚝이' DNA에서 나온 것이다. 객관적으로 '오뚝이' 기질을 입증한 것은 스위스 국제경영개발원 조사에서 한국인들은 미국인들에 이어 '20-50클럽' 가운데 두 번째로 변화에 잘 적응한다고 밝힌 바 있다.

우리나라는 국가뿐 아니라 개인이나 기업 차원에서도 전화위복의 스토리가 끊이지 않는다. 이것은 바로 '오뚝이정신'의 DNA 때문이라고 본다. 이런 집요한 기질은 한국인의 '한'과 '원'을 푸는 과정, 즉 슬픔을 기쁨으로, 고통을 희열로, 위기를 기회로 바꾸는 것이 반복되었다. 이는 지난날 험난한 역사 속에서 형성된 의지력이 반영된 한 특징이다.

③ '오기정신'의 특징은 외유내강이다.

한국인은 평소에는 유순하고 점잖아 보이나 실제는 아주 강인하다. 이것은 다른 말로 유연성이다. 우리나라 사람은 "너무 강하면 부러진다"는 말을 자주 쓴다.

이러한 정신은 우리나라가 지정학적으로 강대국에 둘러싸인 다린성에서 생긴 적응성으로 표면적으로는 보수성의 한 태도이다.

우리나라가 자연에서 영향받은 두 가지 특징은 해양성과 대륙성이다. 그중 해양성에서 평화성을 영향받아 근엄성으로 나타났다. 그 위에 성숙된 유교문화로 군자의 상징인 점잖은 표정도 영향이 크다. 이러한 태도는 존경의 대상이 되었는데 이것이 내성외왕(內聖外王)의 자세로 외유내강의 전형적인 표정이다. 또한 그 속의 숨겨진 정신은 강인함이다.

한국인은 위급에 처하면 매우 유연하게 대처한다. 이는 심리학적으로 상황 적응성이다. 그것은 융통성, 역동성 등의 모순적 개념을 동시에 지니는 모호성인데 인지적 · 정서적 유연성을 의미한다. 이런 특성의 한국인은 유연성, 탄력성, 즉흥성, 융통성 등을 지니고 있어 행동을 시작하거나 방향을 잡을 때 즉각적인 판단에 의해 행동한다. 한국 사람과 일을 하면 일본 사람에 비해 재량이 크고 판단도 빠르다고 한다. 그것은 자율적 상황 적응성이 높다는

것을 뜻한다.[203]

대인관계에 있어서도 한국인은 높은 자존심과 자기주장이 강한 것이 특징이지만, 윗사람이나 아랫사람에게는 자존심과 자기주장을 억제하는 것이 일반적이다.

우리 민족은 지정학적 역학 속에서 민족의 존속과 자주성을 지키고 상황에 따라서 때로는 유연하게 때로는 강하게 대처해 왔다. 그것은 주체성의 고수를 위한 일시적 편법인데, 일본에서는 사대주의 외교라고 악의적으로 폄하해 왔다.

한국인은 공격적이 아니고 방어적이며 소극적인 기본 자세 때문에 겉으로는 착하고 온순하여 나약해 보이기까지 한다. 그리하여 우리 민족은 강적이나 외압에 순종적인 때가 있고, 심지어 굴종적인 모습을 보이는 때도 있으나 속마음은 결코 굴하지 않고 반격하려는 강인한 정신을 지니고 있다.

한국인은 주어진 상황에서 옵션과 대안이 있다는 인식이 있다. 이는 상황에 적응하는 자발성, 변화와 새로움에 대한 선호, 대인관계에서는 상황에 맞는 조정 능력을 뜻한다. 이러한 유연성은 복잡성과 불확실성을 다룰 수 있는 능력, 적응성, 모호성에 대한 참을성, 개방성, 새로운 것을 기꺼이 습득하는 적응력이다.

이러한 유연성은 지난 몇 십 년 동안 경제, 기술, 문화, 학문, 정치 등의 측면에서 비약적인 성장을 이룬 것이 입증한다.

---

203 허태균, 『어쩌다 한국인』, 중앙북스, 2015년, 123~124쪽.

이는 한국인의 상황 적응력이 높아서 유연성도 높은 것으로 가변성과 수용성도 함께 작용한다. 한국인은 좋은 것은 적극적으로 받아들이고 변화를 받아들이는 판별력, 법이나 규정에의 유연함, 복합적 정서의 시원섭섭함, 미운 정 고운 정, 다의성의 다양한 의미, 다양한 기능을 복합적으로 지니는 것을 선호한다.[204]

특히 한국인의 수용성은 모든 문화, 유불도는 물론 가톨릭이나 신교, 현대에는 마호메트까지 고르게 받아들여 우리 문화화한 데서 평가된다.

이러한 역사적 예를 들면 우리 민족은 유사 이래 고조선부터 삼국, 고려, 조선, 일제강점기를 거쳐 오늘날까지 외적이 침공했을 때 무저항의 패배나 항복은 없었다. 우리 민족은 외침을 당하면 군인은 물론 평민까지 의병이 되어 적과 맞서 싸웠다. 안 되면 외교적으로 해결하려다가 어쩔 수 없이 굴복한 경우는 있다. 몽고의 침입이나 병자호란, 을사늑약 등이 그렇다. 그러나 이때도 완전 패배는 아니었다. 마음에 항상 와신상담 비수를 품고 있다가 기회를 만들어 실지를 되찾거나 구제도를 회복하였고, 원한의 인물을 제거하는 등 끈질기게 항쟁했다. 원나라가 쇠할 무렵에도 그 굴레를 벗어나자 빼앗겼던 땅을 되찾았고 구제도를 회복했다.

또한 왜장을 안고 목숨을 던진 논개, 한국 침략의 괴수 이토 히로부미를 저격한 안중근 의사, 중국에서 일본 천황 생일 행사에

204 허태균, 『어쩌다 한국인』, 중앙북스, 2015년, 86~87쪽.

도시락폭탄을 던진 윤봉길 의사, 3·1운동에 불을 붙인 독립선언서에 서명한 민족대표 33인, 대한독립만세를 외치다 옥사한 유관순 열사 등의 항쟁을 들 수 있다.

한국인은 외유내강의 자세로 인해 체념을 잘하는 것으로 평가되기도 하나, 이것은 피상적인 오판이다. 한국인은 슬기로운 해결책을 모색하느라 머뭇거리거나 2보 전진을 위해 물러서는 것이다. 결코 포기하지 않는 외유내강 자세의 전형이다.

이러한 정신은 부정불의를 용서하지 않는 정의감의 발로이다. 이러한 정신이 지난날 민족사회를 이끈 동력이었다. 그것은 유교사상의 핵심인 '숭의정신'의 발로로 '선비정신'의 핵이기도 하다.

우리 민족은 대외적으로 침입하는 적은 물론 대내적으로도 부정과 질서를 파괴하는 권신, 심지어 폭정을 하는 절대 군주까지 용납하지 않고 축출하였다. 이는 살신성인의 의로운 정신으로 불사조정신인 '오기'의 핵심적 특질이다.

그리고 외유내강의 유연한 '오기정신'의 예로 한국인은 세련된 사람일수록 농담처럼 넌지시 상대방에게 정곡을 찌르는 말을 던짐으로써 스스로 깨닫게 한다. 그 대표적인 말이 '언중유골'이다.

한국인이 더욱 지혜로운 것은 서민은 해학이나 풍자의 구사가 발달했다. 이는 지배계급에게 인간적 자존심을 지키면서 상처받지 않는 외유내강의 '오기'가 있기 때문이다. 한국인은 우스갯소리나 익살로 잘못된 일을 꼬집는 풍자가 발달했으니 그 대표적인 예가 탈춤이다. 이의 대부분의 주제는 양반인 지배계급에 대한 억울함을 약자인 서민들이 항거하는 수단이었는데, 이는 매우 자연스럽고도 슬기로운 방법이었다.

이러한 정신의 행동 특성으로 나타난 것이 한국인은 뺨 맞고 웃으면서 "너 어디 두고 보자"며 속으로는 벼른다. 심지어 한국인은 부음을 접하는 순간에도 웃는 경우가 있는데, 슬픔의 극한에서 웃는 것이다. 겉으로는 웃고 속으로 우는 한국인의 의식구조는 우선 자기를 보호하고 현재의 위기에서 벗어나겠다는 의지이다.

이렇게 한국인이 감정대로 행동하지 않음은 자신이 속한 집단에 누를 안 끼치려는 뜻도 있다.[205]

이러한 외유내강인 '오기정신'의 대표적 유연한 태도가 점잖은 태도이다. 이 정신은 유연성으로 지난날 강국에 둘러싸여 끊임없이 침공을 막아내며 우리 역사를 이끌어 온 동력이다. 이는 앞으로도 계속 발전시켜야 할 것이다.

이런 점은 일본인과는 아주 다르다. 일본 사람은 '앗사리'라는 말을 잘 쓰며 깨끗이 포기하는 경우가 많다.[206] 그것을 잘 나타내는 일본의 시가 있다.

핀 꽃이라면 떨어지는 것이에요

취한 술이라면 깨는 것

205 이규태, 『한국인의 힘 2』, 신원문화사, 2009년, 172~174쪽.
206 정동화, 『일본연구 2』, 1991년, 162쪽.

만나는 사람이라면 헤어지는 것

꽃은 핀 것뿐으로 지는 것이에요

(일본–都官術)

이것은 한국인과 대조되는 일본인의 정신을 잘 나타낸 시다. 한
국인은 언뜻 보기에 쉽게 단념하거나 체념하는 것같이 보일 수가
있다. 사세가 불리할 때 어물어물하는 자세를 보이는데, 그것은
슬기로운 해결 방법을 모색하는 유연한 자세일 뿐이다. 내심은 결
코 포기하지 않으니 '앗사리'라는 말을 잘 쓰며 깨끗이 포기하는
일본인과는 사뭇 다르다.

④ '오기정신'는 탄력성이 있다.

'오기'는 용수철같이 유연하여 유사시에는 탄력적으로 반동하
는 특징이 있다. 한국인은 웬만한 일에는 양보하거나 참다가 국가
가 침략당하거나 대의명분에 어긋나고 자존심이 침해될 때는 '오
기'가 용수철같이 반동의 위력을 발휘한다. 이때의 위력을 발휘
하는 힘이 '신바람(신명성)'이다. 한국인은 인간으로서의 존엄성
과 자존심 및 능력 등을 인정받으면 신명을 다 바친다.

그 역사적 사례가 고구려 때 한나라, 수나라, 당나라를 비롯해
서 거란이나 금나라, 40년 동안 몽고와의 전쟁, 임진왜란 명량대
첩 때 12척의 배로 133척의 대군을 격파한 일이다. 이는 이순신
장군이 휘하 수병들에게 인간으로서의 존엄성과 자존심을 살려

최대한의 사기를 돋운 결과임은 잘 알려진 사실이다.

또한 일제의 인권 탄압과 민족문화 말살정책에 인내의 한계에
이르자 맨주먹으로 일어선 3·1운동, 광주시내에서 일본 학생의
한국 여학생에 대한 모욕적인 시비로 전국적으로 확대된 제2의
3·1운동, 부정선거에 분연히 일어난 4·19혁명 등이다. 4·19는
부정선거 항거에 깡패를 동원하자 불에 기름 붓듯이 분연히 일어
난 학생의거이다.

무엇보다 1960년대 초의 '새마을운동'이 그렇다. '잘살아 보세'
라는 구호로 희망을 추구하고 격려함에 국민 모두 참여하여 5천
년 보릿고개의 한을 풀어 경제 중진국에 진입하고 민주화를 이룬
'한강의 기적'을 낳았다.

⑤ '오기정신'은 정중동(靜中動)의 민첩성을 품고 있다.

우리 민족은 여러 강국에 둘러싸인 다린성과 고립성으로 적응
성과 보수성이라는 대조적 특질을 낳기는 했으나 적응성은 평화
성과 표리관계를 이룬다. 보수성은 격정성의 소극적인 표현으로
상황에 따라 반발성이나 비타협성으로 나타난다. 이러한 보수성
의 결과는 민족문화에 기동성과 강인함으로 나타났다. 어떤 경우
에도 주체를 파손하지 않는 성질이다.

이는 한민족의 2대 특징인 평화성과 아울러 격정성의 결과이
다. 우리나라는 역사적으로 여러 나라에 둘러싸인 다린성에 의해
적응성이 형성되었고, 그것을 통해 기동성이 형성되었는데 그것

이 '정중동'의 특질을 형성했다고 본다.

한국인은 일상적인 활동은 매우 조용하고 정적이나 일단 위급한 일이 생기면 반사적으로 기민하게 움직인다. 이는 "쇠뿔도 단김에 빼야 한다"는 속담의 정신으로 매우 민첩한 행동으로 끝을 맺는다.

이러한 전통은 근원적으로 유일한 생업인 농경업의 특성에서 연유된다. 한국인은 "느릿느릿 걸어도 소걸음"이라는 말을 잘 쓰는데, 이는 굼실굼실 느리게 일하는 것 같으나 실제는 많이 일한다는 뜻이다.

"번갯불에 콩 구워먹는다"는 속담도 있듯이, 우리나라는 기후에 전적으로 의지하지 않으면 안 되는 농경이 생업이어서 기후 변화에 민감하게 대처하는 순발력이 길러져 있다.

그리고 우리나라는 해양성과 대륙성의 영향을 받았는데 해양성에서는 평화성의 영향인 근엄성이 나타났고, 대륙성은 격정성을 영향 받아 감상성이 나타났다.

거기에 주변 강국에 둘러싸인 다린성에 의한 적응성은 기동성을 형성했다. 이러한 요인은 우리 민족의 '오기정신'의 중요한 특징인 정중동의 특성을 낳았다.

우리나라 사람은 평소에는 동작이 느릿느릿하지만, 위기 때는 물론 갑자기 소나기가 오는 등의 급한 경우에는 매우 민첩하게 움직인다. 그것은 지난날 적의 침공 때마다 단합하여 외적을 물리친 것이나 위정자의 잘못된 시정에 대해 격렬한 민중의 항의도 그런

전통적 정신의 특성에서 비롯되었다고 본다.[207]

이런 사례는 지난날 세시풍속에서도 찾을 수 있는데, 정월대보름날의 의례이다. 제주를 선정하고 마을을 청결히 한 후 제수를 마련하여 뒷산에 올라가 당산 신에게 제사지낼 때는 정숙한 태도로 모든 것을 깨끗이 한다. 다음 날은 마을 사람들이 제주 집 앞에 모여서 보고회를 갖고, 음복과 회식을 한 후에 풍물놀이를 하며 모두가 하나 되어 소란스러운 축제를 한다. 이때 제주를 선정하고 마을을 청결하게 하여 제사를 지내는 조용함이 참회를 상징한다면, 축제와 농악은 재생을 상징하는 것이다. 이는 '정'과 '동'이 하나가 되는 정중동의 대표적인 의례 구조이다.[208]

오늘날도 한국인은 어떤 행사를 하거나 노동할 때 사물놀이나 노래로 신명을 돋우면 능력 이상의 실력을 발휘한다. 이러한 것들이 정중동의 대표적 예다.

무엇보다 이러한 한국인 '오기정신'의 정중동의 특질은 경제 중진국 진입과 민주화를 동시에 세계 역사상 최단 시일에 이루는 동력이 되었다.

이러한 정중동의 특징이 어느 장르보다 '서울(경기)아리랑'에 유할 때는 유하나 강할 때는 강할 줄 아는 탄력적인 정신이 잘 담겨 있다.[209]

---

207 김용운, 『일본인과 한국인의 의식구조』, 한길사, 1988년, 165~166쪽.
208 이광규, 『새로운 민족관의 수립을 위하여』, 서울대학교출판부, 1995년, 33~37쪽.

⑥ '오기정신'은 정의감이 강한 특징을 지니고 있다.

'오기'는 강한 정의감을 품고 있다. 그것은 '오기정신'의 중심적 요소로 항상 방어적인 한국인은 원칙이나 도덕에 위반하거나 신의에 어긋나는 경우는 반사적일 정도로 정의감이 표출된다. 그것은 대의명분을 중시하는 살신성인정신의 소산이다. 이것은 선비사상에 의한 '한국(인)의 얼'의 중추적인 정신으로 그 결과가 정의감과 조상숭배정신으로 나타났다.

우리나라 사람은 평화를 파괴하거나 인격 무시, 도덕 및 공익정신 위배 등 사회 불의에 반발하는 정의감이 강하다. 그것은 선비정신의 핵인 '숭의정신'은 물론 '숭덕정신'의 결과물인 살신성인정신에서 발현된다.

우리 민족은 개국 이래 수없는 외침에 맞섰다. 고려가 북방민족인 몽고의 침략에 대항하여 정규군이 밀리자 민간인들이 삼별초를 조직하여 항거하다가 진도를 잃은 후 제주도까지 가서 항거했다. 임진왜란 때 일본의 침략에 맞서 정규군은 물론 양반이나 평민들이 의병을 일으켜 나라를 지킨 것은 대의명분을 위한 정의감의 발로였다.

또한 군주라도 도리에 어긋나면 살신성인의 정신으로 항거하거나 정변을 일으켜 축출했다. 그 대표적인 사례가 세조의 부당한 왕위 찬탈에 반기를 들고 희생된 사육신, 연산군의 부당한 폭정에

---

209 박민일, 「아리랑의 문학적 연구」, 박사학위논문, 1989년, 189쪽.

일어난 것이 중정반정이다. 일제 탄압에 맨주먹으로 노도같이 일어선 유관순을 비롯한 열사들의 3 · 1운동, 광주학생의거, 4 · 19 학생의거 등이 정의감에서 분연히 일어난 대표적인 예다.

⑦ '오기정신'은 포용력 및 조화와 균형의 특징을 지니고 있다.

우리 민족은 불교, 도교, 유교 등은 물론 구교와 신교, 마호메트교 등 모든 종교의 장점을 받아들여 포용력과 조화와 균형의 특성을 이루었다.

이러한 수용성은 모든 종교를 받아들여 한국인의 특성인 적응성, 난숙성, 보수성 등을 낳았다. 그것은 문화 전반의 특성으로 한국문화의 종합적 특징인 '멋'을 이루었다.[210]

그 구체적인 예가 악착스럽고 모진 '악바리정신'의 바탕 위에 인간중심사상을 이루었는데, 그 기본 요소가 평화애호사상, 주체사상, 자연주의사상, 인격존중사상(인간중심사상), 가문중심사상(충효사상), 낭만사상 등을 낳았다.

⑧ '오기정신'은 자존심이 강하고 예민한 특징을 지니고 있다.

외국인 학자 님 웨일즈는 '아리랑'을 통해 한국 민족의 자존심이 강하다고 했다.[211] 이러한 특징은 우리 민족이 전통적으로 문화

---

210 이광규, 『새로운 민족관의 수립을 위하여』, 서울대학교출판부, 1995년, 40쪽.
211 이광수, 『개벽』, 「민족개조론」, 1922년, 32~34쪽.

의 우월성에 대한 자부심이 강한 데 기인한다. 한국인의 자존심은 최근 일본 학자의 연구에서도 밝혔으니 그 객관성은 매우 높다.[212]

우리나라는 대륙세력과 해양세력이 충돌하는 틈바구니에서 수많은 침공을 당했다. 한국인은 중국을 비롯한 북방민족, 일본 등의 적국을 문화적으로는 멸시했다. 서민들까지도 문화의 우월성에 대한 자부심이 강하여 적국을 멸시했다.

고려시대 이후 문인들이 지도세력이 되어 선비문화의 특징을 이루었는데 그 결과 '조선중화사상'까지 내놓을 정도였다. 이렇게 한국인은 문화에 대한 자부심이 강해졌다.

이러한 특징의 역사적인 요인을 더 자세히 말하면 건국이념인 홍익인간사상이 삼국시대부터 기본 바탕이 되어 내려오는데, 고려의 쇄국 이후부터 조선시대에 이르기까지 문인이 주로 통치함으로써 그 이상 실현은 더욱 강화되어 왔다.

선비 중심의 통치를 하는 동안 우리 민족은 무엇보다 단군사상에서 천손이라는 사실과 원대한 홍익인간의 건국이념에서 자부심을 가졌고, 기자의 팔조교(八條敎)의 전제(田制)에서 도덕적 이상을 찾아 밝히는 등 자존심은 한껏 강한 전통으로 이어 내려왔다.

우리 민족은 그 위에 심오한 학문을 숭상하고 그 이상을 실행하는 선비문화를 성숙시켰는데, 홍익인간이라는 평화주의 이상을 가지고 그 실현을 위해서 자주정신으로 나라를 지키고, 안으로는

---

212 허태균, 『어쩌다 한국인』, 중앙북스, 2015년, 106~110쪽.

민본과 인정, 숭의, 청렴과 절제의 공익정신을 살신성인으로 이행하여 이상을 펴왔다.

특히 단군사상의 결과물인 "사람이 곧 하늘"이라는 인내천사상을 낳아 '오기정신'의 기본 요소가 되었다. 이는 민족성의 특징 중 신명성을 낳았을 뿐 아니라 '선비정신'까지 낳음으로써 자존심이 한껏 높아졌다.

이러한 문화적 전통의 문화자존의식은 개화기에도 자주정신으로 표출되었는데, 그것이 위정척사와 항일운동이다. 다른 한편 도시에서는 동도서기(東道西器)와 구본신참(舊本新慘) 운동으로 표출되어 대한제국을 탄생시켰다.[213]

이렇게 문인들은 천손의식과 홍익인간이념을 실현한다는 자존심에 고차원의 어려운 학문을 함으로써 남보다 우월하다는 자부심이 더욱 강해졌고, 이것을 최대한 지켜왔고 그 결과[214] 오만함까지 갖게 되었다.

그 예가 고려시대에 몽고의 침략을 당하고 불교 교리로 몽고를 교화하려 한 결과물이 '팔만대장경'이다. 이것은 대문화사업으로 당시 이것을 만드는 데 온 국력을 기울인 것은 잘 아는 사실이다. 또한 임진왜란의 막심한 피해를 입고도 일본을 문화적으로는 미개하다고 보고 유교 교리로 교화하려고 했다.

213 한영우, 『한국선비지성사』, 지식산업사, 2010년, 299~410쪽.
214 이광수, 『개벽』, 「민족개조론」, 1922년, 34쪽.

그뿐 아니다. 청나라의 무력에 의해 어쩔 수 없이 굴복당한 후 압력을 받으면서도 그들을 문화적으로는 멸시해 왔다. 그런 의식의 유풍은 아직도 식자 간에 남아 있다. 그런 전통의 결과 아직도 한국인의 의식 속에는 끼니를 굶을망정 인격을 중시하는 전통이 남아 있다.

그에 비하여 서양인의 인간 평가는 삼각 잣대와 같이 일변은 사회적 지위, 다른 일변은 경제적 지위, 나머지 일변은 인격적 지위의 척도가 이 세 변으로 균형을 잡는 것이 일반적이다.

그러나 과거 조선의 가치관은 인격의 척도가 사회적 지위나 경제적 지위보다 절대적으로 소중하고, 그 전통으로 오늘날도 인격은 인간 평가의 척도가 되어 부만 내세우는 사람을 천박하게 보는 경향이 있다.

이러한 전통적 가치관의 예를 들면, 지난날은 부모가 돌아가시면 복상을 위해 높은 벼슬도 던져버리는 전통이 있었는데, 그것은 무엇보다 인격의 척도를 유지하기 위해서였다.

그뿐 아니다. 인격적 존중을 받기 위해서 재물을 탐내거나 축재를 하면 경리숭의정신에 어긋나서 인격의 파탄을 뜻하기 때문에 선비들은 끼니를 굶으면서도 인격에 대한 긍지를 가지고 살아 청백리가 많이 나왔고, 그것은 가문의 큰 자랑이기도 했다.[215]

이 전통은 오늘날에도 사람 평가에 많이 작용한다. "양반은 곁불

---

215 이규태, 『한국인의 힘 2』, 신원문화사, 2009년, 120~121쪽.

도 안 쪼인다"든가 "남산골 샌님은 새우젓 먹고도 이빨 쑤신다"는 속담이 이를 입증한다. 과거에 우리나라는 몽고, 청나라, 일본 등의 지배를 받았는데 문화적으로 멸시하여 오랑캐, 되놈, 왜놈, 양놈 등으로 표현했다.

석굴암도 신라의 남쪽 해안을 괴롭히는 왜구를 부처님의 자비로 교화시키려고 동해를 굽어보는 불상으로 건립했다는 설이 있다.

이러한 자존심으로 우리나라 거지는 "동냥 주시오" 하기보다는 "적선하시오"를 더 많이 쓴다. 이 얼마나 상대의 자존심을 존중하며 자기 자신도 은근히 존중하는 말인가.

이런 자존심 속에는 "지금은 내가 너에게 힘에 밀리지만 너보다는 높은 차원의 지식이나 문화를 지니고 있으니 머지않아 강한 힘을 발휘할 것"이라는 오만함이 있다.

'오기'는 자존심뿐 아니라 매우 예민한 특성을 지니고 있는데, 이것도 문인문화의 대표적 특징이다. 이러한 역사성을 가진 자존심은 체면을 중시하는데 한국인의 자기 개념이 고정된 것이 아니라 다원적이고 다면적인 데서 온다.

그리하여 한국인은 자기가 속한 집단이나 사회적 관계의 부분자로 결정되어 타인과의 관계에 따라 다른 모습을 보인다. 그뿐 아니라 한국인은 그 결과는 인맥을 중시하고 겸손, 자존심, 자기 주장 등이 강한데 무엇보다 자립적이고 진취적이다.[216]

---

216 허태균, 『어쩌다 한국인』, 중앙북스, 2015년 83~84쪽.

그러나 한국인은 이러한 체면치레 때문에 허세를 많이 부리는데 그것은 자기 현시욕으로 나타난다. 그 예가 한국 여성은 일본 여성에 비해 성형수술을 많이 한다. 또 한국 여대생은 건강보다는 외모를 더 중요시하고 명품을 선호한다. 그뿐 아니라 한국인은 고급 승용차를 유난히 선호하고, 고급 호텔에서 교섭을 즐기며, 어느 지역에 사는 것을 중시하는 외화내빈의 사고방식이 두드러진다.[217]

우리나라 사람은 인격이나 자존심이 훼손되는 것에 더없이 예민하다. 이러한 한국인의 인격 중시 사고는 목숨보다 체면을 중시하는 전통으로 남았다. 예를 들어 화재나 돌발사건으로 졸지에 벌거벗은 상태가 되면, 벗기 좋아하는 스웨덴, 프랑스, 미국 등의 외국인은 먼저 치부를 가리지만 한국인은 얼굴을 가린다고 한다.

이는 한국인의 얼굴은 물리적 표면의 뜻 외에 정신적 내용의 체면을 중시하는 것임을 말한다. 그래서 한국인은 "얼굴을 들 수 없다", "볼 낯이 없다", "체면이 안 선다" 등의 체면에 관한 말을 자주 쓴다.

그러한 전통으로 체면 때문에 목숨을 끊는 사람도 많다. 옛날 한국 여인들은 억울하게 정조를 잃으면 자살하는 경우가 일반적일 정도였다. 얼마 전까지만 해도 "여자는 절개, 남자는 지조"라고 했다. 그만큼 절개에 대한 풍조가 강했다.

---

217 허태균, 『어쩌다 한국인』, 중앙북스, 2015년 111~113쪽.

현대에도 고위 공직자가 체면에 큰 손상을 입는 여론이 비등하면 자살하는 경우가 꽤 있다. 이렇게 한국인은 목숨보다 체면을 중히 여기는데, 이것도 인격 중시를 입증하는 것이다.

이와같이 한국인은 자존심이 대단히 강하다. 무엇보다 권위나 명예, 체면 등을 중요시하고 그 손상에 대해 예민하다.[218]

(2) '오기정신'이 포괄한 사상과 정신

앞에서 제시한 여러 사상이 '오기정신'에 미치지 않은 것은 없겠으나 두드러지게 중요한 요소가 된 대표적인 것만을 알아본다.

이들을 한마디로 포괄하면 인간중심사상이다. 인간 속에 모든 진리가 있다는 것을 집약시킨 것이 인내천사상의 근본이다. 여기서 모든 사상은 파생되었고 그 실현을 위한 사상들이다. 이러한 사상은 샤머니즘과 불교문화에 의해 형성된 전통문화가 바탕이 되었는데 그 대표적인 것만을 알아보면 다음과 같다.

① **평화애호사상이 용해되어 평화애호정신이 '오기정신'의 기본 바탕이 되고 있다.**

이는 한민족의 특징인 평화성으로 한민족 정신의 중추적인 특성이다.[219] 그것은 한국인이 유난히 평화를 사랑하고 지키려는 태도

---

218 이규태, 『한국인의 힘 2』, 신원문화사, 2009년, 123~131쪽.
219 이병도는 민족정신의 일곱 가지 중 첫째로 평화애호정신을 지적했다.

로 외침이 이어진 역사 속에 잘 나타나 있다.[220]

그 근본 원인은 지정학적으로 강대국에 둘러싸인 다린성 때문이다. 이에 잘 적응해야 하고 이러한 적응성은 평화를 지향하는 길이므로 적응성과 평화성은 표리관계이다. 그 위에 우리 민족은 한반도에 정착한 뒤 계속 농경문화로 이어져 자연의존적이어서 순응에 길들여졌다.

그것은 하늘숭배와 경조사상으로 단군사상에 뿌리를 두고 있다. 부모와 조상을 공경하는 것은 자손들이 형제자매를 사랑하는 정신, 민족의 조상을 경배함은 동포를 사랑하는 정신과 통한다. 나아가 조상의 뿌리인 하늘을 숭상함은 인류를 사랑하는 것으로 홍익인간의 건국이념이다. 그것이 천지인 합일사상이나 평화애호사상, 포용적 조화사상을 내포하고 있는데, 근원적으로 생명 사랑에 바탕을 두고 있기 때문에 평화지향적이다.

이렇게 근원적으로 우리 민족은 평화를 사랑했고 인류를 위해 그 정신을 펴는 것이 이상이었으며, 그것을 지키는 것을 정의로 보았다(대의명분의 첫째 요소).

그러한 정신은 모든 종교를 포용한 것에서 잘 나타난다. 이것이 한국 정신의 일관되고 중추적인 화합의 논리를 형성했으며 한국인의 관용성을 낳은 것이다.

이러한 평화애호정신은 본래 토착적인 '악바리정신'의 중추

---

220 이것은 많은 역사학자가 민족사의 일관된 정신의 하나로 보고 있다.

요소였다. 여기에 '선비정신'이 첨가되어 더욱 강화되었다. 그런데 이 '악바리정신'의 중요한 끈은 다정다감이다. 이러한 '정'의 맥은 서로 돕는 화합으로 이어졌다.

'악바리정신'의 평화애호정신이 근간이 되어 형성된 '선비정신'은 민본사상과 애민사상을 바탕으로 인정(仁政)을 펴는 것을 기본으로 삼고 있다.

이를 좀 더 근원적으로 말하면 우리나라는 개국 이후 널리 사람을 유익하게 한다는 홍익이념의 중추인 평화사상을 발전시켜 왔다. 그 후에 들어온 불교나 도교가 이러한 정신의 바탕에 많은 영향을 주어 강화된 것이다. 그것이 현묘지도이다.

그 실현을 위해서 민본과 인정을 베풀었는데 그중에도 생명을 사랑한다는 인이호생(仁而好生)이 전통이 되었다. 그것이 화랑도의 살생유택(殺生有擇) 정신을 낳았다.

그 결과로 우리나라는 전통적으로 천지인을 하나의 생명공동체로 보는 생명 사랑의 정신이 이어져 왔는데, 그 위에 유교의 측은지심을 받아들여 더욱 강력한 평화 추구의 실천성을 지니게 되었다.

이렇게 한국인은 평화애호정신이 강한데 그에 비례해 평화를 지키려는 정의감도 강하다. 그것은 '오기'의 기본 정신의 하나인 대의명분의 가장 중추적인 요소이다.

그런데 '오기정신'의 기본 바탕인 '악바리정신'은 남을 먼저 공격하거나 도전하지 않는다. 그러나 상대의 공격이나 도전에는 결코 굴복하지 않고 모질고도 악착같이 버티어 지지 않는다. 이러한 결과의 평화애호정신은 유사시에 대응하는 공동체정신을 낳았으니, 평화애호정신은 공동체정신의 모태이기도 하다.

공동체정신은 언어에도 잘 반영되어 나의 집, 나의 고향, 나의 남편 등이 아니라 우리 집, 우리 고향, 심지어 우리 남편으로까지 부르는 언어 습관이 있다.

공동체정신의 또 한 예가 우리나라는 혈연집단, 지역집단, 이념집단, 학연집단, 취미집단 등으로 거미줄같이 얽히고설켜 있어 무서운 단결력과 위력을 발휘한다. 그 전통은 오늘날도 인맥이라는 단결 고리로 강하게 작용한다.

이에 비해 중국인은 단결력이 약하다. 손문이 말하기를 중국 사람은 "쟁반 위의 모래"라고 할 정도로 단결력이 없어서 과거에 반식민지를 오래 겪게 되었다. 그러나 중국인은 개개인의 독립적 생활력이 강하여 남의 도움 없이도 생존할 수 있다. 그들은 세계 각국에 퍼져 살면서 차별과 고난을 이기며 차이나타운을 건설하는 민족이다.

한편 일본인은 우리나라 단군사상과 같이 세계에 내세울 만한 특별한 사상이 없이 일시적인 결속과 단결만으로 무모한 전쟁을 일으켜 실패하는 경우가 많다.[221] 그들 일본은 사상이나 철학보다는 사회 질서를 우선시하고, "남에게 폐를 끼치지 마라", "거짓말하지 마라", "한 가지 일만 열심히 하라" 등의 가정교육을 철저히

221　김용운, 『풍수화』, 맥스미디어, 2014년, 263쪽.

한다. 그 결과 지난 동북 대지진 때나 몇 해 전 쓰나미에 의한 후쿠시마 원전사고 때 결사적인 자원봉사대를 투입했다. 최근 구마모토 지진 사태 때도 그들의 질서의식에 모두 감탄했다.

이런 생활관으로 일본은 군사경제대국을 이루었으나 세계나 인류애는 관심이 없어 인류가 추구해야 할 보편적 사상을 형성하지 못했다. 그러니까 일본은 우리나라가 일찍이 형성한 홍익인간이념 같은 인류애의 사상은 형성하지 못했다. 그것은 우리나라의 문인문화와는 근본적으로 다른 무인문화(사무라이)의 결과라고 본다.[222]

삼국 문화의 근본을 알아보면, 중국은 기마 유목민을 거쳐 인종과 문화의 주류는 농경적이고, 일본은 농경민족이면서 무사적 사회제도를 유지했는데 지배계급은 기마민족이라는 것이다.[223]

이에 비하여 우리 민족은 농경적이면서 문인문화로 평화 시에는 개인적인 것 같으나 국난이나 대내적 위기 때는 천손의 자손이라는 자부심의 공동체정신이 강하게 작용하여 이타적인 봉사정신까지 낳았다.

한국인의 이러한 '평화애호적' 특징은 생업이 농업이어서 협동생활은 물론 상사나 경사 등에 십시일반으로 서로 돕고 같이 즐기고 슬퍼하는 풍속에서 잘 나타난다.

222 김용운, 『풍수화』, 맥스미디어, 2014년, 263~266쪽.
223 김용운, 『풍수화』, 맥스미디어, 2014년, 288쪽.

한국은 고조선으로부터 삼국, 고려, 조선, 일제강점기를 거쳐 오늘에 이르기까지 다른 나라를 침략해 본 적이 없다. 이러한 평화애호정신은 역사학자나 국민성을 연구한 학자는 물론 일본의 일부 학자까지 민족사의 일관된 정신의 하나로 본다. 그것은 온화하고 완만한 자연환경에서 사는 한국인의 생활 자체가 평화롭다는 것이다.

이렇게 한국인의 평화 사랑에 대해 일본 학자 이마니시 다쓰도 "한국인은 평화를 사랑하기 때문에 오늘날까지 민족사회를 유지할 수 있었다"는 매우 뜻있는 주장을 했다. 이는 한국인의 도의성과도 통하는 주장이다.

무엇보다 한국인은 농경생활에서 강인성, 인내성, 낙천성 등이 형성되었는데, 평화애호정신이 그 연원이다.

한국인의 평화애호정신을 입증하는 예가 태극기이다. 태극기는 동정(動靜)에 의하여 음양이 생기고 천지나 남녀가 생긴다는 것이다. 음양의 변함에 따라 오행[224]이 생기고, 오기[225]가 순포하였으며, 이것이 합쳐 남녀가 생기고 2기가 교감하여 만물이 생긴다는 것이다.

그 뜻을 흰색 바탕에 태극 모양과 네 모서리의 건곤감리(乾坤坎離) 4괘로 구성하여 표현하고 있다. 흰색 바탕은 밝음과 순수로 평화를

---

[224] 오행(五行) : 우주만물을 형성하는 다섯 원기, 금, 목, 수, 화, 토.
[225] 오기(五氣) : 비 오고, 볕이 나고, 덥고, 춥고, 바람 부는 것.

사랑하는 뜻을 나타낸 것이요, 가운데 태극 모양은 음과 양의 조화를 상징하고, 나아가서 우주만물의 음양, 상화작용에 의해 생성하여 발전하는 대자연의 원리를 형성화한 것이다.[226]

이러한 정신은 일제에 항거한 '독립선언문'에 잘 나타나 있다. 또한 '평화애호정신'은 농경사회의 공통되는 정신이라고 하나, 일찍이 『삼국유사』에 실려 있는 홍익인간사상에 잘 나타난다. 이는 인간을 고르게 이롭게 한다는 뜻으로 생명, 질병, 곡식, 형벌, 선악 등을 비롯한 360가지로 인간을 돕는다는 뜻이다.

평화애호정신은 인간생활에 필요한 것을 도와준다는 정신인데, 그것은 '선비정신'의 중추인 '공익정신'으로 발전했고, 그 성과는 민심을 존중하는 민본사상, 애민사상, 높은 교육열, 우수한 기록문화를 낳았으니, 이러한 것은 선비정신이 발현되는 기본 특성이다.[227]

이것은 중국과 북방, 일본 등 강대국 틈바구니에서 오랜 동안 지속해 온 문인의 학문 존중 사회의 결과로 부정불의에 대한 배격정신인 의분을 낳았는데, 이는 평화를 파괴하는 행위는 결코 용납하지 않는 뇌관과도 같다.

이 '평화애호정신'의 자세는 우리 역사를 꿰뚫은 정신의 발로로 유사 이래 오랜 세월 지속되면서 형성되었다고 본다.

---

226 정기용, 『허공에 맴도는 조선인의 그림자』, 북코리아, 2013년, 90쪽.
227 한영우, 『한국선비지성사』, 지식산업사, 2010년, 33쪽.

우리나라는 하느님의 아들이라는 천손의식이 민족의식의 골격을 이루고 있다. 즉 우리는 하늘의 자손으로 중국인의 피를 받지 않은 민족이라는 혈연공동체 의식은 중국의 침략을 받았을 때 국민을 단결시키는 정신적 원동력이 되었다.

우리 민족은 끊임없는 외침을 받으면서 천손의 혈연의식으로 강한 공동체정신이 형성되었다. 우리나라 지형은 북방에서 침공하면 더 물러설 수 없는 반도인 데도 있고, 또한 생업인 농경생활에서 단결력하여 생활함으로써 공동체정신이 형성되었다고 본다.

한국인이 평화애호정신이 강한 것을 입증하는 풍속이 고려시대의 재가화상(在家和尙) 혹은 향도(香徒), 두레(사장) 등에 의한 상호부조의 풍속이다. 이것들은 유사 이래 가장 오래된 전통이고, 오늘날 계모임이나 동아리 등으로 나타난다.

② 주체성이 강조된 자주정신은 '오기정신'의 중추적 요소가 되고 있다.

우리나라의 지정학적 특징으로 자주정신은 필수적이었는데 그것은 5천 년의 역사를 이끌어 온 동력이었다. 아시아 20여 개국 중에 중국이나 큰 나라에 흡수되지 않은 나라는 베트남과 우리나라뿐이다. 또한 우리나라만이 자유국가로 남을 수 있었다.

이러한 자주정신은 유사 이래 지속되었는데 홍익인간의 평화주의사상을 실현하기 위해 나라를 지켰고, 안으로는 민본과 인정을 베푸는 단군사상에서 연원되어 화랑정신을 발현시켰다. 그리고

『삼국유사』의 단군사상을 비롯한 설화 내용이『삼국사기』와는 달리 자주정신을 강조하고 있다. 또한 신라시대의 화백, 화랑도정신, 이두나 향찰 사용, 원효, 의천, 지눌 등이 한국 현실에 맞는 불교 이론을 세웠다.

사상면에서도 조선조에 유입된 유교를 모방하지 않고 신유학인 사단칠정론을 새로 도출시켰다. 인간의 본성을 감성과 이성면에서 종합적이고 전인적으로 탐구하였다.

자주정신은 고구려의 정신을 이어받은 '고려'라는 국호와 고려 태조의 개국 이상이 담겨 있는『훈요십조(訓要十條)』와 최승로의『시무 28조』에 잘 나타났다.

또한 한자의 음과 훈을 빌려 이두와 향찰을 고안하여 썼으며, 조선조에 들어와서는 천손의 후예가 홍익인간이념을 가지고 기자조선의 전통을 이어가겠다는 이상을 실어『동국통감』을 출간했다. 무엇보다 자주정신의 가장 큰 실현물이 한글 창제이다. 그뿐 아니라 천문학, 의학, 음악도 창조했다.

이러한 자주정신은 평화를 저해하고 국토를 유린하는 침략자에 대해서는 단호하게 응징했다. 임진왜란과 한말의 의병 궐기, 호란 이후 복수 설치의 북벌운동과 숭명반청사상, 조선중화사상까지 출현시켰다.

특히 조선 말기 자주정신은 농촌에서는 위정척사로 반일운동, 도시에서는 동도서기 혹은 구본신참사상으로 나타나 자주적 근대화운동이 전개되어 대한제국을 탄생시켰다.

자주정신은 예술에서도 석굴암은 물론 조선 백자에도 독특하게 잘 나타났다. 또한 겸재 정선, 단원 김홍도, 혜원 신윤복의 그림에서도 독자성이 잘 나타나 있다. 그들은 모방주의에서 벗어나 우리나라 자연을 묘사했고, '밭가는 농부', '대장간 풍경', '그네 뛰는 아낙네', '희롱하는 난봉쟁이' 등을 풍속화로 잘 그려냈다.

그러나 이러한 한국의 자주정신에 대해 일본 학자들은 중국을 비롯한 북방민족과의 유연한 관계의 본질은 외면하고 외견상으로만 보아 사대주의적 외교로 보았다.

③ 자연주의사상이 용해된 정신이 '오기정신'의 중추로 포용되고 있다.

자연현상을 있는 그대로 보고 자연 속에서 자연의 순리대로 살려는 사상이 한국사상의 주류의 하나이다. 그 사상이 구체화된 것이 단군사상이며 풍류적인 문화의 시원이기도 하다. 거기에 중국의 도교가 유입되어 더욱 강화되었다.

그것을 입증하는 예가 역서를 계절의 변화에 따른 농경에 맞추고 달마다 명절을 정해 놓고 축제를 즐겼다. 그뿐 아니라 한국의 산소는 물론 집터를 비롯해 한옥 대문의 방향이나 창들을 동남향에 맞추는 것이 특징이고 음식문화의 중추인 장류도 계절의 변화에 따른 생산 과정을 맞추었다.

무엇보다 정원의 특징이 자연의 지형에 맞게 설계되었고 연못도 같은 원리이다. 그 대표적인 예가 전라도 담양의 '소쇄원'인데 자연 그대로의 모습을 살렸다.

한국 선비는 벼슬에서 물러나면 고향의 명승지로 돌아가서 자연을 벗 삼고 음풍농월하며 작품이나 저서를 남기는 것이 전통이었는데, 그러한 문화적 경향이 일부에서는 지금도 이어지고 있다.

자연주의사상이 자연애호정신으로 압축된 결정체가 고려시대 민중의 노래를 비롯해서 경기체가, 시조나 가사 등이다. 고려시대 민요인 '동동', '청산별곡', '상춘곡' 등이다. 그리고 대부분의 시조 시인이 자연에서 생활하면서 자연을 예찬하고 자연의 순리를 따르는 내용이다.

작가가 여럿인 경기체가의 '한림별곡'은 자연 속에서 풍류를 즐기되 시문, 서적, 명필, 명주 등을 소재로 하여 안빈낙도의 생활을 반영했다. 이는 자연주의적 대표 작품이다. '경기체가'의 원문을 번역한 '한림별곡'의 일부를 소개한다.

(…)
붉은 모란, 흰 모란, 정홍모란
붉은 작약, 흰 작약, 정홍작약
능수버들과 옥매, 누른 장미와 자줏빛 장미
자란과 연지의 동백, 아아, 어우러져 핀 광경, 그것이 어떠합니까?
합죽과 복숭아꽃 고운 두 그루,
합죽과 복숭아꽃 고운 두 그루,
아아, 서로 비치는 광경, 그것이 어떠합니까?

(⋯)

호두나무 쥐엄나무에

붉은 실로 붉은 그네를 맵니다.

당기시라, 미시라, 청소년아

아아, 내가 가는 곳에 남이 갈까 두렵구나

가냘프고 고운 두 손을 잡고 가는 길에

가냘프고 고운 두 손을 잡고 가는 길에

아아, 손을 잡고 함께 노는 광경, 그것이 어떠합니까?

  이 얼마나 자연과 하나 되는 정중동의 낭만적 광경인가. 한 폭
의 그림이다.

  말없는 청산이요, 태 없는 유수로다

  값없는 청풍이요, 임자 없는 명월이라

  이 중에 병 없는 이 몸이 분별없이 늙으리라

- 성혼, 시조 전문

  내 벗이 몇인가 하니 수석과 송죽이라

  동산에 달오르니 그 더욱 반갑구나

  두어라 이 다섯밖에 또 더하여 무엇하리

- 윤선도, 「오우가」 일부

청산도 절로절로 녹수도 절로절로

산절로 수절로 산수간에 나도 절로

그중에 절로 자란 몸이 늙기도 절로하리라

– 송시영, 시조 전문

그밖에도 정철의 '성산별곡', 박인로의 '누항사(陋巷詞)', 정학유의 '농가월령가' 등이 자연주의사상의 결정체이다.

이들 작품에서처럼 우리 민족은 자연에서 살며 자연을 즐기고 자연을 아끼며 살았다. 우리 민족은 자연을 아끼고 지키는 것이 일상이었는데 서구의 자연파괴사상이 유입되어 미세먼지와 엘니뇨 현상이 심각하다.

④ 인권존중사상이 용해된 인권존중정신이 '오기정신'의 중추적 요소이다.

인권존중사상은 단군사상의 홍익인간이념의 핵심 내용인 홍익사상, 공익사상, 생명존중사상의 중의 하나이며, 인권존중사상은 홍익인간이념에서 시원하여 '화랑도정신'의 살생유택을 거쳐 이어져 왔다. 그것을 조선조에 들어와서 정도전이 민본사상을 건국이념으로 확립시켰는데, 이것이 민본정치를 위해 인(仁)의 측은지심을 구현시킨 것이다.

더 구체적인 발전 과정을 말하면, 우리나라는 고대로부터 인이호생(仁而好生)정신이 내려오다가 살생유택의 생명 사랑의 화랑도

정신이 체계화되어 이어져 왔다. 유교가 들어옴에 측은지심이라는 인을 받아들여 인권존중정신을 강력히 실천했는데 그것이 민본사상의 바탕이 되었다.

이 인권존중사상의 근원은 위에서 밝혔듯이 홍익인간사상에서 잉태되어 하늘의 성질이 내 안에 들어와서 마음이 되고, 땅의 물질이 내 안에 들어와서 육체가 되었다는 것이다. 이러한 의미에서 사람이 곧 하늘이라는 천도교의 '인내천사상'을 낳았다. 그 결과는 조선 후기의 대한제국을 낳았는데 정치체제는 제정이었지만 지향하는 바는 민국이었음에 임시정부는 대한민국을 출현시키는 초석을 다진 것이다.[228]

⑤ 포용력과 관용의 사상이 '오기정신'의 매우 중요한 요소가 되고 있다.

이는 화합의 논리이다. 불교, 도교, 유교의 화합문화에서 생성된 것이다. 이것이 홍익인간 구현의 풍월도이다. 천지인 합일사상은 외래 사상을 관용하고 포용할 수 있는 근본바탕이 되었다.

그런데 유불도의 역할은 달랐다. 불교나 도교는 정신적 수양면에서, 유교는 현실적인 정치제도와 교육제도에 큰 영향을 미쳤다. 이러한 포용력과 관용의 사상이 한국인의 '오기정신'에 용해되어 전통적으로 흘러 한 특징을 이루고 있다.

---

228 한영우, 『한국선비지성사』, 지식산업사, 2010년, 274~275쪽.

⑥ 조화와 균형의 철학이 용해되어 '오기정신'의 중요한 요소가 되고 있다.

조화는 자연의 근본이고 미의 생명이다. 아울러 균형은 생의 본질이고 행복의 근원이다. 이러한 특징의 조화와 균형은 한국의 자연과 풍토에 잘 나타나 있다. 한국의 기후는 사계절이 뚜렷하고 추위나 더위도 아주 심한 정도는 아니다. 또한 비바람도 미국이나 중국 등의 토네이도처럼 극심하지 않다.

더구나 가공할 정도의 대지진도 없다. 이러한 조화는 풍습으로 나타나고 사상으로 이어졌다. 남녀가 함께 사는 자체가 조화이지만, 우리나라 풍습의 두드러진 점은 남자는 외부적 활동을 맡았고, 여자는 곳간 열쇠를 쥐고 살림을 전담하여 가정을 이끄는 조화로운 생활을 했다.

그것의 보다 근원적 요인은 기마나 유목민 등이 번갈아 뒤섞인 융합문화의 결과로 우리 민족은 조화롭게 사는 것을 인생의 목표로 삼아 내실하고 품격 있으면서 개성 있는 '멋' 있는 문화를 이루었다. 한국인은 분수에 맞고 잘 어울리며 열심히 인생을 사는 것을 행복이라 여긴다. 그것이 한국문화 총화의 특성으로 나타난 것이 '멋' 이다.

⑦ 가문중시사상이 은혜사상으로 더욱 강화 용해되어 '오기정신'의 중추적 요소가 되고 있다.

이는 가족 우선의 가족주의로 나타났다. 앞에서도 밝혔듯이 이는 효를 강조하기 위해 인간의 기본 활동인 인(仁)을 변화 발전시킨 사상이다. 이 가족주의사상은 은혜사상으로 조상숭배, 효도, 경로, 스승 존경, 이웃사랑 등의 가족우선주의로 나타나 있다. 이는 효를 강조하기 위해 인을 변화시킨 사상이다.

가족의 개념을 사회적으로 확산하여 사용하는 광범위한 가족주의와 '정(情)'을 중시하는 '우리' 개념이 한국인의 특성으로 나타났다.

이러한 가족 우선의 가족주의는 서구는 물론 한국, 중국, 일본에서도 나타나는 특성이긴 하지만 우리나라가 더 두드러진다.

그 근거가 한국인은 '우리'라는 말을 많이 쓴다. 개국이념인 홍익사상의 기본 내용인 조상숭배와 효도사상, 인권존중, 교육열 등의 문화가 전통으로 내려오다가 유교의 실천 윤리가 더해져 자신을 낳아 준 부모와 가르쳐 준 스승, 자기를 둘러싼 모든 사람의 은혜에 보답해야 한다는 은혜사상을 낳은 것이다. 그 이상을 실현하는 도가 선비문화의 중추이고 그 결과가 조상숭배이며 동족마을 형성이다.

지금도 한국인은 부모에 대한 효성이 지극하다. 환갑이나 칠순 팔순은 물론 희수(喜壽), 산수(傘壽), 백수(白壽), 백수(百壽) 등의 명분을 살려 축하하고 부모의 장례를 최고의 예의로 모신다. 지금은 화장으로 변하고 있으나 아직도 일부에서는 묘지 선정과 산소를 호화스럽게 조성하여 가문을 과시하는 습성이 있다. 지금은 간소화되고 있지만 소상, 대상 등의 상례를 지켜오며 4대조까지 제사를 모신다. 그 윗대의 조상은 동족마을의 큰 행사로 산소를 찾거나 제각에 모여 시향이라는 제사를 지낸다.

스승에 대해서는 요즈음 눈살 찌푸릴 일이 벌어지고 있지만 극히 일부이고, 군사부일체라는 정신으로 은사를 지극히 모시는 것이 도리로 남아 있다.

그뿐 아니라 이웃이나 마을의 어른을 각별히 모시는 풍습이 남아 있다. 그것은 부모님 생신이나 자녀의 경사 때면 이웃 어른을 특별히 초청하여 정성껏 모신다. 이러한 경로사상은 지하철 무임승차뿐 아니라 경로석을 따로 만들어 잘 이행되고 있는 데도 잘 나타난다.[229]

또한 우리나라 사람은 '우리'라는 말을 일반적으로 많이 쓸 뿐만 아니라, 사회관계에서도 가족관계의 호칭인 형, 아버님, 어머님, 아우, 아저씨 등을 일반적으로 쓰는 데서 나타난다.[230]

이러한 가족성은 조선 말기에 유입된 외래의 한국 종교에서도 인정하고, 그에 맞게 선교활동을 한다. 구체적으로 천주교가 우리나라에 전파될 때 한국의 조상 모시는 제사를 수용하였고, 기독교가 전파될 때도 동족마을과 그 통과의례의 풍속을 존중하였다.

이러한 가문중시사상의 결과는 높은 벼슬이나 세상을 위한 큰일을 했을 때 '가문의 영광'이라며 축하해 주고, 불명예스러운 일을

---

229 이광규, 『새로운 민족관의 수립을 위하여』, 서울대학교출판부, 1995년, 30~31쪽.
230 허태균, 『어쩌다 한국인』, 중앙북스, 2015년, 80쪽.

했을 때는 조상에게 면목이 없다며 몸을 낮춘다. 오늘날도 종친회가 전국적이거나 지역별 규모로 열리고 장학금을 지원한다. 가문의 사정에 따라 다르기는 하지만 족보가 30, 40년이면 새로 간행된다.

⑧ 대의명분을 중시하는 살신성인의 선비사상이 용해되어 '오기정신'의 중요한 요소가 되고 있다.

이는 선비의 참여정신에서 연유된다. 선비들이 공부하는 목적은 정치에 참여하여 벼슬에 올라 인(仁)과 의(義)가 지배하는 올바른 사회 질서를 건설하는 데 있다. 이러한 참여정신이 인과 의를 준엄하게 가르는 것이 대의명분이다.

그 결과가 원칙을 중시하는 정신을 낳았다. 구체적으로는 자기나 국가의 존립과 평화를 파괴하는 불의 부정에 대한 배격정신이 정의감이다. 우리 선조들은 대의명분을 위해 직언이나 살신성인의 자세로 꼿꼿하게 살았다.

이러한 선비사상은 중국에도 있었으나 우리나라의 선비사상의 중추적인 정신으로 대의명분이 더 발달했다. 그 결과가 정의감과 조상숭배정신이 더 강하고 동족마을이 형성된 점이다.

대의명분은 우리 민족의 중요한 가치기준의 하나로 평민은 물론 지도자는 마땅히 지켜야 할 본분이고 도리이다. 그것이 인과 의를 지키는 꼿꼿한 지조이다. 지조란 목에 칼이 들어와도 두려워하지 않는 기개와 옳다고 생각하는 일에 죽음도 불사하는 살신성인의 정신이다.

대의명분의 근원을 말하면 우리나라 건국의 이상은 평화와 대의 시대의 추구이다. 그 실행을 위해서 중국을 비롯한 북방국가의 해양 진출과 일본이 충돌하는 틈에서 나라를 지켜야 하는 강인한 자주정신과 경리숭의, 선공후사, 민본과 인정, 청렴과 절제 등의 공익정신이 필요했는데, 그러한 정신을 이행하기 위한 중추적 정신이 대의명분 정신이다.

⑨ 평등사상, 곧 인간은 하느님의 자손으로 모두가 평등하다는 사상이 용해되어 나도 잘살 수 있다는 강인한 정신이 '오기정신'의 요소가 되었다.

우리나라는 홍익인간의 평등사상의 바탕 위에 모든 종교를 수용하여 평등사상을 더욱 공고히 했다. 천지인 합일의 단군사상의 실현을 위한 홍익인간이념은 근본적으로 인간은 하느님의 자손으로 모두 동등하다는 평등사상이다.

이러한 전통 위에 불교, 도교, 유교 등의 유입을 수용했는데, 그 바탕은 모든 종교는 자기 마음속 깊은 곳에서 통하게 된다는 최치원의 주장에 근거한다. 그는 인간 속에 진리가 있는데 자기 마음속에도 진리가 있다고 주장했다.

모든 종교는 근본적으로 인간을 평등하게 보고 인권을 중시하고 잘살 수 있는 희망을 북돋아 주는데, 우리나라는 불교, 도교, 유교의 정신을 수용하여 일찍부터 나도 잘살 수 있다는 평등사상이 전통적으로 내려온다. 그 위에 기독교가 유입되어 더욱 강화되었다.

우리 민족은 "쥐구멍에도 볕들 날이 있다"는 속담의 정신대로 희망을 잃지 않고 나도 언젠가는 높은 자리에 오르거나 부자가 될 수 있다는 '오기정신'으로 살아왔다.

일본 사회가 신분 이동이 불가능한 수직 사회라면, 우리 사회는 과거시험에 의한 신분 이동이 가능한 횡적 사회이다. 그것은 평등사상이 '오기정신'의 중요한 요소가 되고 있기 때문이다.

⑩ 낭만사상이 용해되어 긍정적이고 낙천적인 한국인의 '오기정신' 형성에 크게 영향을 미쳤을 뿐 아니라 '오기정신'의 중요한 요소가 되고 있다.

이는 우리 문화의 근원인 풍류정신에서 연원된다. 낭만사상이란 본래 주정적이나 이상적으로 사물을 파악하려는 감미로운 분위기를 말하는데, 더 나아가 한국의 낭만사상은 현실을 긍정적으로 받아들이면서 잠시나마 현실의 고통을 잊고 사랑, 해학, 향락, 낙천 등의 세계에 빠지는 경향의 사상이다.

이러한 사상에 영향을 받은 한국인은 국가적 위기 때마다 강인한 정신을 발휘하게 되었다.

이러한 낭만사상은 한국인의 낙천성으로 잘 표출되었다. 그것은 한국인의 풍속에 잘 나타나는데 그것이 세시풍속이다. 한국은 열두 달 중 거의 명절이 없는 달이 없을 정도이다. 정월은 설, 2월 춘분, 3월 한식, 4월 초파일, 5월 단오, 6월 보름, 7월 칠석, 8월

추석, 9월 9일, 10월 상달, 11월 동지, 12월 그믐 등이다.

특별한 명절이 없는 달에는 보름을 명절로 정해 놓고 행운을 비는 제사를 지내고, 그동안의 힘든 고비를 넘긴 것을 스스로 축하하고 상처 입은 마음은 풀며 내일을 꿈꾸었다. 특히 제사를 지낸 뒤에는 노래를 부르고 춤을 추며 신명나게 놀면서 내일을 위해 충전했다.

그뿐 아니다. 남자들은 씨름이나 유사시를 대비한 석전놀이를, 여자들은 그네를 뛰거나 식구들과 함께 윷을 놀았고, 그 분위기를 살려 생산적인 길쌈내기까지 했다.

또한 지도층은 벼슬을 마치면 으레 고향이나 풍광 좋은 절경을 찾아가 음풍농월하며 시집이나 저서나 문집을 내는 것은 기본이었다. 이런 풍습은 지금도 이어져 현직에서 물러나면 고향이나 절경을 찾아 독서나 저술을 하며 만년을 보내는 사람이 있다.

그리고 현직 관리들도 퇴청 후 연회장에서 시제에 따라 경쟁적으로 시를 지었다. 그런 풍속의 흔적이 경주의 포석정이다. 그러한 낭만적인 생활의 전형이 황진이의 시조이다. 이 얼마나 품격 있는 시인가.

청산리 벽계수야 수이 감을 자랑마라
일도창해하면 다시 오기 어려오니
명월이 만공산하니 쉬어간들 엇더리

다음은 상주지방의 민요 '모내기소리'다. 노동요는 일의 고됨을 덜고 일의 능률을 극대화시키기 위하여 부르는 노래이다.

청사초롱 불밝혀라
청사초롱 임의방에
임도눕고 나도눕고
저불끌이 뉘있을꼬.

민족성(국민성) 연구 비교표

공통점	김용운	윤태림	최현배	이광수	고종욱	엄동권	이병도	이광규	정동화	하태균	高橋亨
연도	1985	1987			1945	1974	1980	1994	1981	2012	1974
3		풍류적			풍류				멋		
3		굴종적			無常聚落性				향락적		
5			자존심 결여	겁유(怯懦)	순종적	遊情性			순종적		
6		해학적	해학적			해학적	해학적		해학적	해학적	
4	독특하다(단결력결여)						자주성	독특하다		주체성	
2	오기	외유내강									
2		체념적				체념적					
3		평화적					평화애호		평화애호적		
2						도의적					도의적
2	불안										불화심성(유인성)
1	도량이 크다										
4	끈기(인내)	끈기						인내심	끈기		
1		감수성									
2		예술성						예술성			
4		순박성				소박성		순박성	순박성		
1		비협리적									
1						숙명성					
2		소극적							소극적		
2							교육열		교육·문화의 역		

274

빈도	항목
4	독창성, 인근, 모자 애정
2	
4	인정(친절), 독창성, 인근, 정의적, 정이 많다
3	비정직성, 거짓(無信), 하위(無信)
1	무표정
2	보수적, 보수적
1	지향적
1	이타적
1	신앙성
5	낙천적, 낙천적, 낙천적, 낙천적
1	사치성
2	이무소홀, 이무불이행
2	독립성 결여, 독립성 결여
2	無勇, 無勇
2	나태, 나태
1	봉사정신, 결여(사욕)
1	정의감
1	공동체정신
1	
1	상황적
1	관계성
1	심정교류

가족성

제 2 부

한국(인)의 '멋'
— 한국문화의 DNA

1. '멋'의 본질

한국(인)의 민족성과 '얼'을 논할 때는 그 기반이 되는 한국문화
의 특질을 알아야 한다. 그 특질은 한마디로 '멋(운치, 풍류)'이다.
그것은 민족성과 민족정신에 많은 영향을 미쳤는데, 각 영역별 특
징은 다음과 같다.

우리 민족성 중 두드러진 것이 '멋'이다.[231] '멋'은 우리 민족성
의 한 특징이기보다 우리 문화 총화의 특징으로 품격을 나타낸다.
'멋'에 해당되는 단어는 영어에는 없고, 일본어에는 '와비(차분한
아취)', '사비(예스럽고 아취가 있음)'라는 단어가 있으나 '세련'이라
는 뜻을 포함하지 못했다.

'와비'와 '사비'가 자연 속에서 구해지는 것이라면, 세련이란
인간관계 속에서 느껴지는 다듬어진 심미감을 뜻한다.[232]

그러니까 '멋'은 우리말에만 있는 독특한 말이다. 그것은 우리
민족이 '멋' 있는 문화를 즐기는 '멋있는 민족'이라는 증거이다.
그러니까 '멋'은 우리 민족만의 특징이라고 본다.

231 정동화, 『일본연구 2』, 1991년, 156쪽.

232 김용운, 『일본인과 한국인의 의식구조』, 한길사, 1988년, 236쪽.

우리나라에서 '멋있는 사람' 하면 최고의 찬사이다. 그것은 겉모양만 아름답고 번드르르한 게 아니라, 내면에 인간적 아름다움과 품격이 있어야 한다.

내면이 아름답고 알찬 것이 밖으로 드러나 그것이 돋보이고, 개성미와 세련미까지 어우러지면 우리는 최고의 찬사로 "그 사람 멋지다"고 한다. 이러한 '멋' 은 한국사상의 풍류가 원형이라고 할 정도로 근원적이다.

'멋' 은 유교 유입 이전에 최치원 때의 현묘지도(玄妙之道)에서 연원되는 전통정신의 특징 중 하나이다. 그 후 이것은 유불도의 요소가 갈등하지 않고 화합을 이룬 데서 풍류도를 형성했는데 그 결과가 '멋' 이라고 본다.

우리나라 문화의 중요한 특징은 화합과 조화의 원리인데 '멋' 은 그것의 결정체이다.[233] 그 '멋' 은 근원적으로는 하늘의 신인 환인의 아들 환웅과 땅의 신인 웅녀 사이에 태어난 사람의 신인 '단군' 의 천지인 합일사상인 융화와 조화의 사상이 더해진 것이다.

이러한 '멋' 은 경우에 따라 풍류, 운치, 여운, 파격, 여유, 여백 등으로 표현되기도 한다. 그러니까 '멋' 의 본질은 "너무 인공적이거나 직선적이 아닌, 자연과 예술에 인간의 심성미가 조화를 이룬 개성 있는 세련미"여야 한다.

다시 말해 '멋' 이란 미의 가치 판단을 전제로 한 개념이므로

---

233 이광규, 『새로운 민족관의 수립을 위하여』, 서울대학교출판부, 1995년, 26~28쪽.

'미'가 중추적 개념이기는 하나 거기에 풍류나 여유, 운치, 여운, 흥취나 해학 등이 첨가되어 생기는 변화나 파격 등에 의한 '품격 있는 세련된 개성미'이다.

'멋'이 '미'와 근본적으로 다른 것은 미의 중용적 조화미를 초극한 초중용적 조화미이다. 그러니까 '멋'은 미의 단순한 조화미보다 비정제, 다양, 왜곡, 파격, 변화, 운치, 여백, 여운 등이 더해진 최상의 높은 차원의 원숙미요 세련미이며 개성미이다.

2. '멋'의 구분

이러한 한국의 '멋'은 옷, 건축, 청자 등의 외형의 멋과 음악, 무용, 문학, 언어 등의 내재의 멋(심성미 혹은 정신미)으로 구분된다.

1) 외형의 '멋'

외형미는 선과 색, 가락과 문학, 언어 등에서 추출되는 공통분모적인 특질이다. 이것을 '멋'이라고 할 수 있는데 무엇보다 원숙한 예술적 개성미가 기본이다. 이것은 정교함을 생명으로 하는 예술품에서 잘 나타나는데 한국 예술품은 곡선미가 뛰어나다. 그 선은 부드럽고 섬세하고 매끈하며 은근한 가운데 파격과 변화에 의해 독특한 '멋'을 자아낸다. 이러한 곡선미는 한복을 비롯해서 기와집 추녀, 청백자와 회화, 석굴암의 11면 관음상, 태극기, 심지어 부엌에서 쓰는 칼이나 만두 등의 음식에까지 나타난다.

한국인의 '멋'의 뿌리는 매우 깊다. 신라의 현묘지도, 즉 이치나 기예의 경지가 헤아릴 수 없이 깊어 오묘한 도(道)로 거슬러 올라간다. 화랑도의 기본 이념이었던 풍류는 고대의 고신도(古神道), 즉 홍익인간이념이 염원하는 세계이다. 이것은 현묘지도로 통하는 개념이며 삼교(三敎)의 정신이기도 하지만 개국 이래 전통적으로 전해 오는 교육정신으로 삼교가 갖지 못한 특색이다.

그중 대표적인 외형미는 한복의 '멋'이다. 의상문화인 한복의 우아함에도 민족성이 잘 나타나 있다.[234]

한복의 긴 치마에 드리워져 나부끼는 옷고름이나 뾰족하게 솟아오른 외씨버선코의 포물선을 그리는 듯한 곡선미에서 한국인의 '멋'은 예찬된다. 그중에도 짧은 저고리와 긴 치마의 곡선과 직선의 조화, 길게 드리워진 옷고름과 젖가슴이 보일 듯 말 듯한 짧은 저고리의 파격은 '멋'의 향연이라 할 만하다. 특히 여유 있게 드리워진 긴 치마의 주름이 걸을 때마다 일렁이는 부드러운 곡선, 그 위에 바람에 나부끼는 긴 옷고름의 앙상블의 미, 날아갈 듯한 외씨버선의 반달형 곡선, 사뭇 가파르게 휘어져 내려오는 발등의 곡선과 마주치는 버선코, 발바닥의 두 번 이어진 반달형 곡선의

---

234 이광규, 『새로운 민족관의 수립을 위하여』, 서울대학교출판부, 1995년, 35쪽.

파격적 조화미는 한국 예술의 극치라 할 만하다. 이러한 한복의 우아한 '멋'은 미스유니버시아드대회에서 세계에 널리 알려져 우리 대표가 의상상을 받은 것으로 입증된다.

　이러한 곡선미는 기와집 추녀에서도 잘 나타난다. 부드럽고 은근하게 미끄러져 내려오는 지붕의 곡선이 하늘을 향한 처마 끝에 마주치며 매듭지어져 고개를 번쩍 든 각선의 품격, 이것은 버선코와 저고리 섶의 '멋'과도 맥이 통한다. 이는 운치와 품격의 극치로 한국 산천형승(山川形勝)의 기품이기도 하다.

　지나치게 기교적인 중국식 지붕이나 멋없이 단조롭고 직선적인 일본식 지붕에 비해, 일말의 무리나 어긋남이 없는 부드럽고 우아한 곡선의 조화미를 형성한 한국 기와집의 '멋'은 자연의 아름다움 그대로다.

　이러한 선의 예술은 고려청자에도 잘 나타난다. 고려청자가 우리 예술의 백미로 꼽히는 이유도 그 곡선미에 있다. 시작도 끝도 없는 듯한, 가늘고 보드라우며 길고 푸른 선은 벗은 여인네의 매혹적인 어깨 같다고나 할까. 싸늘한 듯하면서도 다정하고, 청초한 듯하면서도 부드러우며, 매끈한 듯하면서도 날렵한 곡선미는 매료될 만하다.

　또한 곡선미의 결정체는 태극기이다. 만월같이 둥근 원 안에 음양을 상징하는 청홍 교차의 곡선은 한국의 곡선미를 이 한곳에 모아놓았다. 시작도 끝도 없이 교차 순환되는 곡선미는 다른 어느 곳에도 찾아볼 수 없는 현묘한 '멋'을 자아낸다.

그런데 '멋'은 이러한 은근한 곡선미만은 아니다. 버선이나 기와집 처마의 날카로운 각의 미가 바로 그것이다. 만일 버선에 버선코가 없다고 생각해 보라. 버선코의 각의 미가 없는 곡선미가 성립될 수 있을까.

이는 한국인의 의지의 표현이다. 부드러운 선은 은근한 한국인의 심성을 나타내지만 그 속의 날카로운 각에는 한국인의 '의지'가 서려 있다. 발등의 곡선과 발바닥의 곡선이 마주쳐서 매듭지어진 버선코의 날카로운 각선은 부드러운 심성의 은근함 속에 '강인한' 의지력인 한국인의 외유내강의 정신이 깃들어 있다.

우리나라 사람은 태극기에서도 알 수 있듯이 청색과 홍색을 유난히 좋아한다. 신랑 집에서 신부 집으로 보내는 채단[235]도 청홍색이며, 혼례식에도 청실홍실을 쓴다. 또 홍의청상(紅衣靑裳)도 있다. 이렇게 이 두 가지 색을 함께 써서 조화를 이루었다. 일반적으로 홍(紅)은 양이나 남성, 청(靑)은 음이나 여성을 상징한다. 음양의 상징이 태극기이며 남녀의 상징이 청실홍실이다.

이 두 가지 색은 더 깊은 다른 의미를 지니고 있다. 청은 평화를 상징하면서 소극적이고 겸허하며 현묘하고 은근한 느낌을 준다. 홍은 의지적(투지적)이고 발랄하면서 화려한 느낌을 준다.

우리나라에서 쓰이는 홍(紅)은 눈부신 빨강이 아니라 산뜻한 다홍색이다. 청홍 중에도 청이 기본 바탕이다. 그러니까 우리 민족

---

235 혼인 때 신랑 집에서 신부의 집으로 미리 보내는 청색과 홍색의 두 가지 비단.

의 전통적인 기본색은 청(靑)이다. 우리 민족이 청색을 좋아하는 것은 평화를 사랑하고 겸허한 심성을 대변하는 것이다.

우리 민족은 청자나 청기와 외에는 청색만을 쓰지 않는다. 청을 쓰는 곳에 반드시 홍을 대조시킨다. 대조와 파격에 의한 조화미이다. 이때의 홍은 청에 의해 본래의 특징인 투지적이고 정열적이며 화려함보다는 강인한 의지력을 나타내는 단심(丹心)이다.

그 예가 '아리랑'에 나타나는 우리 민족의 단심이며 포은의 단심이고 한용운의 단심이며 소월의 단심이다. 그것이 한국인의 의지이며 정신이다.

청색 바탕 위에 홍색의 대비는 겉으로 보기에는 부드럽고 여린 듯하지만, 그 속은 어떠한 고난에도 굴하거나 좌절하지 않는 강인한 정신력이 담겨 있다. 그중에도 전통색인 청이 우아하고 멋지게 나타난 것이 고려청자이다. 청자의 예술미는 색감이 뛰어나기도 하지만 선 또한 멋지다. 청자의 색은 비 갠 후 산마루 위의 맑고 우아한 하늘빛과도 같다. 또 우리 민족은 백색을 좋아한다. 한민족을 백의민족[236]이라고도 하는데 흰색은 모든 색의 총화이다. 흰색은 무한한 가능성을 상징하는 색이기도 하다. 흰색은 모든 색의 조정이요 모태이다. 이러한 백색은 소박하고 담담하며, 순수하고 평화로운 느낌을 준다. 백색은 경박하지도 않고, 감상적이지도

---

236 흰옷을 즐겨 입고 흰색을 숭상하는 오랜 전통에서 유래하여 한민족(韓民族)을 이르는 말.

않으며 기품 있는 '멋'을 풍긴다.

흰색은 청색에 비해 보다 넓고 깊고 소박하며 우아한 색이라고나 할까. 이러한 백색의 결정체가 조선시대의 백자(白磁)이다. 백자는 그저 밝고 깨끗한 평면적 백색이 아니라, 은은한 달빛처럼 볼수록 그윽하고 깊은 맛이 난다. 이것은 조선시대의 질박강인(質撲強靭)한 서민적 정신의 결정체이다.

우리 민족이 모시옷을 즐겨 입는 데서도 백색 선호사상이 잘 나타난다. 모시옷은 산뜻하고 소박하면서도 품위 있는 '멋'을 풍긴다. 또한 우리 민족의 백색선호사상은 '한(恨)'이 승화된 소박한 심성의 반영이다. 한을 흰색으로 승화시킨 끈질긴 의지의 발현임도 잊어서는 안 된다.

그리고 우리 민족은 사찰이나 고택 등에 여러 가지 색으로 화려하게 단청²³⁷하는 것을 좋아한다. 오방색²³⁸을 즐겨 쓰기도 한다. 그것은 액귀를 물리치기 위한 의미도 있다.

또한 한국인은 청색, 홍색, 황색의 선명한 원색을 좋아한다. 그중에서도 청색을 더 좋아하는데, 그 위에 백색을 좋아함은 평화를 사랑하는 마음과 소박한 가운데 강인한 의지의 심성이 잘 드러난다.

---

237 사찰이나 옛날식 건물의 벽과 기둥, 천장에 여러 가지 색으로 화려하게 그림이나 무늬를 그림.
238 동서남북과 중앙에 해당하는 다섯 가지 색. 동쪽은 청색, 서쪽은 흰색, 남쪽은 붉은색, 북쪽은 검은색, 중앙은 황색을 가리킨다.

2) 내재의 '멋'

이러한 외형적인 '멋'의 근본이기도 한 한국인의 내재의 '멋'으로 꼽을 수 있는 것이 가락이다. 우리 민족은 옛날부터 남달리 풍류를 좋아했는데 그중에도 음악을 좋아했다. 그리하여 명절에는 물론 모내기를 하거나 논을 맬 때, 지경을 달 때, 여인네가 다듬이질할 때도 가락에 맞추어 음악을 즐겼다. 이때 부른 것이 민요이다.

우리 민족이 노래를 즐겨 불렀던 것은 피로를 덜고 일을 즐겁게 하기 위해서였다. 무엇보다 고통을 노래로 승화시킨다는 점에서 한국인의 슬기롭고 여유로운 낙천적 '멋'을 읽을 수 있다.

또한 한국의 '멋'으로 전통적인 악기의 쌍벽인 거문고와 가야금을 들 수 있다. 거문고 소리가 남성적인 데 비해 가야금은 여성적이고 서민적이며 부드러운 음색이다. 거문고의 음은 잔잔하다가 광포하고, 때로는 비장하게 울려 퍼지는데 전체로 느낄 수 있는 것은 정한(情恨)의 느낌이다. 여기서 우리 민족의 정적인 내면은 시련의 정한을 마음속으로 삭이는 한을 느낀다. 그러니까 우리 민족은 정열적이거나 투지적인 감정보다는 마음의 안정과 조화로 한을 풀어낸 것이다.

가야금의 음색은 고상하고 화평하며 자유분방한 농한(弄閑)의 '멋'을 풍긴다. 가야금은 애타게 임을 기다리는 '정읍사'의 여인이나, 떠나는 임을 보내며 억지로 눈물을 감추는 '가시리'의 주인공인 한국 여인네의 정한을 나타내기에 알맞은 악기이다. 이를 일러 '한의 여심'이라고 하는 까닭도 여기에 있다.

이 두 악기는 서로 다른 특징이 있으나 기본 정조가 통하는 공통점이 있다. 그것은 바로 단조롭고 은근한 가운데 끈기를 느끼게 하는 여운 있는 가락이다.

음계를 복잡하게 사용하고 화성을 교묘히 이용한 풍부하고 폭넓은 서양음악의 선율에 비해, 한국의 가락은 단순하고 소박한 속에 여운과 강인함을 나타낸다. 흥겹지 않으나 구슬프지도 않으며, 장중하지 않으나 경쾌하지도 않으며, 빠르지 않으나 느리지도 않은 은은한 느낌을 준다. 그렇다고 어느 한 정조로만 흐르지 않고 가다가 약간의 변화와 긴 여운을 주어 침잠의 세계로 끌어들이는 가락이다. 이른바 낙이불류(樂而不流)요 애이불비(哀而不悲)다. 이때의 은은함을 중용적 조화미라고 한다면, 끊어지는 듯하다가 다시 이어져 오래도록 가냘프게 울려 퍼지는 여운은 끈기의 발현이기도 하다. 이러한 애련한 고음과 그윽한 저음의 여운은 한국화의 여백과 같은 아취와 유연미가 있다. 이것이 성심(聲心) 일체 상태의 독특한 '멋'이다.

이러한 심성을 잘 나타내는 악기가 장구이다. 고음과 저음의 조화미와 교차되는 파격에 의한 원숙미는 가히 한국 악기의 대표라 할 만하다. 장구의 특질을 가장 잘 나타내는 것이 '아리랑'이다. '아리랑'은 그 가락과 가사가 단조롭고 소박한 가운데 은은함과 여운을 잘 나타내는 점에서 민족 공유의 대표적인 노래이다.

그러나 우리 가락이 모두 은은하지만은 않다. 언제 어디서 들어도 '신바람' 나는 농악이 그것이다. 이때의 악기가 호적, 꽹과리, 장구, 징이다. 이때의 놀이가 사물놀이인데 이것이 한국 음악의 파격적 '멋'을 자아낸다.

한국문학의 내용적 특질을 비애가 응집된 '한'의 기본 구조로 보고, 이를 해학으로 승화시킨 것이 은근한 문체적 특질이며, 그 안에 담긴 비애를 극복한 강인한 의지력인 끈기에 지혜, 낙천성 등을 담아 특질을 이룬 것을 '멋'이라고 본다.

그 대표적 작품이 '처용가', '서경별곡', '가시리' 등을 비롯해서 정몽주의 '단심가', 정철의 '속미인곡', 춘향전의 '십장가' 등이다. 이것은 '한오백년'과 '아리랑'으로 이어지고, 한용운의 '님의 침묵'과 소월의 '진달래꽃', 조지훈의 '승무' 등으로 이어진다.

서양 언어가 논리적이고 주지적인데 반해 우리 언어는 정서적인 감각언어, 특히 형용사가 풍부하게 발달했다. 그 예를 들면 '시다'는 말에 '시큼하다', '시크므레하다', '새큼하다', '시큼쓸쓸하다', '시척지근하다' 등의 유사어가 많다.

그리고 한국어는 해학이 많다. 그것은 말의 익살(語戲), 즉 어희적 해학(諧謔)이다. 예를 들면 '이도령'인지 '삼도령'인지 '서방'인지 '남방'인지, '정월에 정치고 이월에 이질 앓고', '맡아보니 마타리나물', '돌아보니 도라지나물' 등 말의 익살(語戲)이 많다. 심지어 식물명에 '며느리배꼽', '도둑놈지팡이' 등 해학적 어휘가 많다. 그리고 우리말은 문장의 기본이 되는 주어가 생략되는 수가 많고, 서술어인 동사가 문장 끝에 온다. 또한 수적인 개념이 희박하여 단수, 복수의 구분이 없다. 이것은 농경문화의 한 단면으로 우리 민족의 성향이 지적이며 논리적이기보다는 소박하고 정적이며 여유 있는 특징의 반영이라고 본다.

그러니까 우리말에 감각언어가 발달한 것은 인간미의 정을 나타내는 것이고, 주어가 생략되고 수 개념이 희박한 것은 분석적이고 논리적이며 직관적이기보다 정적인 소박한 생활 자세를 반영한 것이다. 또한 문장에서 기본 어휘인 동사가 맨 나중에 쓰이는 것은 민족의 우유부단하고 여유 있는 정신을 반영한다.

그러면서 해학적인 어휘가 많은 것은 생활이 비록 가난하고 힘들지만 즐겁게 사는 낙천적인 태도가 반영된 것이다. 이러한 해학적 어휘는 가난과 고통의 승화요 말의 풍류이며 운치이다.

우리 민족은 힘들거나 슬픈 것을 말의 익살로 풀었으니 그때의 웃음은 경쾌하기보다는 은근할 수밖에 없다. 이러한 말의 특징은 한국인의 다정다감하고 여유 있으며 끈기 있는 정적 특징인 은근한 심성의 반영이다.

3) 종합적인 '멋'

한국의 종합적인 '멋' 이 그네뛰기이다. 오월 단옷날 화려한 한복을 입은 여인이 우람한 고목나무 가지에 드리운 홍백의 동아줄에 매달려 하늘 높이 나는 모습은 장관이다. 시집살이와 가난과 노동에 시달리던 여인의 자유를 향한 비상은 꺼지지 않는 희망이며 낭만이며 의지이다. 그중에도 쌍그네는 한국인의 '멋'의 극치이다. 두 사람이 마주서서 한편이 궁둥이를 뒤로 빼며 구르면 다른 한편은 끌려가면서 나무 끝까지 오르는 것이다.

오월의 푸른 하늘과 푸른 산과 아름드리나무를 배경으로 한 여인의 아름다운 오색 한복의 조화, 긴 치마가 바람에 흩날리면서 일렁이는 곡선과 희끗희끗 보일동말동한 속치마, 붉은 댕기로 조화를 이룬 치렁치렁한 검은 머리의 나부낌은 곡선과 율동의 조화의 극치이다. 자연과 사람이 혼연일체가 되어 곡선도 자연이요 색도 자연이며 율동 또한 자연이다. 그러니까 '그네뛰기'는 자연미의 결정체이며 한국의 '멋'의 극치이다.

이외에 도자기의 형태가 비뚤어진 것이 파격의 '멋'이고, 의상이나 집의 모양이 완벽하지 않으나 자연미를 풍기는 것이 '멋'이다.

우리 민족은 이러한 운치나 풍류가 있어 예술을 좋아했다. 한마디로 예술을 즐기며 인생을 낙천적으로 멋있게 살았다. 그것은 시, 음악, 무용, 미술 등에서 두드러진다.

화랑도의 상열이가락(上悅以歌樂)은 시가와 음악을 즐긴다는 것이다. 또 유오산수무원부지(遊娛山水無遠不至)는 명산대천을 돌아다니면서 자연을 접하면서 심신을 단련하고 친목을 도모하며 운치 있게 산다는 것이다.

우리 민족은 자연의 운치와 조화를 이루어 여유롭고 풍류적인

'멋'을 내며 살아왔다. 그리하여 우리 예술은 매우 운치 있고 조화
로운 '멋'이 있다. 신라의 석굴암이나 고려청자, 조선의 백자 등이
그렇고, 추사의 서체는 고금의 서체를 종합하여 격조 있고 뛰어난
멋이 있다. 그것은 우리나라 기후와 자연의 풍토와도 관계가 깊다.

지금까지 한국의 '멋'은 선과 색, 가락과 문학 및 언어의 특질 등
에 있음을 밝혔다. 이들을 꿰뚫는 공통분모의 특질이 있으니 그것
이 은근하고 보드라운 곡선미와 은은하고 여운 있는 가락, 한이 서
린 소박한 색, 은근과 끈기를 나타내면서도 해학적인 문학이나 언
어 등으로 특징지을 수 있다. 그리하여 한국인의 '멋'은 은근과
끈기, 소박의 조화미, 해학과 풍류, 운치와 여운 등의 파격에 의해
원숙하고도 우아한 개성미이다.

3. '멋'의 형성 요인

한국문화 총화의 특성이기도 한 '멋'이 형성된 연원을 다음 세
가지로 들 수 있다.

첫째, 이러한 '멋'은 한국의 아름다운 자연에서 생성되었다.
한국의 산은 일본과는 대조적으로 밋밋하다. 한국의 활화산은
백두산밖에 없는데 일본은 접근하기 어려운 험한 활화산이 많으

며 지진, 태풍 등의 재해가 잦고 심하다. 한반도의 자연재해는 주로 홍수와 가뭄이며, 태풍은 잦지 않고 약한 편이다. 특히 그 무서운 지진은 정사에 기록은 있으나 피해가 그리 심하지 않았다. 거기다 기후까지 삼한사온이라 세계에서 가장 살기 좋은 곳으로 평가되고 있다. 그 위에 도학사상의 영향도 크다. 이러한 영향으로 한국인은 매우 온화한 성격을 갖게 되었는데, 그것은 더 나아가 풍류와 '멋'을 자아냈다.

우리나라처럼 아름다운 산수와 맑은 하늘, 사계절의 혜택을 고르게 받는 나라도 드물다. 그중에도 곡선으로 이루어진 낮은 산과 맑고 푸른 하늘은 아름다움의 극치이다.

이것은 필자만의 주장이 아니라 외국인들도 한국의 풍광을 극찬한다. 한국에서 오래 산 영국인 주교 리처드 러트도 우리나라의 자연과 시골의 평화로운 풍경을 극찬했다.

한국의 산은 가파르거나 험하지는 않지만 아주 밋밋하지도 않은 은근한 곡선을 이루고 있다. 거기에 기묘한 바위들이 있으며, 그 골짜기에서 흐르는 더없이 깨끗한 물, 그 위에 높푸른 가을 하늘은 정말 아름답다. 티없이 맑은 가을 하늘은 한국의 아름다움을 대표할 만하다. 그 하늘은 가난하고 고된 생활을 하던 우리 민족에게 희망과 꿈을 심어 주었고, 평화롭고 소박하며 겸허한 심성을 키워 주었다. 하느님은 우리에게 기름 같은 자원은 주지 않았지만 아름다운 자연을 주었다.

아름다운 자연을 가진 우리 민족의 심성미가 그 영향을 받은 것은 당연하다. 생업이 농경이어서 영향은 더 크다. 농사는 자연의 영향을 절대적으로 받는 데다가 기후는 농사짓기에 좋은 조건만은 아니었다. 오랜 가뭄이 이어지다가도 홍수가 나서 땀 흘려 지은 농사를 망치는 일이 많았다.

자연을 최대한 개조하거나 정복하는 서양인들과 달리 우리 민족은 자연에 순응하고 의지하려는 태도가 두드러졌다. 그 영향을 받은 한국문화, 특히 한국예술은 한마디로 자연미의 발현이다.

아름다운 자연 속에서 살아온 우리 민족은 자연의 곡선을 좋아하게 되었고, 유난히 맑고 파란 하늘에서 평화와 소박미를 본받았다. 그래서 소박하고 겸허하며 평화로운 심성이 자연스레 형성되었다. 게다가 자연에 전적으로 의지하는 농경생활의 영향도 컸다. 이러한 결과물인 심성의 특징이 끈기, 지혜, 낙천성, 신명성(신바람), 근면성실, 교육열, 다정다감, 멋, 은근, 소박, 소극성으로 나타났다.

둘째, '멋' 은 수난의 역사에서 생성되었다.

우리나라는 동북아시아의 한 귀퉁이에 자리 잡은 좁은 국토인데다가 대륙과 섬나라 강대국들 틈바구니에서 끊임없이 외침을 받아왔다. 그중에도 여성들은 남자의 억압과 혹독한 시집살이를 감수하며 살아왔다. 한마디로 수난과 비애가 응어리진 한 많은 역사에서 '멋' 이 생성되었다.

셋째, '멋' 은 도학사상의 영향도 많이 받았다.

불교, 도교, 유교가 한국인의 정신 형성에 미친 영향이 크지만, 도학사상이 한국인의 정신 형성에 미친 영향도 크다. 또한 한국인의 '멋'에 끼친 영향은 더욱 크다.

우리 민족은 끝없는 시련에도 좌절하지 않고 악착스럽고 끈질기게 버티고 웃어넘기면서 다음 해결 방법을 모색하는 슬기와 낙천적인 자세를 가졌다. 우리 민족의 이러한 자세는 풍류를 자아냈고, 그 구체적인 방법이 해학이다.

그렇게 우리 민족은 자연은 물론 노래와 춤을 즐기는 풍류 생활을 해왔다. 그것은 일찍이 화랑도에서 구현되었다. 그리하여 우리 민족의 풍류는 화려하지 않지만, 장중하거나 침울하지도 않은 현묘하고 은근한 품격을 낳았다.

요약하면, 자연에 순응해야만 하는 농경문화와 외침에 시달려온 역사의 영향도 있지만, 도교의 현허(玄虛)함을 비롯해 불교의 원묘(圓妙)함, 유교의 정대(正大)한 도(道) 등의 구심적 특징이 중화된 결과이기도 하다. 그리하여 비애의 응어리인 한(恨)을 낙천적 슬기로 승화시킨 풍류는 은근함을 낳았고, 그 과정에서 끈기가 형성되었으며, 자연과 농경문화의 영향으로 정(情)이 많은 순박성을 낳았다.

이러한 내재적 심성미는 여운 있는 은은한 가락과 춤, 은근하면서도 끈기 있으며 해학적인 한국문학과 정겨운 언어를 낳았다.

이러한 한국인의 내재적 심성미가 건축물이나 여인네의 한복과 도자기 등의 부드럽고 은근한 곡선미와 소박미, 청홍의 조화에 의한 강한 의지 등이 '멋' 을 이루었다고 본다.

이러한 '멋' 도 시대와 상황에 따라 변하기 마련이다. 그러나 이것은 새로운 '멋' 의 창조적 전진으로 너무 걱정할 필요는 없다.

무엇보다 중요한 한국인의 '멋' 은 한국문화 총결산의 압축된 개성미라는 것을 알고, 새로운 '멋' 의 창조에 온 힘을 기울여야 할 것이다.[239]

---

239 정동화, 『민요에 나타난 한국인의 의식』, 한국방송사업단, 1983년, 169~187쪽.

참고문헌

김대환, 한국인의 민족의식, 이화여자대학교출판부, 1985

김용운, 한일 민족의 원형, 평민사, 1987

　　　　일본인과 한국인의 의식구조, 한길사, 1988

　　　　풍수화, 맥스미디어, 2014

김중용, 세계화와 신인본주의, 한국경제신문사, 1997

김희보, 한국의 명시, 종로서적, 1980

류승국, 유가철학과 동방사상, 성균관대학출판부, 2010

　　　　한국유학사, 유교문화연구소, 2008

　　　　한국사상의 연원과 역사적 전망, 유교문화연구소, 2009

박민일, 아리랑의 精神史가 지닌 力學, 경희대학교논문집 5집, 1989

　　　　아리랑의 문학적 연구, 1989

송하선, 한국 현대시의 이해, 선일문화사, 1983

성경린, 민요삼천리, 성음사, 1968

안병욱, 민족의 스승 도산 안창호, 도산안창호기념사업회, 2006

유종열, 한민족과 그 예술, 1987

윤서석, 한국음식(역사와 조리법), 수학사, 2002

윤태림, 한국인, 현암사, 1970

　　　　한국인의 성격, 동방도서, 1986

이광규, 새로운 민족관의 수립을 위하여, 서울대학교출판부, 1995

이광수, 개벽, 1922

이규태, 한국인의 힘 2, 신원문화사, 2009

이기동 역, 旗田巍 저, 일본인의 한국관, 일조각, 1983

이기백, 민족과 역사, 일조각, 1997

이동준, 한국사상의 방향 : 성찰과 전망, 2011

이병도, 한민족 그 불사조인 이유, 세계평화교수협의회, 1980

임동권, 한국민요연구, 집문당, 1974

장주근, 한국신화의 민속학적 연구, 집문당, 1995

정기용, 허공에 맴도는 조선인의 그림자, 북코리아, 2013

정동화, 민요에 나타난 한국인의 의식, 한국방송사업단, 1993

　　　　　한국민요의 사적연구, 일조각, 1981

　　　　　일본연구 2, 일본문제연구소(명지대학교 부설), 1991

　　　　　변해야 산다, 집문당, 2011

정병욱, 『한국시조문학대사전』, 산구문화사, 1966

조동일, 한국문학사상시론, 지식산업사, 1978

조지훈, 지조론, 문공사, 1982

조진희, 한복, 형설출판사, 1984

최현배, 민족 갱생의 도, 정음사, 1962

　　　　　나라 건지는 교육, 정음사, 1963

최혜실, 한류문화와 동북아공동체, 집문당, 2010

한영우, 한국선비지성사, 지식산업사, 2010

허태균, 어쩌다 한국인, 중앙북스, 2015

　　　　　한국인의 특성, 고려대학교, 2012

依田新/築島謙三, 日本人 性格, 朝倉書店, 昭和47

MacEdward,Leach, ed, The Ballad Book, A.S. Bames and co, 1975

Roger D Abraham/George Foss, Anglo-American Folksong Style,
Prentice-HaLL, Inc.,1968

찾아보기